Lutz Müller

Lebe Dein Bestes

Quintessenz der Lebenskunst

Impressum

Prof. Dr. Lutz Müller, Jahrgang 1949, ist Psychotherapeut, Autor, Dozent und Lehranalytiker am C. G. Jung-Institut in Stuttgart und Professor für Angewandte Psychologie an der IB-Hochschule Berlin / Stuttgart.

Die Deutsche Bibliothek verzeichnet diese Publikation in der Deutschen Nationalbibliografie.

Internetseite: www.opus-magnum.de
Version 2.01, überarbeite Neuauflage von: Lebe Dein Bestes. Individuation und Lebenskunst. Düsseldorf: Walter 2001
Umschlag unter Verwendung des Bildes *Light stairway* von Jürgen Fälchle (Fotolia 68319412).
Wenn nicht anders angegeben, stammen die Abbildungen aus lizenzfreien Quellen, insbesondere wikimedia.org

Herstellung: Books on Demand GmbH, Nordstedt
ISBN 978-3-939322-66-5

Lutz Müller

Lebe Dein Bestes

Die Quintessenz der
Lebenskunst und Selbst-Verwirklichung
auf der Basis universeller Symbole

opus magnum

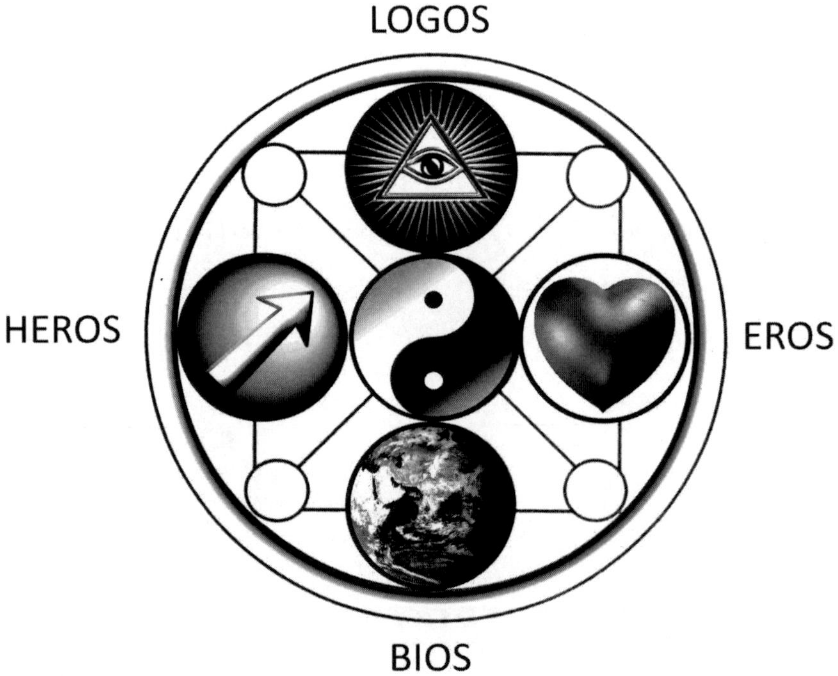
LOGOS
HEROS
EROS
BIOS

Inhalt

Einführung

„Lebe Dein Bestes – ganz". Dieses Lebensmotto von Hermann Graf Keyserling fasst in prägnanter Weise die Zielrichtung dieses Buches zusammen. Es soll der Versuch unternommen werden, die wesentlichen Erkenntnisse und die besten Lebensprinzipien darzustellen, die wir bis heute über den Prozess der Selbst-Verwirklichung und die Kunst, ein gutes Leben zu führen, gewonnen haben.

Selbst-Verwirklichung (oder Individuation, wie C. G. Jung diesen Prozess nannte) meint die engagierte Auseinandersetzung mit den eigenen bewussten und unbewussten Persönlichkeitsaspekten, mit dem Ziele, sich so gut es möglich ist, umfassend zu verstehen und immer mehr zu der oder zu dem zu werden, die oder der wir von unserem ganzen Wesen her sind.

Da die bewusst-unbewusste Ganzheit unseres Wesens immer zugleich auch mit dem Ganzen der Mit- und Außenwelt verbunden ist, ist seine bestmögliche Verwirklichung zugleich immer auch ein Beitrag für andere Menschen, die Gesellschaft, für die Kultur und für die Evolution.

Lebenskunst und Selbst-Verwirklichung sind unauflösbar zusammen gehörende Aspekte. Selbst-Verwirklichung bezieht sich vielleicht ein wenig mehr auf den inneren Prozess der Bewusstwerdung und Selbsterkenntnis, die Identitätsfindung und die Ausgestaltung der eigenen Persönlichkeit, während Lebenskunst etwas mehr die schöpferische Anwendung, Umsetzung und Gestaltung der Einsichten und Erkenntnisse in unser Leben und unsere Beziehungen hinein bedeutet.

Auch für die antiken Philosophen war Philosophie nicht nur eine geistige Disziplin und Wesensschau, sondern sie sollte auch Antworten auf die Frage nach der alltäglichen Praxis und ermutigen, aus den gewonnenen Einsichten heraus auch konsequent zu leben.

Der Versuch, die wesentlichen Aspekte der Selbst-Verwirklichung und Lebenskunst in einer Art „Quintessenz" zusammenzufassen, könnte angesichts der unübersehbaren Fülle an Detailinformationen, die über den Menschen und sein Leben inzwischen vorliegen, unmöglich und aussichtslos erscheinen.

Zum Glück gibt es aber eine relativ überschaubare Zahl von universalen Grundkategorien, die sich über viele Jahrtausende Menschheitsgeschichte hinweg als sinn- und orientierungsstiftend herausgestellt haben. In den religiösen, philosophischen und psychologischen Systemen wurden immer wieder ähnliche Prinzipien oder Symbolgruppen beschrieben, nach denen sich das menschliche Leben, seine Entwicklung und Vollendung, sein Ursprung und Ziel einordnen lassen.

Diese Kategorien lassen sich auf fünf (vier plus eins) Prinzipien verdichten, die in diesem Buch mit den aus dem Griechischen abgeleiteten Begriffen BIOS, HEROS, EROS, LOGOS und MYSTOS bezeichnet werden sollen. Diese Begriffe wirken zunächst vielleicht etwas ungewohnt, werden aber schnell vertraut und scheinen aufgrund ihrer kultur- und geistesgeschichtlichen Zusammenhänge sehr gut geeignet, die gemeinten Sachverhalte prägnant darzustellen.

Die fünf Prinzipien sind in sich nicht einheitlich und abgeschlossen. Sie bilden eher ein assoziatives Feld von verschiedenen Aspekten und Symbolen, die einen gemeinsamen Nenner haben und häufig miteinander verbunden auftreten. Sie haben jeweils ihre inneren und äußeren, ihre geistigen und materiellen, ihre individuellen und sozialen, ihre positiven und negativen und ihre alltäglichen wie spirituellen Seiten. Alle Prinzipien sind gleichwertig und alle sind notwendig, um ein volles, ganzheitliches und sinnerfülltes Leben zu führen. Sie ergänzen und überschneiden sich natürlich auch in vielerlei Hinsicht.

Im alltäglichen Leben sind sie meist eng ineinander verwoben, können sie in allen möglichen Mischformen auftauchen und in schneller Folge abwechseln. Sie scheinen in den verschiedenen Lebensphasen und -altern auch unterschiedlich stark ausgeprägt zu sein.

Sie scheinen alles Wichtige unserer Existenz abzudecken. Möglicherweise hängt dies damit zusammen, dass sie in gewisser Weise das natürliche Familiensystem Mutter, Vater, Sohn und Tochter und eine der Ur-Polaritäten – das Weibliche und das Männliche – abbilden, von der wir alle tief geprägt sind. Mutter und Vater repräsentieren hierbei eher die älteren, stabilen und konservativen Aspekte, Sohn und Tochter mehr die jüngeren, dynamischen und progressiven Tendenzen der weiblich-männlichen Ur-Polarität. Die Familie als Ganzes wäre dann das verbindende fünfte Prinzip.

Auch decken sich die fünf Prinzipien gut mit den menschlichen Persönlichkeitseigenschaften und Grundbedürfnissen, die von verschiedenen Forschern beschrieben wurden. Im Anhang finden sich zusammenfassende Tabellen und Übersichten, die das deutlich zeigen. Im Folgenden werden diese universalen Prinzipien kurz umrissen und dann in den einzelnen Kapiteln genauer ausgeführt.

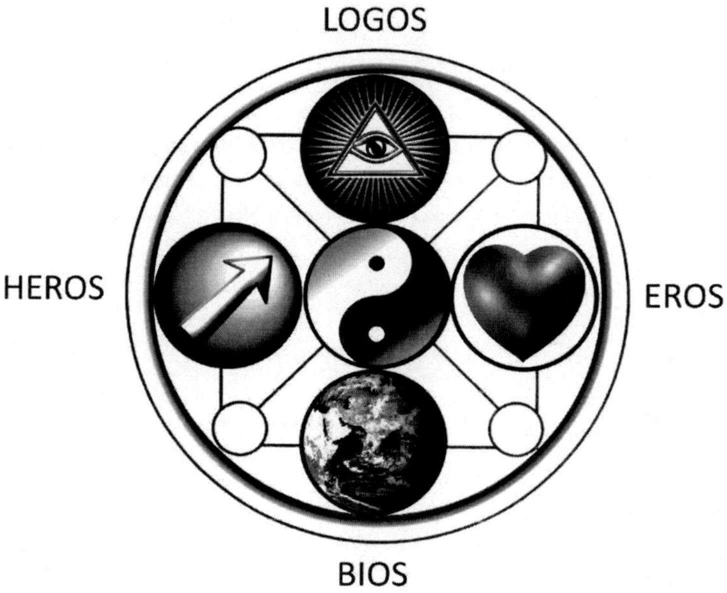

Abb. 1: Die fünf Hauptsymbolgruppen angeordnet in einer Mandala-Struktur.

Bios, Heros, Eros, Logos und Mystos

Das Bios-Prinzip (Bios, griech. = Leben, im weiteren kurz BIOS genannt) bezieht sich auf die materiell-energetisch-biologischen Grundlagen unserer Existenz. Dazu gehören also beispielsweise: Ursprung, Energie-Materie, Leben und Natur, die Lebensenergie in uns, des Weiteren unsere vitalen Bedürfnisse, Instinkte und Triebe, das Sinnliche und Körperliche. Das ihm zugeordnete zentrale Symbol ist die Erde. In den traditionellen Symbolsystemen wird BIOS häufig mit dem weiblichen Ur-Prinzip, der „Großen Göttin" oder der „Großen Mutter" verbunden.

Der nächste universale Faktor HEROS bezeichnet solche Aspekte wie Aktivität, zielgerichtetes Handeln, Autonomie, Tatkraft, Stärke, Mut, Erkunden, Erforschen und Erobern neuer Territorien, Bereitschaft zu Konflikt, Auseinandersetzung und Kampf. Sein Hauptsymbol ist der nach rechts oben gerichtete phallische Pfeil. Es ist jene vorwärts drängende

Energie, die uns Hoffnung, Ausdauer, Mut schenkt, Angst überwinden hilft, neue Dimensionen suchen und erfahren, Grenzen überschreiten lässt, den harten Kampf ums Dasein riskiert und uns die Kraft zur Selbst-Verwirklichung verleiht. Helden und Heldinnen sind die Hauptakteure in allen Erzählungen, Geschichten und Filmen.

Das polare Gegen- und Ergänzungsprinzip hierzu ist EROS. EROS verbindet und vereinigt, während HEROS eher abgrenzt und trennt. EROS ist das Prinzip der Beziehung, der Einfühlung, der Sympathie und Liebe, der Schönheit, der Freude und der Harmonie. Sein Hauptsymbol ist das Herz. Die Erotik und die Liebe machen uns zu den höchsten und tiefsten Gefühlen fähig, sie geben dem Leben Zauber, Glanz, Bedeutung und Wärme und wecken in Verbindung mit dem LOGOS die edelsten Tugenden des Menschen.

Das Logos-Prinzip bezeichnet die geistige Dimension. Zum LOGOS gehört alles, was sich auf die Geist, Weisheit und Intelligenz, die in aller Schöpfung waltet, auf Ordnungsstrukturen, Gesetzmäßigkeiten, auf Bewusstsein, Erkenntnis und auf Wahrheits- und Sinnfindung bezieht. Das zugeordnete Hauptsymbol ist das Licht, dargestellt durch die Sonne und durch das Auge, das das Licht und die Vielfarbigkeit des Lebens erkennen kann. Die traditionellen Symbolsysteme sehen im LOGOS oft das männliche Ur-Prinzip, den Schöpfer-Gott oder den „Großen Vater".

Die vier Prinzipien sind verschiedene Aspekte eines umfassenden Ganzen. Dieses Ganze wird hier als MYSTOS (schöpferisches Mysterium) bezeichnet, denn das Ganze ist uns aus verschiedenen Gründen niemals vollständig erkennbar. MYSTOS weist auf den verborgenen Mittelpunkt und den Umfang des Menschen wie auch des Lebens hin. Er ist das Mysterium der sich selbst organisierenden, schöpferischen Einheit und Ganzheit des Seins, aus der sich die beschriebenen anderen Prinzipien in einem andauernden Wachstums- und Veränderungsprozess heraus differenzieren und hinein integrieren. Die Orientierung auf diese Ganzheit hin ist das Ziel aller religiösen Systeme und Selbstentfaltungsprozesse.

Das Pentaolon-System

Diese fünf Prinzipien sind wesentlicher Teil des „Pentaolon-Systems", das noch weitere Aspekte enthält, die hier aber nicht erörtert werden sollen. Nur so viel: Der Name „Pentaolon" ist zusammengezogen aus der griechischen Vorsilbe „pent" für die Zahl Fünf und dem griechischen „holon", welches gelegentlich als Wort für Ganzheit verwendet wird. Die Bezeichnung „Pentaolon" soll darauf hinweisen, dass es ein ganzheitliches Modell ist, das auf der Fünfzahl in der Gestalt eines Mandalas beruht.

Durch seine Mandalastruktur wirkt das Pentaolon-System bereits auf den ersten Blick vertraut und einfach. Diese Einfachheit macht seine besondere Schönheit und Praktikabilität aus. Gleichzeitig aber ist es zu einer großen, im Prinzip unendlichen Differenzierung fähig, da es überwiegend auf einem symbolischen Ansatz beruht. Symbole sind ja nicht eindeutig festgelegt und können im Wandel der Zeiten und des Bewusstseins immer neue Aspekte offenbaren.

Da das Pentaolon-System primär von universalen, allgemeinmenschlichen Symbolen ausgeht, ist es problemlos vereinbar mit vielen ähnlichen traditionellen oder psychologischen Modellen, hat aber im Vergleich zu diesen folgende Vorzüge:

- Durch seine universale Symbolik ist es gesellschafts-, kultur- und religionsübergreifend.
- Es steht im Einklang mit dem gesicherten Wissen der modernen Wissenschaft und mit den universalen Erfahrungen der Menschheit.
- Es bezieht alle wesentlichen Lebensbereiche und Lebenserfahrungen, alle Aspekte und Bedürfnisse des Menschen, seine körperlichen, seelischen und geistigen wie auch seine spirituellen Seiten ein.
- Es vermittelt eine schöpferische Ziel- und Sinnorientierung.
- Es ist genügend klar strukturiert und übersichtlich, damit es leicht erlernbar und leicht zu handhaben ist.
- Es ist aber auch offen, veränderungs-, differenzierungs- und integrationsfähig, so dass es sich den jeweils neuen Erkenntnissen und Erfordernissen anpassen kann.
- Es beinhaltet einen Unbekanntheits- und Unbestimmtheitsfaktor, der es offen hält für das Geheimnis und Mysterium des Lebens.

Die im Pentaolon-System beschriebenen universalen Prinzipien sind zwar altbekannt, es ist aber immer wieder erstaunlich zu sehen, wie wenig sie uns wirklich bewusst sind und wie wenig sie in unserem Leben in ausgewogener Weise Berücksichtigung finden. Selbst in vielen modernen integrativen Systemen, die die Idee der Ganzheit zu ihrem Konzept gemacht haben, kann man feststellen, dass der eine oder andere Faktor fehlt oder zumindestens stark unterrepräsentiert ist. In dem einen System fehlt das Körperliche, in dem anderen das Erotische, die Freude und die Schönheit oder das Symbolische oder das Transpersonale.

In diesem Buch kann allerdings nur ein einführender Überblick über die vielfältigen Dimensionen dieser Prinzipien gegeben werden. Zu jedem einzelnen von ihnen sind über die Jahrtausende hinweg so viele künstlerische Werke, religiöse Symbole und Texte, philosophische Abhandlungen und wissenschaftliche Untersuchungen erschienen, dass sie kein Mensch mehr erfassen, geschweige denn zusammenfassen könnte. Die Darstellungen in diesem Buch sollen aber ermutigen, sich mit diesen Bereichen weiter und tiefer zu beschäftigen. Die beschriebenen Prinzipien geben uns eine erste symbolische Orientierung und lassen uns die Fülle und das Wunder des Lebens, von dem wir ein Teil sind, besser erahnen und feiern.

Darüber hinaus können wir sie als eine Art Kompass für unsere Selbst-Verwirklichung verwenden. Sie können uns zeigen, wo wir uns möglicherweise zu sehr von unserer natürlichen Ganzheit entfernt haben, in die Sackgasse geraten sind und in welcher Richtung es für uns weitergehen könnte. Sie können unser Bewusstsein erweitern, indem sie uns auf Bereiche der Seele und des Lebens aufmerksam machen, die wir vielleicht verdrängt haben oder aus anderen Gründen nicht genügend würdigen.

Wir können uns also praktisch in allen Lebenssituationen zur Orientierung fragen: Welche Prinzipien sind hier in welcher Weise vorhanden und welche fehlen? Je mehr Prinzipien fehlen, desto einseitiger und gefährdeter ist die Situation. Diese Fragen können wir auf alles beziehen: Auf unsere Werte, Einstellungen, Glaubenssysteme, auf unsere Träume, auf unseren bevorzugten Persönlichkeits- und Lebensstil, auf unsere Partnerschaft, auf unseren Beruf, auf größere Gemeinschaften, auf religiöse, philosophische und psychologische Richtungen, auf unsere Gesellschaft, die ganze Erde. Es lässt sich zum Beispiel mit ihrer Hilfe erkennen, dass in unserer heutigen westlichen Gesellschaft die Aspekte und Werte des HEROS und des LOGOS dominieren, während eine verantwortliche, konstruktive Beziehung zum BIOS, zur Natur und zum Leben, zum EROS, zur Liebe und Schönheit und auch zum MYSTOS, der die Welt als eine lebendige, schöpferische, „göttliche“ Ganzheit auffasst, verloren gegangen scheint.

Somit können uns die fünf Prinzipien ein einfaches und gleichzeitig erstaunlich umfassendes Diagnoseinstrument im Kleinen wie im Großen in die Hand geben. Schließlich können wir sie auch als Quintessenz und Kompendium des psychologischen Lebenswissens der Welt verstehen. Sie bilden eine verdichtete Form all dessen, was die Menschheit bisher an praktischen Ratschlägen zur guten Lebensbewältigung zusammengetragen hat und was sich in unzähligen Sprichwörtern, Redensarten und Lebensweisheiten findet.

Wir werden in diesem Buch die einzelnen Faktoren jeweils in ihrer allgemeinen symbolischen Bedeutung umkreisen, ihre positiven wie ihre Schattenseiten skizzieren und dann etwas spezieller in ihrer Bedeutung für unsere Persönlichkeit und den Individuationsprozess betrachten. Dass dabei auch Bezüge auch immer Bezüge zu Methoden der Selbst-Erfahrung und zur Psychotherapie hergestellt werden, liegt darin begründet, dass sich der bewusst gegangene Individuationsprozess beim westlichen Menschen sehr häufig im Rahmen einer Therapie oder Selbst-Erfahrung abspielt.

Psychische Störungen, Symptome und Erkrankungen sind für viele Menschen oft auch ein erster Anlass, sich mit sich selbst, ihrer Identität und mit Sinnfragen auseinander zu setzen.

Außerdem hat die moderne Psychotherapie eine Vielzahl von Erkenntnissen gewonnen und Methoden entwickelt, die nicht nur für die Krankenbehandlung, sondern auch für andere Formen der Selbsterkenntnis und Selbstfindung nützlich sind. Weil unterschiedliche Menschen mit unterschiedlichen Persönlichkeiten, Lebensweisen, Konflikten und Störungen unterschiedliche Zugänge zu sich selbst und unterschiedliche Formen der Therapie benötigen, war es zudem ein interessanter Gedanke, zu überprüfen, welche Prinzipien in den unterschiedlichen Therapierichtungen und Selbst-Erfahrungsmethoden Berücksichtigung finden. Dies kann dem interessierten Leser helfen, die für ihn geeignete und seinen bisherigen Lebensstil ergänzende Form der Selbst-Erfahrung zu finden.

Im letzten Teil jedes Kapitels werden unter der Überschrift „Quintessenz“ die wichtigsten lebenskünstlerischen Konsequenzen und praktischen Ratschläge, die sich aus den Faktoren ergeben, thesenartig zusammengefasst.

Abb. 2: Der Anblick der Erde von außen ist uns erst durch die Raumfahrt möglich geworden. Vielleicht wird die Erde für uns Menschen zu einem neuen Symbol, das uns unsere Einheit und Verbundenheit vor Augen führt und uns die Verantwortung für die gute Förderung des Lebens und der Evolution bewusst werden lässt.

Das BIOS-Prinzip: Wir sind ein Teil von Erde und Kosmos

Es gibt nur einen Tempel in der Welt,
und das ist der menschliche Körper.
Nichts ist heiliger als diese hohe Gestalt [...]
Man berührt den Himmel,
wenn man einen Menschenleib betastet.

Novalis[2]

Unser Leib mit seinen vielen Sinnen, Funktionen und Fähigkeiten ist die Summe des schöpferischen Mysteriums des Universums. Er ist aus den Elementen des Universums und der Erde aufgebaut und fasst in gewisser Weise den ganzen evolutionären Prozess zusammen. Er ist ein wahrer Mikro-Kosmos im Makro-Kosmos, ein Tempel der Schöpfung.

Ziel der Selbst-Verwirklichung und Lebenskunst ist, unseren Körper mit seinen vielen Fähigkeiten und Funktionen zur guten Entfaltung zu bringen, unsere Einheit und Verbundenheit mit dem Universum, der Erde und den Lebewesen zu erfahren, das Wunder des Lebendigseins zu feiern die Evolution zu fördern und das Leid unter den Menschen und Lebewesen zu mindern.

- Bist Du Dir bewusst, dass Du, Dein Körper, Deine Mit- und Umwelt und die Erde ein gemeinsamer großer Organismus sind?
- Bist Du Dir bewusst, dass sich im Aufbau und der Intelligenz Deines Körpers der ganze kosmische und evolutionäre Prozess verdichtet und Gestalt gewonnen hat?
- Hast Du Deinen Körper in all seinen Aspekten liebevoll angenommen und bist Du bereit, gut für ihn zu sorgen?
- Gehst Du auch achtsam und respektvoll mit den vielen materiellen Dingen des Lebens, wie z. B. Besitz und Geld, um und bist Du Dir bewusst, dass sie die äußere materielle Erscheinungsform von geistigen Prozessen und verdichteter Lebensenergie sind?
- Lässt Du Dir genügend Zeit, um das Wunder der Natur und des Lebendigseins immer wieder mit allen Sinnen wahrzunehmen und zu feiern?

Das BIOS-Prinzip

Symbole

Umfassendes, Enthaltendes, Universum, Uroborus, Erde, Gaia, Mond, Meer, Nacht, das Gefäß, das Körperliche; Göttin, Großmutter, Mutter, Brust, Bauch, Uterus, Vagina, Vulva; der Brunnen, der Kelch, das Zimmer; Orte des Schutzes, der Regeneration, Entspannung, insbes. das Schlafzimmer, das Bett, das Bad; Natur-, Pflanzen- und Tiersymbole, z. B. der Acker, der Garten, die Wiese, der Bach, der Wald, der Fels, die Höhle, der Baum, die Quelle, die Blume und Blüte (Rose und Lotus), Nahrungsmittel, insbes. Wasser, Brot, Wein, Milch, Honig, verschiedenste Tiere, insbesondere Säugetiere, z. B. die Kuh, das Schwein, die Katze, die Bärin, aber auch Schlange, Spinne, Drache

Aspekte

Das Umfassende, Enthaltende, Ursprung, Evolution, Erde, Heimat, materielle Basis unserer Existenz, Matrix; Leben, Körper, Vitalität, Instinkt, Triebe, Emotionen, Selbstregulation; Fruchtbarkeit, Fortpflanzung, Schwangerschaft, Geburt, Wachstum, Reifung, Sterben; Nahrung, Stabilität, Sicherheit, Verwurzelung, Schutz, Wärme, Geborgenheit, Pflege, Fürsorge; Regression, das Unbewusste; Wirklichkeitssinn, Konservatismus, Tradititionsbewusstsein, Treue, Pflichtgefühl

Schattenseiten

Materielle Bindungen und Abhängigkeiten, Trägheit, Schwere, Desinteresse, Langeweile, Depressivität, Zwanghaftigkeit, Einengung, Gewohnheit, alltägliche Routine, Gefangensetzung, Unbewusstheit, Massenbewegung, Kollektivierung, Vergiftung, Zerstörung, Tod

Transpersonale Aspekte

Intensive Lebendigkeit, Tanz, Trance, Ekstase, Rausch der Sinne, Heimat, Rückkehr zum Ursprung, im Einklang mit der Natur und ihren Rhythmen leben, der Körper als Tempel des Göttlichen, Große Göttin, Große Mutter, Gaia, Geist der Natur, globales, ökologisches Bewusstsein, TAO, Kundalini, Hexenkult

Aspekte und Symbole des Bios-Prinzips

BIOS ist das Prinzip des Lebens, der Natur, aber auch des Ursprungs, der Evolution, der Materie und des Körperlichen. BIOS hat sehr viele Berührungspunkte mit EROS, ist aber nicht deckungsgleich mit ihm. BIOS bezieht sich im Vergleich zum EROS stärker auf unseren Leib, auf unsere Vitalität und Lebendigkeit, auf körpernahe Bedürfnisse und Reaktionen, auf unsere natürlichen Instinkte, Triebe, Empfindungen und Affekte, während EROS mehr die Beziehungsdimension und unsere Sehnsucht nach Liebe, Harmonie, Freude und Schönheit betont.

In vielen klassischen Mythen wie auch in traditionellen Symbolsystemen wird das BIOS mit dem weiblichen Ur-Prinzip, dem Archetyp der Großen Göttin und der Großen Mutter in Verbindung gebracht, was insofern nahe liegt, als wir Menschen den Ursprung unseres Lebens natürlicherweise mit dem Weiblichen und Mütterlichen verbinden.

Der Schweizer Tiefenpsychologe C. G. Jung zählt folgende typische Erscheinungsformen auf, in denen das BIOS-Prinzip auftritt oder auf die es projiziert wird. Lesen wir diese Aufzählung langsam und lassen wir uns Zeit, uns diese vielen Aspekte emotional und mit eigenen Erinnerungen und Erfahrungen verbunden vor Augen zu führen:

> *.... die persönliche Mutter und Großmutter, die Stief- und Schwiegermutter, irgendeine Frau, zu der man in Beziehung steht, auch die Amme oder Kinderfrau, die Ahnfrau und die Weiße Frau, in höherem, übertragenem Sinne die Göttin, speziell die Mutter Gottes, die Jungfrau, Sophia. In einem weiteren Sinne gehören dazu die Kirche, die Universität, die Stadt, der Wald, das Meer und das stehende Gewässer, das Land, der Himmel, die Erde, die Materie, die Unterwelt und der Mond; im engeren Sinne als Geburts- oder Zeugungsstätte der Acker, der Garten, der Fels, die Höhle, der Baum, die Quelle, der tiefe Brunnen, das Taufbecken, die Blume als Gefäß (Rose und Lotus); im engsten Sinne die Gebärmutter, wie überhaupt jede Hohlform (zum Beispiel Schraubenmutter), der Backofen, der Kochtopf; als Tier die Kuh, der Hase und das hilfreiche Tier überhaupt. Es erscheint auch im Zauberkreis des Mandala und als das Ziel der Erlösungssehnsucht (Paradies, Reich Gottes, himmlisches Jerusalem).*[3]

An gleicher Stelle zählt Jung dann noch weitere Aspekte auf, so z. B.: die magische Autorität des Weiblichen; die Weisheit und die geistige Höhe jenseits des Verstandes, das Gütige, Hegende, Tragende, Wachstums-, Fruchtbarkeits- und Nahrungsspendende; die Stätte der magischen Verwandlung, der Wiedergeburt; der hilfreiche Instinkt oder Impuls; das Geheime, Verborgene, das Finstere, der Abgrund, die Totenwelt, das Verschlingende, Verführende und Vergiftende, das Angsterregende und Unentrinnbare. Die Gegensätzlichkeit der Eigenschaften bezeichnet er als die bergende und die schreckliche Mutter.

An dieser Aufzählung sei besonders hervorgehoben der Hinweis auf die „Weisheit und geistige Höhe jenseits des Verstandes". Er wird uns auch später noch als die Einsicht beschäftigen, dass sich der Geist in der Tiefe der Natur und durch sie manifestiert hat, lange bevor wir davon bewusste Kenntnis hatten. BIOS und LOGOS und sind keine voneinander getrennte Größen, sondern nur unterschiedliche Ausdrucksformen des gleichen schöpferischen Mysteriums.

Die Mutter

Viele Menschen, die in einen Prozess der Selbst-Erfahrung eintreten, stehen in einem tiefen Konflikt mit BIOS unter dem Aspekt des Mütterlichen. Sie fühlten sich in ihrer Kindheit nicht gut „bemuttert", nicht richtig geliebt, gesehen und gefördert. Oft haben sie das Gefühl, Mutter und Vater seien nur etwas wie unpersönliche „Pflichteltern" gewesen. Sie hätten vor allem für Sicherheit und Nahrung gesorgt, darüber hinaus aber keine positive vertrauensvolle Beziehung zu ihnen hergestellt, nicht empathisch auf sie reagiert, sie nicht positiv „gespiegelt" und ihnen nicht dieses elementare Grundgefühl: „Ich liebe Dich und freue mich an Dir, so, wie Du bist" vermittelt. Frauen beklagen sich auch häufig darüber, dass ihnen ihre Mutter kein hilfreiches Vorbild gewesen sei im Hinblick darauf, was es heißt, eine Frau zu sein, was selbstbewusste weibliche Identität, Körperlichkeit und Sexualität sein könnte.

Diese Enttäuschungen und die Vorwürfe gegenüber Mutter und Vater sind häufig sehr gerechtfertigt. Von daher ist es oft hilfreich und notwendig, sich seiner tiefe Trauer und seines Schmerzes über die fehlende gute Mütterlichkeit, auf die fehlende Sicherheit und basale Liebe in der Kindheit hinzugeben. Aber nach einer bestimmten Zeit befriedigt eine solche Schuldzuschreibung nicht mehr recht.

Auch unsere Eltern hatten Eltern, die ihnen keine genügend gute Mutter und kein genügend guter Vater waren, welche wiederum auch keine genügend guten Eltern hatten. Wer ist wirklich Schuld an unserem Elend? Ein solches Verharren in der Position des Kindes, das nicht genügend gute Mütterlichkeit bekommen hat, führt irgendwann nicht mehr weiter – im Gegenteil: Es verfestigt unsere negativen Mutter- und Vatereinstellungen, illusionäre Erwartungshaltungen, Verbitterungs- und Resignationsgefühle und kann in die Sackgasse der Depression münden.

Das Leben hat uns keine Versprechungen und Garantien auf ein gutes und schönes Leben gegeben, sondern hat uns in die Welt gesetzt oder ins Sein „geworfen“, wie Existenzphilosophen das ausdrücken, und wir müssen nun schauen, wie wir am besten damit zurechtkommen.

Wenn uns unsere persönliche Mutter nicht mehr weiterhelfen kann, dann können wir uns darauf besinnen, dass wir die „Große Mutter“ schon immer in uns selbst tragen. Hinter allen menschlichen Müttern steht nämlich die archetypische „Große Mutter“, das Universum, die Erde, das Leben, die Natur, unser Körper und die sich darin offenbarende Güte und Weisheit. Hat uns unser Körper nicht bis heute – so gut er eben konnte – durchs Dasein getragen? Und diese „Große Mutter“ Natur in uns hat uns mit allem Nachdruck gewollt, sie hat sich durchgesetzt – vielleicht auch gegen den Wunsch unserer leiblichen Mutter – sie nährte uns vom Augenblick der Empfängnis an, trägt und fördert uns bis zum heutigen Tage.

Eine Frau hatte nach einem Selbst-Erfahrungskurs zum Thema „Mütter und Töchter in Beziehung“ einen Traum, der sie sehr bewegt hat:

> *Für mich völlig überraschend tauchte in diesem Traum ein Motiv aus Mozarts Oper „Die Zauberflöte“ auf. Mit dieser Oper habe ich mich vor ca. 20 Jahren als Schülerin etwas beschäftigt, und vor ca. 15 Jahren habe ich sie in einer Aufführung erlebt. Seither hatte ich keinen Kontakt mehr mit diesem „Material“ und mochte Mozart nicht. Der Traum: Ich erzähle einer Gruppe 13-jähriger Mädchen von spannenden Erfahrungen während der Zeit meiner Menarche: Ich war selbst 13 oder 14 Jahre alt und trat als Sängerin auf. Ich sang die Rolle der „Königin der Nacht“ in Mozarts „Zauberflöte“, empfand die Koloraturen und die Energie der unglaublich hohen Sopranstimme lustvoll nach. In dieser Zeit, als ich mit der besonderen Energie dieser Rolle Frau wurde, verstärkten sich meine weiblichen Körpermerkmale (sehr viel mehr, als sie es tatsächlich taten)!*
>
> *Später berichte ich meiner Mutter von dem Gespräch mit den Mädchen und von der Erinnerung an meine eigene Menarche-Zeit. Sie ist gerade beim*

Kochen für Gäste, steht unter Hochspannung und Zeitdruck. Zu meinem Erstaunen lässt sie sofort ihre Arbeit stehen und beginnt, sich mit meiner Geschichte auseinanderzusetzen. Sie tut dies, indem sie nach den Predigten des Pfarrers, der mich konfirmiert hat, sucht, die sie alle geordnet und aufbewahrt hat. Ich bin erstaunt über das plötzliche und große Interesse, das meine Mutter an meiner Geschichte zeigt – in einer Form allerdings, die völlig an der Bedeutung für mich vorbeigeht: Predigten als Entgegnung zur Königin der Nacht!

Dieser Traum ist ein geradezu klassischer Beleg für die eben erwähnte Tatsache, dass hinter und unter unseren persönlichen Mutter-, Vater- oder Elternbeziehungen die archetypischen Großen Eltern, hier die „Große Mutter" in Gestalt der „Königin der Nacht" wirksam sind. Die reale Mutter scheint die weiblichen und sicher auch erotische Energien ihrer Tochter mit moralischen Gardinenpredigten unterdrücken zu wollen, wie es so viele Mütter und Väter tun, wenn ihre Töchter in die Pubertät kommen. Aber im Unbewussten scheint eine mächtigere Kraft lebendig zu sein. Abschließend sagt die Träumerin: „Die Königin der Nacht scheint eine besondere psychische Energie zu verkörpern, die mir möglicherweise fehlt." Die Energie, die ihr fehlt, ist die machtvolle Ur-Energie des Lebendigen (vgl. dazu das Kapitel über Mozarts „Zauberflöte" am Ende dieses Buches) und der Traum ermutigt die Träumerin, sich dieser Energie nach 15 Jahren wieder zu erinnern.

Eine negative Mutter-Beziehung, die unseren Bezug zur eigenen sinnlichen wie geistigen Vitalität hemmt, kann am besten dadurch überwunden werden, dass man sich das ganze Potenzial der inneren „Großen Mutter" bewusst macht und durch sich selber zum Ausdruck bringt. Dazu muss man nicht unbedingt eigene Kinder haben. Wir selber haben ja auch kindliche Seiten, für die es sehr förderlich ist, wenn wir sie mütterlich fördern. Anstatt sich von einer äußeren Mutter machtvoll dominieren zu lassen, verwirklicht man in sich selbst die Macht der „Großen Mutter".

Ein weiteres Beispiel für die archetypische Dimension unserer Seele ist die folgende visionäre Erfahrung einer 55 Jahre alten Frau, Mutter von zwei Kindern, die sich in einer klimakterischen Identitätskrise befand. In einem traumähnlichen Zustand sieht sie sich nackt in einer Höhle liegen, mit heftigen Wehen ein Kind gebärend, ihre eigenen Schreie und den Schrei des Kindes hörend, dumpf an den Wänden der Höhle nachhallend. Nach einer Weile erweitert sich die Perspektive:

Ich sehe mich im gleichen Augenblick aus dem Schoß meiner Mutter hervorkommen, unter Wehen, Schmerzen und Schreien. Dahinter liegend erkenne ich meine Großmutter, die meine Mutter gebiert und schließlich immer weiter zurück alle möglichen Vor- und Ur-Mütter in unendlicher Reihe. Schließlich sehe ich das Meer und die Erde, die alle Lebewesen hervorbringen und am Ende den dunklen, leeren Weltraum, in den hinein sich die ganze Existenz gebiert, unter gigantischen Eruptionen und gewaltigen Klängen.

Zutiefst bewegt erkannte diese Frau ihre Verbundenheit mit diesem Schöpfungsprozess und mit diesen alles erfüllenden, alles zusammenfassenden Klängen, die noch lange in ihr schwangen. Später hatte sie die Empfindung, dies sei der „Urschrei" gewesen oder die heilige Silbe OM, in denen sich nach Auffassung der indischen Philosophie die ganze Schöpfung verdichte und offenbare.
Eine ähnliche Entdeckung macht eine Akademikerin, Mutter von drei Kindern, unter der Wirkung von LSD, dieser wundersamen Entdeckung eines modernen Alchemisten, des Chemikers Albert Hoffmann, der wir – trotz aller problematischen Aspekte dieser Substanz – viele wesentliche Einsichten in den Kosmos der Psyche verdanken:

Dann fing ein komplexer Kreislauf des Lachens und der Tränen an; das Lachen ging gewöhnlich mit einem Öffnen der Arme und Beine einher, das Weinen mit einem Zusammenziehen und Zumachen des Körpers.

Ich ging durch zahllose Menschheitsepochen in der Zeit zurück, erlebte in meinem Körper zahllose Geburts-, Todes- und Wiedergeburtskreisläufe. Ich fand mich in verschiedenen Weltteilen wieder (vor allem Europa), eher mit einfachen Bauern und Handwerkern zusammen als mit Königen und Adligen. Ich wurde beerdigt und beerdigte andere, die mir lieb gewesen waren, bekam die Augenlider zugedrückt und die Arme über der Brust gekreuzt oder vollzog dieses Ritual an anderen. Der schmucklose Holzkasten wird in das Grab hinuntergelassen, die Erde wird darüber geworfen, die Trauernden klagen.

Dann bin ich eine Frau, die gebiert oder Geburtshilfe leistet. Da ist der Schrei des neugeborenen Kindes, das kreisförmige Schließen der Mutterarme, um das Kind an die Brust zu ziehen. Geburtsschreie und Todesrasseln vermischen sich innerhalb eines Augenblicks. Mir wird bewusst, dass mein eigener Ort in dem rhythmischen Muster von Tod und Geburt nur ein bewegtes Nu ist – und das ist mehr als genug. Das Gefühl der Einheit mit dem All, mit dem durch die Gesamtheit meines Körper-Selbst erlebten Prozess von Geburt und Tod, überschwemmt mich gnadenvoll. Es ist, als ob ich ein derart kostbares Geschenk erhalten hätte, dass ich nie wieder fragen müsste: „Was ist der Sinn meines Lebens?“[4]

In solchen Erfahrungen scheint uns das Leben selbst an die Tatsache erinnern zu wollen, dass wir und unser Körper kosmische Wesen sind und dass wir teilhaben an der gleichen Energie, die auch das Universum, die Erde und die Natur hervorgebracht hat. Unvorstellbar, was geschehen könnte, wenn sich alle Frauen der Welt dieser ureigenen schöpferischen Lebenspotenz bewusst würden!

Mutter Erde

Uns modernen Menschen scheint nur sehr allmählich zu dämmern, dass wir in jederlei Hinsicht Kinder des Universums und Kinder der Erde sind. Was mehr naturnahe und frühere matriarchale Kulturen schon immer ahnten oder wussten, indem sie Muttergottheiten als erd- und himmelsumfassende Gottheiten verehrten, wurde in den patriarchalen Kulturen in unglaublichem Ausmaße unterdrückt und verdrängt – mit verheerenden Folgen für die Vergangenheit, Gegenwart und Zukunft der Menschheit.

Im Buch Sirach aus dem Alten Testament finden wir noch letzte Hinweise auf die einstmalige Verehrung dieser Göttinnen: , hier in Gestalt der Himmlischen Sophia:

Den Kreis des Himmels habe ich umschritten, ich allein,
Und in den Tiefen des Abgrunds bin ich gewandelt.
In den Fluten des Meeres und auf der ganzen Erde,
In jedem Volk und jeder Nation besaß ich Herrschaft.
Von der Urzeit her, im Anfang war ich erschaffen,
Und bis in Ewigkeit vergehe ich nicht.
Kommt her zu mir, die ihr mein begehrt,
Und an meinen Früchten sättigt euch.

Sirach, 24,5-6

Im Mittelalter mit seiner Überbetonung des LOGOS, des Himmels- und Geistraumes wurde die Erde und mit ihr alles Materielle, Körperliche, Triebhafte und Sinnliche und damit ganz besonders die weibliche Sexualität, zum Inbegriff des Bösen, Schlechten, Niedrigen und Verachtenswerten. So heißt es bei Papst Innozenz III in seinen Aussagen „Über die Verachtung der Welt" über den Menschen:

> *Gebildet aus schmutzigstem Samen, empfangen im Kitzel des Fleisches, ernährt vom Menstrualblut, von dem es heißt, es sei so abscheulich und schmutzig, dass, mit ihm in Berührung gekommen, die Feldfrüchte nicht mehr keimen, die Baumgärten vertrocknen [...] und Hunde, wenn sie davon essen, tollwütig werden.*[5]

Die Verneinung und Verteuflung des BIOS, alles Erdhaften, Körperlichen und Weltlichen – insbesondere projiziert auf die Frau – fand einen grausamen Höhepunkt in der Inquisition und den Hexenprozessen. Mühselig und unendlich langsam scheint sich dann etwa seit der Renaissance eine allmähliche Bewusstseinsveränderung vollzogen zu haben. Der Jenseitigkeit des fernen Logos-Geist-Himmels-Prinzips wurde nach und nach die Diesseitigkeit der Natur gegenübergestellt. Das Interesse der Menschen richtete sich immer mehr auf die Erkundung der Erde und ihrer Gesetzmäßigkeiten. Die Naturwissenschaften begannen ihren Triumphzug.

Die Einstellung des heutigen Menschen zur Erde zeigt aber trotz aller Annäherungen und Erkenntnisse noch eine tiefe Gespaltenheit zwischen dem LOGOS und dem BIOS. Einerseits hat der Mensch die Erde in einem vorher nicht gekannten Ausmaß erkundet, sich „untertan" gemacht und ist dabei, die letzten Bausteine des Lebens zu entschlüsseln, andererseits besitzt er immer noch die Arroganz und Überheblichkeit eines überzogenen HEROS- und LOGOS-Bewusstseins, das ihn in der Illusion gefangen sein lässt, er habe mit der Erde eigentlich nicht wirklich etwas zu tun, er sei von ihr losgelöst und sie sei sein ewig ausbeutbares und ausnutzbares Objekt, mit der er tun könne, was er wolle.

Der Leib: Die Inkarnation des Universums

So unbewusst und verantwortungslos, wie wir mit der Erde umgehen, so gehen wir auch mit unserem Leben und dem Lebensträger, unserem Leib um. Obwohl „Fitness“ und „Wellness“ als in mancherlei Hinsicht durchaus positiv zu wertende Bewegungen einen immer breiteren Raum in den Medien und in der Öffentlichkeit einnehmen, und man von daher die Hoffnung haben könnte, dies signalisiere eine positive Einstellungsänderung zum Körper, so scheint doch die Beziehung zu ihm noch eher oberflächlich und lieblos. Oft geht es nicht primär um Pflege, Gesunderhaltung und Wohlfühlen des Körpers aus Dankbarkeit und Wertschätzung, es geht nicht um Freude am Körperlichen und Sinnlichen, sondern es geht meist um die Anpassung an von außen kommende Modeerscheinungen und zweifelhafte Idealvorstellungen. Aufgrund eines basalen Gefühls der Unsicherheit über uns selbst, messen wir uns an überhöhten Idealvorstellungen und stehen dadurch in einem ständigen belastenden Konflikt mit dem, wie wir wirklich sind.

Für viele Frauen ist das alte Märchen von Schneewittchen immer noch von höchster, leidvoller Realität: „Spieglein, Spieglein an der Wand: Wer ist die Schönste im ganzen Land?“ Frauen stehen ihrem Körper oft sehr konflikthaft gegenüber, viele lehnen ihn ab, finden ihn abstoßend, hassen ihn gar. Sie nehmen ihn nur noch verzerrt wahr. Egal wie er ist, er ist falsch, er ist nicht wohlproportioniert genug, zu alt, zu fett, zu faltig, zu hässlich, zu untrainiert. Sie können ihn nicht lieben und achten und gut für ihn sorgen. Er ist ihnen eher eine Last, ein ständiges Objekt der Scham, des Versagens und des Ungenügens. Immer wieder neu versuchen sie ihn durch Diäten und Gymnastik auf das Idealmaß zu bekommen und versagen doch immer wieder. Der Blick in den Spiegel erzeugt daher bei den meisten Menschen keineswegs freudige und dankbare Gefühle, sondern Irritation, Selbstkritik und Abwertung.

Auch viele Männer sehen in ihrem Körper keinen sensiblen Organismus, der zutiefst geschätzt, gewürdigt und entsprechend gepflegt werden sollte, sondern eine Arbeits- und Kampf-Maschine, die auf Höchstleistung getrimmt und bis aufs Letzte ausgebeutet werden muss. Körper und Seele sind keine wunderbar aufeinander abgestimmte Einheit, der Körper ist von Gefühlen und seelischen Vorgängen abgeschnitten. Er ist ein Sklave, ein Tier, das man kommandieren und antreiben kann und das sich dem Streben nach Erfolg gnadenlos unterzuordnen hat. Kann und

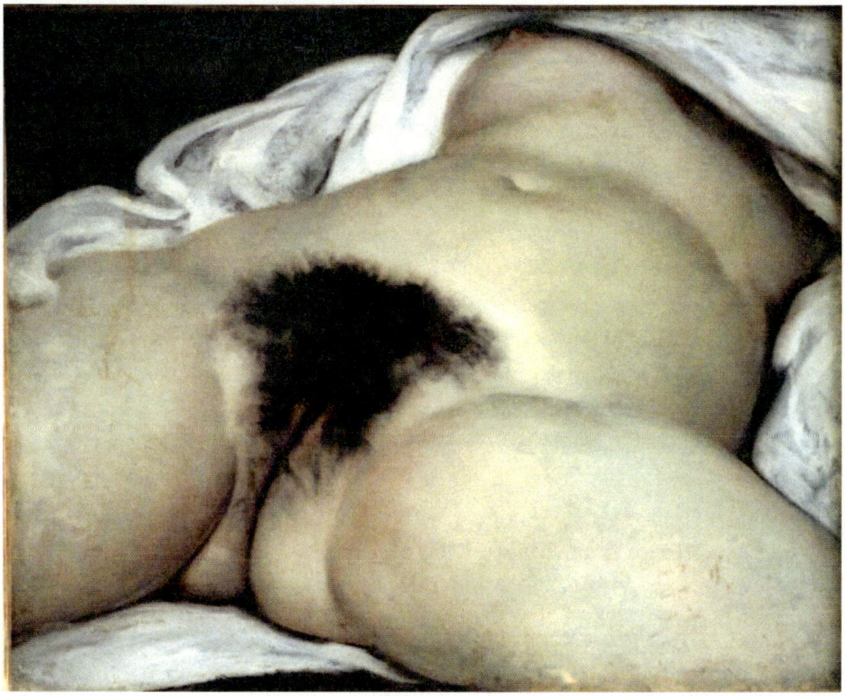

Abb. 3: Gustave Corbet, *Der Ursprung der Welt* (1866). Dieses vielen Menschen pornographisch erscheinende „Skandalbild" zeigt uns den weiblichen Schoß als Ort der Begierde, der Vereinigung und Ekstase wie auch als Ort der Geburt, aus dem alles Leben in die Welt tritt, Es wurde erst 1988 im Brooklyn Museum in New York City der Öffentlichkeit präsentiert, befand sich davor einige Zeit im Besitz der französischen Psychoanalytikers Lacan. Heute ist es im Musée d'Orsay in Paris. Es konfrontiert uns intensiv mit der Realität und Leibhaftigkeit der Sexualität und des BIOS. Unsere psychischen Reaktionen auf das Bild können uns bewusst machen, wie hochambivalent diese Thematik bis heute in uns ist und wie wenig wir in dieser Hinsicht die immer noch vorhandene Leibfeindlichkeit unserer Gesellschaft aufgearbeitet haben.

will er nicht, wie er soll, wird ihm der Krieg erklärt. Verständlich, dass eine solche feindliche Haltung unserem Körper gegenüber Krankheiten, wie auch tiefe Identitätskonflikte hervorruft. Der Leib ist die natürliche Basis unserer Existenz. Wir sind unser Leib in jeder kleinsten Faser und mit jeder Zelle. Wenn wir ihn zu einer bloßen Maschine degradieren oder zu einem Objekt unserer konflikthaften narzisstischen Selbstdarstellung machen, missbrauchen und zerstören wir eine der geheimnisvollsten und wundervollsten Schöpfungen, die das Universum hervorgebracht und uns zum Geschenk gemacht hat.

Wie ist es möglich,
dass ein Wesen mit solchen feinen Juwelen wie den Augen,
solch zauberhaften Musikinstrumenten wie den Ohren
und einer so großartigen Arabeske aus Nerven wie dem Gehirn
sich selber als irgend etwas Geringeres als einen Gott erleben kann?
Wenn man dann noch berücksichtigt,
dass dieser unendlich subtile Organismus
von den noch zauberhafteren Gebilden und Mustern seiner Umgebung,
von den winzigsten elektrischen Phänomenen
bis hin zu all den Milchstraßen, nicht zu trennen ist –
wie soll man dann noch begreifen,
dass diese Inkarnation alles Ewigen
sich vom Sein angeödet fühlen kann?

Alan Watts[6]

Die Missachtung der Erde und des Leibes

Wie konnte es aber überhaupt jemals zu einer solchen Abwertung, Abspaltung und Entfremdung des Menschen von der Erde und seiner Leiblichkeit kommen? Dafür sind verschiedene Ursachen vermutet worden, die gemeinsam haben, dass sie der Ausdruck einer tief greifenden Verdrängung schmerzlicher Realitäten sind. Sie sind letztlich verzweifelte, untaugliche Versuche, sich der eigenen Hilflosigkeit und Ohnmacht angesichts der überwältigenden Abhängigkeit von der Materie, der Erde und dem Körper nicht bewusst werden zu müssen.

Unser Körper unterliegt einem dauernden Prozess der Veränderung. Er ist empfindlich und verletzbar, oft schmerzt er, wird von Krankheiten befallen und vor allem: Er altert und ist sterblich. Darüber hinaus haben viele körperliche Bedürfnisse, wenn sie nicht erfüllt werden, einen drang- und leidvollen Charakter. Körperliche Bedürfnisse können so übermächtig werden, dass sie uns entgegen allen guten Vorsätzen und moralischen Idealen zu Verhaltensweisen zwingen, mit denen wir uns und anderen Menschen Schaden zufügen. Starke Triebe, Affekte und Süchte können uns wie Dämonen überfallen und uns das Leben zur Hölle machen. Körperlichkeit kann also in vielerlei Hinsicht als Leiden, Last und als Gefängnis empfunden werden und es ist von daher sehr verständlich, dass wir manchmal froh wären, von dieser „Erdenschwere" und „Erdgebundenheit" befreit zu sein.

Für diese Befreiung scheint sich uns insbesondere der geistige Raum des LOGOS anzubieten. In unseren Gedanken, Fantasien und Vorstellungen können wir Weite und Freiheit erleben. Gedanken und Fantasien „schmerzen“ nicht, auch wenn sie uns natürlich belasten können. „Die Gedanken sind frei...“ In unseren Gedanken und Fantasien können wir auch dann noch lebendig und kreativ sein, wenn der Körper alt, gebrechlich und unfruchtbar geworden ist. Da wir die Funktionen unseres Gehirns nicht spüren können, kommen uns unser Bewusstsein und unsere Gedanken auch so „luftig“, „unsichtbar“ und unstofflich vor, als hätten sie keine materiell-körperliche Basis. Aus diesem Erleben heraus haben viele Menschen gehofft oder geschlossen, Seelisches und Geistiges sei vom Körper unabhängig. Es müsse das Ziel der menschlichen Entwicklung sein, den Körper in seinen Funktionen einzuschränken oder gar abzutöten, damit die Seele oder der Geist befreit sein und geistige Unsterblichkeit erreichen könnten.

Solche Vorstellungen finden sich in vielen religiösen Traditionen des Ostens und des Westens. Viele Jahrhunderte lang haben sich Menschen abgemüht, durch eine körperverachtende Haltung, durch Geißelung und masochistische Selbstverstümmelung ihr Seelenheil zu finden. Ausläufer dieser falsch verstandenen Vergeistigungstendenzen, bei denen sich das Geistige zum Herren über den Körper machen will, dem Körper seinen Willen aufzwingen und ihn unterwerfen möchte, finden sich heute noch in vielen Formen nicht nur des religiösen, sondern des ganz normalen alltäglichen Lebens, so zum Beispiel im Schönheits-, Attraktivitäts- und Fitnesskult und in ewigen Diäten und Fastenkuren, die dazu führen sollen, dass der Körper von seinen Schlacken, Dunkelheiten und Unreinheiten gereinigt wird, damit er dauerhafte Gesundheit und Jugendlichkeit gewährt.

Das Tier und der archaische Mensch in uns

Neben die dauernde Gefährdung und Sterblichkeit des Körpers tritt als weiterer Grund für seine Abwertung die evolutionäre Entwicklung. Für uns heutige Menschen mag es vielleicht schwer nachzuvollziehen sein, warum diese Tatsache noch bis vor wenigen Jahren für sehr viele Menschen unannehmbar erschien und ihr Gefühl der Besonderheit und Gottähnlichkeit so tief kränkte. Aber in unserer immer noch fortdauernden Missachtung der Erde und des Körperlichen scheint diese Kränkung unvermindert stark fortzubestehen.

Es fällt uns nach wie vor sehr schwer, uns als einen archaischen Menschen und als Tier zu empfinden, als Tier, das die Evolution zwar mit der

Gabe des Bewusstseins beschenkt hat, welches sich aber dennoch in einer Jahrmillionen langen Entwicklungsreihe von Einzellern, Fischen, Amphibien, Reptilien, Säugetieren und Affen befindet. Es fällt uns schwer, Tiere als unsere Brüder und Schwestern, als gleichberechtigte Mitbewohner unseres Planeten zu empfinden. Es fällt uns schwer, das Archaisch-Animalisch-Triebhafte unseres Wesens anzunehmen, dem wir, wenn wir genau hinschauen, auf Schritt und Tritt begegnen und dem wir den weitaus größten Teil unseres Tages widmen.

Wie auch immer wir diese Tatsache vor uns verbergen und bemänteln wollen: Es ist offensichtlich, dass es uns allen, wie der ganzen Pflanzen- und Tierwelt, doch immer darum geht, unser Leben zu erhalten und unser Überleben zu sichern. Es geht uns um Nahrungssuche, -aufnahme, -verdauung und -ausscheidung. Wir wollen neue Reviere erkunden, abstecken und behaupten, unseren Konkurrenten gegenüber unsere Machtpositionen vergrößern, Besitz sammeln und sichern, unsere Gene möglichst zahlreich verbreiten, uns paaren, fortpflanzen und für den Nachwuchs sorgen. Wir wollen miteinander kommunizieren, uns erholen und schlafen und schließlich – wenn bei all dem Lebens- und Überlebenskampf noch etwas Energie übrig bleibt – auch spielen, feiern, tanzen und singen und unser Bewusstsein aus dem üblichen alltäglichen Lebensprozess herauslösen, andere emotionale und geistige Zustände erleben. Diese letzten Lebensäußerungen finden sich bei Tieren allerdings nur im Ansatz.

Wir haben – bildhaft gesprochen – nicht nur einen rudimentären Tierschwanz, sondern wir haben einen Jahrmillionen zurückreichenden unendlich langen Schwanz, der uns letztlich mit allen Tieren und allem Leben verbindet. Unsere Träume zeigen unsere Verwandtschaft mit den Tieren sehr häufig. Eine Frau träumt:

> *Ich bin zusammen mit einem Mann, auf einem Grundstück mit Streuobstwiesen und schönen alten Bäumen. Wir schauen erfreut und belustigt einer Katze zu, die sich in der Krone eines besonders schönen Baums gemütlich gemacht hat und sich dort räkelt. Das ist ein Lebensgefühl!*

Die Frau konnte diesen Traum gleich mit ihrem momentanen seelischen und körperlichen Zustand in Verbindung bringen. Sie spürte, die Katze war sie irgendwie selbst, sie fühlte sich gerade sehr stimmig und auf dem Höhepunkt ihres Lebensgefühls (in der Krone des Lebensbaumes!).

Die heilsame Wirkung von Haustieren, insbesondere von Hunden, Katzen und Pferden, auf uns ist seit langem bekannt. Sie werden oft als die „besseren Menschen“ empfunden. Sie sind zuverlässig, treu, authentisch, beständig in ihrer Zuwendung, sie sind selten gekränkt und enttäuscht, haben keine Schwierigkeiten mit Körperkontakt und mit ihren körperlichen Bedürfnissen und sind bereit, mit uns durch „dick und dünn“ zu gehen.

Wir sind Materie

Fast noch schwerer als den archaischen Menschen, der wir sind und unsere Tiernatur zu akzeptieren, fällt uns es, die Tatsache anzunehmen, dass wir aus Materie bestehen. Wir wollen oft nicht wahrhaben, dass bio-chemische, elektrische und physikalische Vorgänge unsere Existenz tief greifend bestimmen, dass nur wenige Mikrogramm chemischer Substanzen – etwa von Hormonen oder Transmitterstoffen im Gehirn – über unser Glück oder Leid bestimmen können, über Leben und Tod, Krankheit und Gesundheit, über Sinn und Wahnsinn.

Obwohl wir im Grunde gar nicht wissen, was diese wundersame hochenergetische Materie, aus der wir bestehen, wirklich ist, und wie es kommen kann, dass aus ihr die ganze Welt und alles Leben entstanden ist, tragen wir in uns fast unüberwindlich das uralte Vorurteil, dass es eben „nur“ Materie sei und damit etwas Niedriges und Geringes.

Unter anderer Perspektive könnte es allerdings etwas sehr Aufregendes und Großartiges sein, wenn wir uns zugestehen könnten, dass wir buchstäblich aus dem „Staub der Erde“ und der Energie der Sterne gemacht sind, dass wir unseren Ursprung bis zum Anfang aller Zeiten zurückverfolgen können und dass wir – auch wieder ganz real aufgefasst – eine Inkarnation (Fleischwerdung) des Universums und der Erde sind. Dazu aber wird es nötig sein, dass wir die „Materie“ (das Wort leitet sich ja schließlich aus lat. „mater“=Mutter ab) und die Erde aus ihrer Abwertung erlösen und sie tatsächlich als unseren Ursprung, als unsere Geburtsstätte, als unsere wahre Heimat erkennen und feiern.

Die Macht des Unbewussten

Ein letzter hier dargestellter Grund für die Abwertung des Erdhaften und Körperlichen ist die mit ihr aufs Engste verbundene Dimension des Unbewussten. Unserer heroischen Auffassung, „Herr im eigenen Haus“ zu sein, alles machen und kontrollieren zu können, scheint es schwer erträglich zu sein, dass sich weiteste Bereiche unserer Existenz unserem bewussten Wollen und Zugriff entziehen.

Sigmund Freud sprach in diesem Zusammenhang von der dritten großen Kränkung, die die Menschheit erlitten hätte – neben der kopernikanischen Wende, der Einsicht also, dass die Erde und damit der Mensch nicht Mittelpunkt des Universums ist und der beschriebenen Tatsache der evolutionären Entwicklung. Und selbst er, einer der großen Pioniere in der Erforschung des Unbewussten, scheint noch eine viel zu kleine Vorstellung von den Ausmaßen der unbewussten Dimensionen in uns gehabt zu haben. Abgesehen von einigen „archaischen Resten", die in uns schlummerten, hielt er es für prinzipiell möglich, das Unbewusste bewusst zu machen, was natürlich nach heutigem Verständnis ganz und gar unmöglich ist.

Um sich eine ahnungsweise Vorstellung vom ganzen Ausmaß des Unbewussten zu machen, kann man sich vor Augen führen, dass der ganze evolutionäre Prozess in seinen unzähligen Lebensarten und -formen zum allergrößten Teil unbewusst verlaufen ist. Alle Pflanzen, Tiere bis hinauf zum heutigen Menschen mit seinem überaus intelligenten Organismus und dem Wunderwerk Gehirn sind nicht das Ergebnis einer bewussten Planung, sondern einer unbewusst verlaufenen Entwicklung. Alle unsere körperlichen Vorgänge, unsere Sinne, unsere Fähigkeit, Gefühle, Gedanken, Wahrnehmungen und Fantasien zu erleben, sind entstanden, ohne dass es etwas in uns gab, dass davon etwas „wusste".

Erst mit der Entwicklung des Bewusstsein scheint sich die Evolution eine Möglichkeit geschaffen zu haben, sich selbst erkennen zu können. Ohne dieses bisher letzte und vielleicht großartigste Wunder der Evolution in seiner Bedeutsamkeit schmälern zu wollen – wir werden es gebührend im LOGOS-Kapitel würdigen – müssen wir uns klar machen, dass wir in jedem Augenblick unseres Lebens zum allergrößten Teil (vielleicht zu 90%, vielleicht zu 99% oder zu 99,99%) von unbewussten Abläufen bestimmt werden, selbst da, wo sie uns dann schließlich bewusst werden.

Auch unsere bewussten Gedanken, Gefühle und Entscheidungen rufen wir nämlich nicht absichtlich gesteuert hervor, sondern sie entstehen in uns auf ihre eigene Weise, sie haben ihr eigenes Leben, sie fühlen und denken sich selbst. Unsere Person wird in ihrem Sein und Verhalten nicht durch das Ich-Bewusstsein bestimmt, sondern es ist umgekehrt. Das Unbewusste ist die eigentliche Person, unser eigentliches, aber unbekanntes Wesen. Wir werden auf dieses Thema noch einmal im Kapitel über das MYSTOS-Prinzip zurück kommen.

Mit den neuesten Ergebnissen der Hirnforschung wie auch der Evolutionsbiologie und Evolutionspsychologie wird auch deutlich, dass der Geist nicht freischwebend vom Himmel herab kam und sich mit dem Körper auf geheimnisvolle Weise verband. Er ist vielmehr ein letztes Produkt jener Intelligenz, die in der Natur und im Körperlichen seit Jahrmillionen von Jahren wirkt und den evolutionären Prozess vorangetrieben hat. Der Geist war schon immer untrennbar mit dem Körperlichen verbunden. Ihm sind wir noch niemals unabhängig von etwas Körperlichem begegnet. Wir sind vergeistigte Materie oder materialisierte Geistigkeit.

Der Geist kommt also nicht aus fernen Sphären „von oben“, viel eher von innen und von unten, wenn man diese räumlichen Kategorien verwenden will. Damit wird aber eine vollständige Umwertung des „Unteren“, des Unbewussten und des Körperlichen notwendig. Geist und Körper, Energie und Materie erscheinen heute als unterschiedliche Aspekte oder Facetten einer Sache, eines geheimnisvollen Mysteriums, wobei „die Seele das innerlich angeschaute Leben des Körpers und der Körper das äußerlich geoffenbarte Leben der Seele ist“ (C. G. Jung).[7]

Der Körper und die mit ihm verbundene Weisheit des Unbewussten enthält in sich das Wissen der gesamten Evolution, wenn auch nicht in einer bewusst zugänglichen, sondern eher in einer instinktiven, biologischen Weise, in der die Gene wirksam werden und der Körper arbeitet. An einer Stelle beschreibt C. G. Jung das Wesen des Unbewussten so:

> *Könnte man das Unbewusste personifizieren, so wäre es ein kollektiver Mensch, jenseits der geschlechtlichen Besonderheit, jenseits von Jugend und Alter, von Geburt und Tod, und würde über die annähernd unsterbliche menschliche Erfahrung von ein bis zwei Millionen Jahren verfügen. Dieser Mensch wäre schlechthin erhaben über den Wechsel der Zeiten. Gegenwart würde ihm ebensoviel bedeuten wie irgendein Jahr im hundertsten Jahrtausend vor Christi Geburt, er wäre ein Träumer säkularer Träume, und er wäre ein unvergleichlicher Prognosensteller aufgrund seiner unermesslichen Erfahrungen. Denn er hätte das Leben des Einzelnen, der Familien, der Stämme und Völker unzählige Male erlebt und besäße den Rhythmus des Werdens, Blühens und Vergehens im lebendigsten inneren Gefühle.*[8]

Macht und Magie des Mondes

Die verborgene Weisheit und Dynamik des Unbewussten wurde in der Tradition oft auch durch den Mond symbolisiert. Während die Sonne das Tages-Bewusstsein und das Licht der rationalen Erkenntnis darstellte, wurde der Mond mit dem Nacht-Bewusstsein, dem Schöpferischen und dem Licht der intuitiven, mystischen Einsicht in Verbindung gebracht.

Zum Mond wie auch zur Dunkelheit und Nacht haben die Menschen seit jeher ein zwiespältiges Verhältnis gehabt. Unsere positiven Erfahrungen mit dem Mond hängen im wesentlichen damit zusammen, dass er als zunehmender Mond und als Vollmond mit seinem sanften Leuchten ein wenig Licht in die Dunkelheit der Nacht bringt.

Die Dunkelheit war nicht nur für den frühen Menschen, sondern ist auch für uns heutige, oft etwas sehr Bedrohliches. Die Außenwelt wird unüberschaubar, wenn es dunkel wird, und die seelische Unterwelt des Unbewussten mit ihren „Geistern“ und „Dämonen“ beginnt eigentümlich rege zu werden. Alle möglichen Ängste, Befürchtungen, Konflikte, Fantasien und Träume werden lebendig. Je weniger Licht und klärendes, unterscheidendes Wach-Bewusstsein da ist, desto weniger können wir unterscheiden, ob es Realitäten oder reine „Hirngespinste“ sind, die uns da beschäftigen. Wir alle kennen aus unserer Kindheit den angstvollen Ruf nach Licht, wenn wir aus dem Schlaf erwachten und die Schwärze der Nacht oder die dunkle Tiefe des Raums uns zu verschlingen drohte. Wie tröstlich konnte dann ein Lichtstrahl sein, der durch den Türspalt, das Schlüsselloch oder das Fenster fiel.

Ähnlich beruhigend mag dem frühen Menschen der Mondschein gewesen sein. In seinem fahlen, kühlen Licht konnte man sich wenigstens einen gewissen Überblick über die äußeren und inneren Vorgänge verschaffen. Es vermittelte einem ein angstfreieres, vielleicht sogar meditatives Eintauchen in die Welt der psychischen Fantasien und Bilder, in die Vorgänge des Unbewussten mit seinen eigentümlichen Symbolen, Stimmungen und Launen (das deutsche Wort Laune hängt mit dem lateinischen Wort für den Mond „luna“ zusammen), weil ein gewisses Maß an Distanz und Orientierung aufrechterhalten werden konnte.

Im Licht des Mondes wird uns ein teilweises Auf- und Hingeben des Ich-Bewusstseins an die Nachtseite und mystische Tiefendimension der Seele möglich. Wir können besser nach Innen gehen. Wir werden offen, ansprechbar, empfänglich für das, was dort keimt, wächst und geboren werden will. Dieses Eintauchen in die mondhaften „Wasser“ des Unbewussten wird besonders auch von liebenden Menschen ersehnt – man denke an das romantische Symbolbild vom Rendezvous des verliebten Paares im Mondenschein –, weil es ihnen ihre tiefe Sehnsucht nach Rückkehr in die Einheit, nach Verschmelzung und Vereinigung stillt.

Dieser Sachverhalt und auch die schon früh beobachtete Übereinstimmung des weiblichen Menstruations-Zyklus mit dem Mond-Zyklus ließen den Mond (oder eigentlich besser: die Mondin) zum Symbol der Großen Mutter und der Gottheit des schöpferischen Lebens, der Vegetation, des Wachsens, Werdens und Vergehens, der Fruchtbarkeit, der Fortpflanzung, der Schwangerschaft und Geburt, aber auch des Todes werden. Gerade die abnehmende und dunkle Schwarz-Mond-Phase, in der der Mensch von allem Licht verlassen und der Dunkelheit unbarmherzig ausgeliefert ist, wenn nicht wenigstens noch die gütigen anderen Sterne am Himmel ein bisschen Hoffnung schenken, wurde ihm auch zu einer Zeit des Schreckens, des Wahns, des Sterbens und des Todes. Mitternacht, die dunkelste Zeit des Tages, war deshalb auch die Zeit der Geister, der schwarzen Magie, des bösen Zaubers, der Hexen- und Teufelskulte.

Die Dunkelheit, die wir häufig mit dem Nichts, der Auslöschung, dem Tod verbinden, erscheint aber nur unserem Ich-Bewusstsein so gefährlich. Das meiste nämlich an lebenswichtigen und lebensförderlichen Vorgängen geschieht in der Dunkelheit des Unbewussten: Empfängnis, Schwangerschaft wie auch alle anderen Körpervorgänge verlaufen im Dunklen, selbst das Gehirn befindet sich im dunklen Kopf, in den nie ein Lichtstrahl hineinfällt und wenn, dann bedeutet es meist nichts Gutes. Der größte und wichtigste Teil unserer Existenz spielt sich also in gewisser Hinsicht im Dunklen ab und wir tun gut daran, unsere Einstellung zu dieser Tatsache neu zu überdenken.

Im Vergleich zu einem mehr „solaren“, „sonnenhaften“ LOGOS-Bewusstsein, dessen Fähigkeit eher im Unterscheiden, Einordnen, Systematisieren, Abstrahieren und zielgerichteten Denken besteht, liegt das Schöpferische des „lunaren“, „mondhaften“ Bewusstseins mehr im ständigen Beschäftigen und Umkreisen eines Themas, im Hin- und Herbewegen, im Warten-Müssen und Abwarten-Können, bis die Zeit erfüllt ist, im Einwirken- und Aufgehen-Lassen.[9] Die Erneuerung, Heilung oder Wandlung findet nach ihren eigenen Gesetzmäßigkeiten im Verborgenen, in der Dunkelheit und Stille oder im Schlaf statt und ist dann auf einmal da – oder nicht.

Der Energiefluss des Lebendigen

Die dauernd wechselnden Phasen des Mondes haben eine unmittelbare Entsprechung zu der Vorstellung im chinesischen Taoismus, dass das Universum wie das Leben auf der Erde ihren eigenen, unerkennbaren inneren Prozess und ihren eigenen Rhythmus haben und dass es die gesündeste Einstellung ist, wenn man diesem „Lauf des Wassers“, dem Strömen des TAO folgt.

Entgegen allen Befürchtungen vieler Menschen, man würde dann in faules Nichts-Tun, ein bloßes Dahintreiben, in eine Gleichgültigkeit und Langeweile verfallen – eine Befürchtung, die auf Unverständnis und einem mangelnden Vertrauen auf ihre innere Selbstregulation beruht – kann das Leben viel überraschender, lebendiger, kreativer und sinnerfüllter sein, wenn man es wagt, sich loszulassen und sich mehr seinen spontanen Impulsen anzuvertrauen.

Das TAO und sein Fließen ist ja wie das Leben und die Natur auch: mal ruhig und träge, mal dynamisch und ekstatisch, mal leicht, mal anstrengend. Und eine der typischen Erscheinungsformen des Lebens ist ja die Bewegung. Wir fühlen uns dann am besten, wenn wir aktiv sein können und eine befriedigende Aufgabe zu erfüllen haben. Und, da uns das unbewusste Leben ohnehin schon immer motiviert und steuert, werden wir auch weiterhin das tun, was uns wichtig ist, nur eben gelassener, befreiter und spontaner. Wir verlieren nichts, sondern gewinnen alles, nämlich ursprüngliche Lebendigkeit.

Wie sich das anfühlen könnte, lässt folgender Traum eines 40-jährigen Mannes erahnen:

> *Eine große, kräftige, männliche Gestalt führt mich an einen fremden Platz. Es ist ein „heiliger Ort“, ich spüre seine Energie in meinem Körper vibrieren. Ich bewege mich im Kreis und fühle mich von der Energie erfüllt und getragen. Es ist ein ekstatisches Gefühl. Ich spüre: diese Energie will mich heil machen. Ich habe das wunderbare Gefühl vollkommen zu sein, nichts weiteres mehr zu brauchen. Alles, was ich brauche ist diese Lebenskraft, dieses Lebendigsein. Beglückt wache ich auf.*

Ein solches Gefühl können wir haben, wenn wir in unserem Leben am richtigen Platz stehen und die uns wirklich entsprechende Aufgabe erfüllen.

Der Kelch und das Wasser des Lebens

Die Sehnsucht nach einer vollen Erfahrung des Lebendigseins versinnbildlicht sich auch im verbreiteten Märchenmotiv vom „Wasser des Lebens“ oder dem Symbol des „Heiligen Grals“, jenem Kelch in dem sich der Sage nach das Blut Christi befindet. Das Gefäß, die Schale, der Kelch und der Behälter allgemein sind zentrale Symbole des BIOS. Sie symbolisieren das Umfassende, das Enthaltende und sind damit mikrokosmische Entsprechungen des Welt-Alls, des Makrokosmos, in dem sich die schöpferische Fülle des Lebens latent befindet und aus der sie hervorkommt. Die körperliche Entsprechung dazu ist insbesondere der Bauch, die Scheide, die Gebärmutter (uterus).

Das Blut ist reine Lebensessenz. Insofern das Blut beim heiligen Gral der Überlieferung nach von Christus stammt, ist es die göttliche Essenz schlechthin. Der Wein, der aus dem Kelch bei der Messe getrunken wird, repräsentiert zwar das Blut Christi, verbindet aber zugleich – wohl unbeabsichtigt – mit einer anderen Gottheit, die im Umfeld des BIOS auch wichtig ist: Dionysos, dem griechischen Gott des Weines, der Ekstase und der Leidenschaft. Lebendigkeit und Leidenschaft, BIOS und EROS gehören aufs Engste zusammen, wenn vielleicht auch nicht unbedingt im Christentum.

Die Brust

Ein anderer „Behälter“ mit kostbarer, lebenspendender Essenz ist die weibliche Brust, mit der wir auch im EROS-Kapitel beschäftigen werden. Ihre Milch ist Lebens-Nahrung im konkreten wie symbolischen Sinn. Wachstum, Heilung, Gesundheit und Schönheit, Weisheit und Macht wurden seit altersher mit ihr verbunden. Brüste schenken darüber hinaus Innigkeit, Vertrautheit, Geborgenheit, Wärme, Weichheit, Schutz, Trost. Sie überwinden trennende Distanzen, sie erzeugen Nähe, Verbundenheit, Vereinigung, Verschmelzung, die Erfahrung der Einheitswirklichkeit.

Eine Frau, die eine längere Zeit in einem ambivalenten Verhältnis zu ihrem sinnlichen Körper und ihren Brüsten stand, träumte:

> *Ein mir unbekannter kleiner Junge will an meinen Brüsten saugen. Ich denke zuerst, das darf nicht sein, das führt zu weit, es ist ja ein fremdes Kind! Dann denke ich aber: „Was soll der Geiz?“ und entscheide mich, ihn saugen und trinken zu lassen. Ich bin glücklich dabei: Ich verschenke und fühle mich beschenkt.*

Seither sei es für sie ermutigend und befreiend geworden, sich in Momenten, wo sie sich nicht recht traue, ihre Fülle zum Ausdruck zu bringen, zu sagen: „Was soll der Geiz?" Den Traum deutet sie so:

Es geht mir immer dann gut, wenn ich meine Fülle leben kann, mein übersprudelndes Wesen, meine Spontanität, meine Lebensfreude und Vitalität, meine Sinnlichkeit und erotische Lust. Es geht mir schlecht, wenn es nicht fließt. Ich fühle mich dann wie bei Frau Holle, wenn das Brot im Backofen herausgeholt werden will, weil es fertig ist, oder wenn der Apfelbaum voller Äpfel ist und geschüttelt werden will. Es ist schrecklich, wenn ich die Fülle in mir spüre und es mir nicht möglich ist, sie zu leben.

Die Schlange

Ein anderes Symbol der Energie des Lebendigen ist die Schlange. Die Schlange wurde u. a. als ein Attribut der Großen Göttin aufgefasst. Als hochambivalente Energie und ursprüngliche Instinkt-Natur, die in der Erde lebt, von dort in unberechenbarer Weise hervorstößt und den Tod bringen kann, symbolisiert sie gleichzeitig auch, da sie periodisch ihre Haut erneuert, Auferstehung, Leben und Wandlung. Sie ist weiblich und männlich-phallisch, das Licht der Weisheit und die Finsternis zugleich. In der uranfänglichen Kreisschlange ist sie der ewig kreisende und sich durch die Äonen hindurch bewegende Lebensstrom des Werdens und Vergehens.

Auch die Kundalini-Schlange im indischen Tantrismus repräsentiert die reine Lebensenergie. Dort stellt man sich vor, dass in jedem Menschen ein psychisches Potenzial schlummert, das zunächst in den Chakren (psychische Zentren) nur latent und unbewusst vorhanden ist. Im unerweckten Zustand symbolisiert sich diese Energie als Schlange, die zusammengerollt am unteren Ende der Wirbelsäule, dem niedrigsten „Chakra" liegt. Die aufsteigende Schlangenenergie vereinigt sich durch bestimmte meditative Übungen schließlich mit dem spirituellen Bewusstsein im obersten Chakra, wodurch es zur Erleuchtungserfahrung kommt.

Tiefenpsychologisch und symbolisch gesehen handelt es sich bei der Aktivierung der Kundalini-Schlange um die Aktivierung tiefster Schichten des Unbewussten und um die Auseinandersetzung mit zentralen universalen Symbolfeldern, wie sie auch in diesem Buch dargestellt werden.[10]

Schattenaspekte des BIOS

BIOS hat natürlich auch, wie alle anderen Prinzipien und wie z. B. in der Schlange schon angedeutet, seine dunklen, destruktiven, zerstörerischen Seiten. Die Natur, die in unglaublicher Fülle und Verschwendung das Leben hervorbringt, geht mit dem in die Welt gesetzten Leben oft sehr gleichgültig, hart und grausam um. Denken wir an das unermessliche Leid, die vielen Schmerzen und Ängste, die durch das ewige Fressen und Gefressenwerden, den ewigen Kampf ums Überleben, die unzähligen Krankheiten, die vernichtenden Katastrophen durch Kälte, Hitze, Feuer, Wasser, Sturm, Erdbeben entstehen.

Auch der kollektive Massenvernichtungswahn und Blutrausch, der immer wieder über die Erde hinweggefegt ist, gehört in gewisser Weise in diesen Bereich. Befehlshaber, Soldaten und Krieger sind dann keine wirklichen Helden, denen es um Freiheit, Gerechtigkeit und Frieden geht, sondern sie erscheinen ergriffen von der elementaren Gewalt des blinden Überleben-Wollens und des hasserfüllten Zerstörens, der gnadenlosen, unbarmherzigen, gleichgültigen Urnatur in uns.

Oder denken wir an die vielen traumatischen Erfahrungen der Kindheit, in denen sich statt der ersehnten guten. beschützenden und nährenden Mutter uns nur die furchtbare Todesmutter zeigte als gleichgültige, verlassende, demütigende, ungerechte, lieblose, missbrauchende, misshandelnde Mütter und Väter.

In vielen Mythen und Märchen haben sich diese zerstörerischen Aspekte dargestellt als verschlingende, giftige Schlangen und Drachen, als vielarmig in die Tiefe des Abgrundes herabziehende Kraken, als Spinnen, in deren Netz man hilflos zappelt, als böse Hexe und Zauberin, die böse Stiefmutter und in besonders eindrucksvoller Form als Medusa, deren furchtbarer Anblick versteinern konnte oder als indische Göttin Kali, die Göttin des Zornes, des Todes und der Zerstörung. Auch starke unbewusste Triebe, Affekte und Süchte, denen gegenüber man sich hilflos ausgeliefert fühlt und mit denen man sich selbst und anderen Menschen Schaden zufügt, lassen die eigene Seele unter der Dominanz der furchtbaren Großen Mutter erscheinen.

Hier wäre man froh, man hätte das Schwert des HEROS mit dem man dem Ungeheuer den gierigen Kopf abgeschlagen könnte, um sich von dem Alptraum der Umschlingung durch die Kraft des BIOS zu befreien, oder es gäbe die klärende Einsicht des LOGOS, die aus dem Zauberbann erlöst.

Abb. 4: *Das Haupt der Medusa.* Caravaggio, ca. 1597, Uffizien, Florenz.

Im spätklassischen Mythos wird gesagt, Medusa sei ursprünglich von betörender Schönheit gewesen. Als aber Pallas Athene in einem ihrer Tempel Poseidon beim Liebesspiel mit Medusa überrascht habe, sei sie darüber so eifersüchtig erzürnt, dass sie sie in ein geflügeltes Ungeheuer mit Schlangenhaaren, langen Eckzähnen, Schuppenpanzer, glühenden Augen und heraushängender Zunge verwandelt habe. Ihr Anblick war jetzt so schrecklich, dass es jeden zu Stein erstarren ließ. Später gelang es Perseus, sie zu enthaupten, indem er sie nicht direkt, sondern indirekt mit Hilfe eines verspiegelten Schildes, den er von Athene bekommen hatte, ansah.

Ihrem Körper entsprang darauf das geflügelte Pferd Pegasos - einem in der Kunst sehr beliebten Fabeltier, welches schöpferische Freiheit und Kraft, Fantasie und Inspiration symbolisiert.

Mit dem Medusenhaupt im Beutel, flog Perseus mit Pegasos übers Meer nach Äthiopien, wo er die Königstochter Andromeda vor einem Ungeheuer, dem sie geopfert werden sollte, errettete (vgl. dazu Abb. 16, S. 99).

Tiefenpsychologisch wird das Motiv u. a. als die Angst des Männlichen vor dem Weiblichen und seiner Macht, die es über ihn hat, gedeutet. Es kann aber auch bedrohliche Aspekte der Tiefenschichten des Unbewussten symbolisieren, insbesondere auch starke Triebanteile, die sich nur wenig kontrollieren lassen.

Der BIOS-orientierte Persönlichkeits- und Lebensstil

Wie können wir uns einen Menschen vorstellen, der in seiner Persönlichkeit und in seinem Lebensstil weitgehend vom BIOS bestimmt wird? BIOS-orientierte Menschen haben ein gesundes Verhältnis zur Natur, zum Körperlichen und Materiellen. Sie stehen mit „beiden Beinen fest auf dem Boden", sind Realisten und verlassen sich überwiegend auf das, was sie mit ihren fünf Sinnen erfassen können und was sie aus eigener Erfahrung kennen. Für sie zählen vor allem die Fakten und die Praxis. Weniger interessieren sie sich für abstrakte Theorien und geistige Höhenflüge, die sie schnell als „Fantastereien", „Schäume" und „brotlose Kunst" abtun. Sie interessieren sich selten für eine haarfeine Analyse der Gegebenheiten. Sie suchen eher eine konkrete, praktikable Lösung, die oft überraschend und erstaunlich originell sein kann, weil ihnen Idealvorstellungen und Theorien bei ihrer Lösungsfindung nicht im Wege sind. Ihre Lösungen stammen aus einer lebensklugen, instinktiven Weisheit.

Sie sind vital, lebensfroh, kraftvoll, unkompliziert und direkt. Sie nehmen die Dinge, wie sie sind, auch die im normalen Leben auftauchenden Konflikte und Widersprüche, wodurch sie großzügig und tolerant sein können, auch sich selbst gegenüber. Sie sind zuverlässig, ruhig, geduldig, friedfertig, beständig, konsequent und bereit, Verantwortung auf sich zu nehmen und zu tragen. Sie sind Menschen, auf die man „bauen" kann und in deren Gegenwart man sich geborgen und sicher fühlen kann. Sie sind da, wenn man sie braucht.

Sie bevorzugen das Elementare, Regelmäßige und das Traditionelle. Sie fühlen sich wohl, wenn sie in Übereinstimmung mit dem leben, wie die Menschen schon immer gelebt haben. Sie interessieren sich für alles, was sie unmittelbar mit ihren Sinnen wahrnehmen können: die Natur, Landschaften, körperliche, „handfeste" Aktivitäten, Fitness, Sport, Sexualität, gutes Essen, für anregende Unterhaltung, Kino, Fernsehen. Sie gehen gerne mit Werkzeugen und Materialien um, mit denen sich etwas praktisch herstellen lässt.

Ihnen ist Besitz wichtig und sie sind bereit, für die materielle Basis und Sicherheit ihrer Existenz (Familie, Haus, Geld) viel zu investieren. Zu ihrem Körper haben sie ein unproblematisches, teilweise unbewusstes

Verhältnis, das aus der Selbstverständlichkeit heraus stammt, mit dem sie in ihrem Körper sind. Sie machen sich nicht viele Gedanken über ihr Aussehen und ihre Gesundheit, sondern reagieren auf ihn instinktiv nur dann verstärkt, wenn etwas nicht stimmt. Sie misstrauen der Apparate-Medizin und vertrauen lieber der Weisheit der Natur, die alles selber heilt.

In der Gestaltung ihrer Wohn- und Arbeitsräume werden BIOS-orientierte Menschen warme pastellene, goldene, braune und grüne (Natur-) Farbtöne, die eine entspannende Wirkung haben, bevorzugen. Die Einrichtung wird gemütlich sein, vielleicht haben sie eine Küche, wie einige von uns sie als „Omas Wohnküche" oder „gemütlichen Familientreffpunkt" in Erinnerung haben und in Wohn- und Schlafzimmer wird es viel Gelegenheit zum Entspannen, Träumen, Fantasieren geben. Eine Geborgenheit, Sicherheit und physische wie psychische Nahrung spendende gute Mutter scheint im Hintergrund zu wirken.

BIOS-orientierte Menschen können mit Leib und Seele Mütter und Väter, Hausfrauen und Hausmänner sein, und sie sind als Handwerker und Gärtner, Landschaftsgestalter, Bauern, Köche oder überhaupt in der Nahrungsmittelbranche und im Gaststätten- und Hotelbereich anzutreffen. Wenn der HEROS mehr betont ist, geht ihnen die Arbeit, das „Schaffen" und die kämpferische Verwirklichung von konkreten Projekten über alles. Sie können dann ihre Wünsche und Vorstellungen zielstrebig und hartnäckig umsetzen, beispielsweise als Organisator oder Manager.

Ist die Beziehung zum HEROS gestört, fehlt die vorantreibende Energie und Durchhaltekraft. Die Schwere und Trägheit könnten dominieren und zur Faulheit, Unbeweglichkeit, Passivität führen, in der alles mehr oder weniger so hingenommen wird, wie es ist. Eine andere Folge könnten Ungeduld, rasche Frustration und Gereiztheit sein, wenn die Dinge nicht gleich so laufen, wie sie sollten. Die Angst, Sicherheit, Besitz und gesellschaftliche Position zu verlieren, könnten so stark werden, dass sie alle Veränderungsimpulse schon im Keim ersticken.

Wenn die Beziehung zum LOGOS gut ist, sind sie sorgfältige Denker, denen die konkrete Erfahrung vor allem wichtig ist („Pragmatiker", „Empiriker"), und genaue Planer, Manager, Konstrukteure und Organisatoren, sie arbeiten gerne in den Berufsfeldern Technologie, Konstruktion und Produktion oder auch als Ingenieure und Architekten.

Eine gestörte Beziehung zum LOGOS zeigt sich in einem fehlenden Interesse für die unendlichen Weiten des Geistigen und Intuitiven. Es reicht ihnen aus, sich selbst, ihr Verhalten und die Welt nach relativ einfachen, meist schwarz-weiß gestrickten Vorstellungen zu verstehen. Sie neigen dann zu fundamentalistischen, egozentrischen, nicht sehr differenzierten Meinungen, in denen ihnen ziemlich klar zu sein scheint, wer die guten und die bösen Menschen und was die richtigen und die falschen Verhaltensweisen sind. Sie halten sich an dogmatische, meist sehr konkret und buchstabengetreu aufgefasste Glaubenssysteme. Engstirnigkeit, Dickköpfigkeit und fehlende Weitsicht nehmen anderen Menschen in ihrer Gegenwart dann oft die (geistige) Luft zum atmen.

Wenn sie einen guten Zugang zu EROS haben, können sie wahre Lebenskünstler sein, die gerne mit anderen Menschen zusammen sind, um die sinnlichen Freuden und die Schönheit des Lebens zu genießen. Berufe aus dem touristischen Bereich, der Freizeitgestaltung und bestimmte kulturelle Tätigkeiten passen dann gut zu ihnen. Mit etwas anderer Färbung wählen sie pädagogische, soziale, pflegerische, therapeutische Berufe.

Die Schattenseiten einer starken BIOS-Betonung liegen vor allem in der Tendenz zu übermäßigem Materialismus, zur Gleichförmigkeit, Schwere und Trägheit. Wenn nun die Beziehung zum EROS gestört ist, dann darf die Arbeit auch keine Freude und kein Vergnügen sein, die Schönheit des Lebens, dem man ja eigentlich treu ergeben ist, darf nicht gesehen und genossen werden. Die Sexualität dient nur der Fortpflanzung, der andere Mensch ist nur interessant, solange er zu etwas nützlich ist und etwas Ordentliches leistet.

Es fehlt die kindliche, spielerische Leichtigkeit, alles muss zweckvoll sein, es muss was Sinnvolles herauskommen. Aus der fehlenden Lebensfreude und Emotionalität und der übermäßigen Ernsthaftigkeit und Verantwortungsschwere können sich Schwermut, Melancholie, Depressionen und psychosomatische Störungen, auch ein Burn-Out-Syndrom („ausgebrannt sein“) entwickeln, das insbesondere für Helfer-Typen symptomatisch ist, die sich für Andere verausgaben und wenig an sich selbst und ihr eigenes Wohlfühlen und Wohlergehen denken.

Wenn sie eine gute Beziehung zum MYSTOS haben, fühlen sie sich mit der Erde, der Natur, den Lebewesen sehr verbunden. Sie erleben sich als Teil des Universums und lieben es, ihr Leben in Übereinstimmung mit den natürlichen Rhythmen des Daseins zu führen. Sie fühlen sich beispielsweise von matriarchalen Kulturen, Naturreligionen, dem Schamanismus, dem Hexenkult oder auch dem Taoismus angezogen.

Ein fehlender Bezug zum MYSTOS kann ihrem Leben eine übermäßige Härte, Schwere und das Gefühl der Sinn- und Nutzlosigkeit verleihen. Sie finden dann aus ihren festgefahren Geleisen, ihrem dauernden Müssen und Sollen nicht mehr heraus und ihr Leben erschöpft sich in der verantwortungsbewussten Erfüllung ihrer Pflichten. „Und wenn es köstlich war, ist es Mühe und Arbeit gewesen.“ (Psalm 90, 10)

Abb. 5: *Anna Selbdritt*, Leonardo da Vinci, ca. 1501, Louvre, Paris. Auf dem Bild werden in der Tradition des Bildtypus *Anna Selbdritt* drei Generationen dargestellt: die heilige Anna (die Mutter der Maria), die Jungfrau Maria und ihr Sohn, der Jesusknabe. Innigkeit und Seligkeit des Mutterglücks spiegelt das Lächeln der beiden Frauen.

Das BIOS-Prinzip in Selbst-Erfahrung und Therapie

Das BIOS-Prinzip ist die Basis jeder hilfreichen Beziehung, in der es um Betreuung, Unterstützung, Heilung, Regeneration, Genesung geht, sowohl im sozialen Bereich, im Bereich der Kranken- und Altenpflege als auch im Bereich seelischer Begleitung und Entwicklung.

Hier kommt es immer darauf an, dass der Mensch einen geschützten und sicheren Ort findet, an dem er einerseits ungestört krank sein kann, in diesem Kranksein und der damit verbundenen Hilflosigkeit, Abhängigkeit und Schwäche angenommen wird und ausreichend Raum und Zeit findet, nach den Möglichkeiten seiner inneren Natur zu genesen (oder auch zu sterben).

In einer solchen Situation, die vom Archetyp der guten Mutter geprägt ist, werden die Grundbedürfnisse des Menschen nach körperlicher Versorgung, nach Sicherheit, Schutz, Wärme, Geborgenheit, aber auch nach Beziehung, Verbindung und Zugehörigkeit (vgl. auch EROS-Prinzip, das sich in mancherlei Hinsicht mit dem BIOS-Prinzip überschneidet) angesprochen und befriedigt.

Helfer, die sich in Bezug auf ihre Haltung vom BIOS leiten lassen, verstehen ihre Rolle häufig in Analogie zu Mutter-Kind-Beziehungen, zu Geburtshelferinnen und Ammen, zu Gärtnerinnen, die das, was wachsen will, hegen und pflegen. Sie vertrauen auf die Selbstheilungskräfte des Organismus und des Unbewussten und sie sehen ihre Funktion vor allem darin, einen heilenden Raum – real und psychisch verstanden – herzustellen, in dem der Patient ohne allzu viele Regeln, Vorschriften und Einschränkungen einen individuellen Zugang zu diesen Selbstheilungskräften finden kann.

Sie fühlen sich in die Klienten ein, akzeptieren sie in ihrer jeweiligen Eigenart, versuchen sie emotional zu verstehen und fördern eine vertrauensvolle Regression in frühkindliche Erlebensbereiche. Sie unterstützen darin, einen Kontakt mit der Weisheit des Körpers, dem „Tier in uns“ und dem „Inneren Kind“ aufbauen.

Im modernen tiefenpsychologischen Sprachgebrauch hat sich der Begriff „containment“ für eine solche mütterliche Haltung entwickelt. Damit ist die Auffassung verbunden, es sei eine wichtige Funktion des Helfers, die konflikthaften, ambivalenten, unerträglichen Aspekte und

Affekte des Patienten wie in einem Gefäß in sich aufzunehmen, auszuhalten, zu bewahren, zu entgiften, zu verdauen und ihm in reiferer Form wieder zugänglich machen. Durch dieses geduldige Umgehen mit den negativen Aspekten des Klienten erfährt dieser die Kraft der „Guten Mutter“, die von solchen Aspekten nicht zerstört wird und nicht die Beziehung abbricht, sondern sie gut integrieren kann. Er lernt am Modell der realen Beziehung, wie man mit solchen Affekten und negativen Schattenseiten konstruktiv umgeht.

Eine BIOS-orientierte Haltung wird besonders in einfühlungsorientierten und regressionsfördernden Selbst-Erfahrung- und Therapieformen, die meist auf eine längere Zeit hin angelegt sind, eingenommen (z. B. neuere analytische, tiefenpsychologische Richtungen, Gesprächspsychotherapie, körperorientierte Verfahren). Sie findet sich besonders auch in Kinder- und Jugendlichen-Psychotherapien. In Kliniken und Gruppentherapien, in denen Zeit, Raum und Vertrauen gegeben ist, sich den anderen Teilnehmern gegenüber zu öffnen und Mitgefühl zu erfahren, werden der Kreis der Gemeinschaft und das sich darin entfaltende Wir-Gefühl häufig als eine Geborgenheit, Sicherheit und seelische Nahrung spendende Gute Mutter erfahren.

Der Einbezug des Körpers in die Psychotherapie ist lange Zeit auf große Widerstände gestoßen, insbesondere bei LOGOS-orientierten Therapieformen, wie z. B. der klassischen Psychoanalyse. Körperlicher Kontakt zwischen Therapeut und Klient, etwa eine tröstende Umarmung, war praktisch tabu. Dies ist bemerkenswert, denn in sonstigen Bereichen der Medizin und Krankenpflege ist der Umgang mit dem Körper selbstverständlich. Auch wenn in der medizinischen Behandlung eher ein sachlich symptomorientierter Körperkontakt im Vordergrund steht, würde es in manchen existenziellen Notsituationen, wie z. B. bei schweren Ängsten, Schmerzen, Verlust-, Trauer- und Sterbeerfahrungen, von Patienten und auch von Ärzten als unmenschlich oder sadistisch empfunden werden, wenn körperliche Gesten menschlicher Anteilnahme wie z. B. die Hand halten, in den Arm nehmen, den Kopf tröstend streicheln, ausblieben.

Diese Schwierigkeiten im Umgang mit dem Körper in der Psychotherapie scheinen Ausdruck einer Fixierung im Bereich des LOGOS zu sein, hinter der sich tief sitzende Ängste vor dem BIOS und dem EROS verbergen. Die Angst vor der körperlichen „Be-Handlung“ als eines möglichen Aspektes in der Psychotherapie könnte somit Ausdruck einer Angst vor der Berührung mit dieser dunklen, „chthonischen", triebhaften, sexuellen Lebenskraft sein.

Die meisten Therapierichtungen haben heute Ansätze für einen besseren und selbstverständlicheren Umgang mit dem Körper und der Berührung entwickelt. Es geht dabei oft um ein vorsichtiges Wahrnehmen und Hineinspüren, um ein einfühlsames Mitgehen, um ein Verstehenwollen, was sich in körperlichen Symptomen, Reaktionen und spontanen Gesten offenbaren will. Während das Unbewusste früher hauptsächlich als seelisch aufgefasst wurde, lernt man immer mehr, auch den Körper als umfassenden Ausdruck des Psychischen anzusehen. Man wird die Einsicht, dass z. B. Stress und psychische Konflikte körperliche Symptome hervorrufen können, ergänzen müssen durch die Einsicht, dass auch körperliche Vorgänge psychische Symptome hervorrufen können und bei vielen bislang als überwiegend psychisch verursacht angesehenen Symptomen möglicherweise sogar den Vorrang haben.

Ein bereits beschriebener Schattenaspekt des Archetyps der „Großen Mutter" ist ihre festhaltende, verschlingende, „kastrierende" Seite, welche Ablösung, Autonomie und Individuation verhindert. Ein allzu mütterlicher, verwöhnender Stil in der therapeutischen Arbeit mit Menschen unterliegt der Gefahr, sie „klein" zu halten. Dies besonders dann, wenn der Helfer in der Mutter-Kind-Position eigene unerfüllte Bedürfnisse befriedigt und die Abhängigkeit des Klienten genießt.

Durch die relative Hilflosigkeit des Klienten können Therapeuten sehr leicht ihr Bedürfnis nach Macht, Dominanz, Überlegenheit mehr oder weniger offen realisieren. Sie kontrollieren und bestimmen die Begegnung weitgehend, sie können den Klienten durch Manipulationen, Interpretationen, Ratschläge und Anweisungen dazu bringen, dass er das tut, was ihren heimlichen eigenen Bedürfnissen entspricht. Das Ausgeliefertsein und die Schwäche des Klienten können das Selbstwertgefühl der Therapeuten so stärken, dass sie sich tatsächlich für eine allmächtige große Mutter oder Vater halten.

Menschen in sozialen, therapeutischen und seelsorgerischen Berufen – besonders solche, die sich mit dem fürsorglich-helfenden Aspekt des Mutterarchetyps identifizieren – haben oft gelernt, eigene Bedürfnisse zugunsten der von Anderen zurückzustellen, sich um Andere zu kümmern und darin ihren Sinn zu sehen. Oft bemühen sie sich aufgrund hoher innerer Idealvorstellungen, besonders gut, hilfsbereit, edel, reif, erwachsen und vernünftig zu sein. Sie müssen ihre eigene Schwäche, Fehlerhaftigkeit, Hilflosigkeit, ihr Verletztsein und ihre Einsamkeit häufig abwehren, sie dürfen nichts von ihrer Sehnsucht nach Anerkennung, Bestätigung, Kontakt, Kommunikation, Zuwendung und Liebe wahrnehmen. Diese werden dann bei den anderen Menschen umso deutlicher gesehen und „bearbeitet". Es sind die Anderen, denen man dringend zum besseren Leben verhelfen muss. So können sie zu „verfolgenden" Helfern werden, die bei ihren Klienten und Mitmenschen überall nur Unreife und Schwäche, Hilfsbedürftigkeit, Mängel und neurotische Konflikte wittern, sie zu bessern suchen und sich dadurch das Gefühl geben können, doch die Besseren und Reiferen zu sein.

Quintessenz

• Zurück zur Natur!

Verbinde Dich mit der Erde und der Natur. Mache Dir bewusst, dass Du buchstäblich aus den Elementen der Erde gemacht bist. Mache Dir bewusst, dass Du die Nahrung, die Du isst, das Wasser, das Du trinkst, die Luft, die Du atmest, die Sonne, die Du auf Deiner Haut spürst, ganz konkret auch *bist.*

Du bist ein Kind des Universums und der Erde und niemals davon abgetrennt. Gehe deshalb mit allem, was Du von der Erde bekommst und was Du bist, dankbar, sorgsam und liebevoll um. Sei darin ein Vorbild für Deine Mitmenschen und Deine Kinder. Liebe die Erde und seine Elemente, den Mond, die Sonne und die Sterne als Deine wahren Eltern.

Versuche bewusst mit den natürlichen Rhythmen zu leben. Nimm den Wechsel der Jahreszeiten wahr, den des Wetters, den von Tag und Nacht. Gehe in Novemberstürme und klirrende Januarkälte, spüre die Sommerhitze, den Sommerregen, das Gewitter. Iss das erste Frühlingsgemüse, genieße die reifen Sommerfrüchte, lass Dich vom Herbstwind durchpusten und mache eine Schneeballschlacht im Winter. Genieße die intensiven sinnlichen Erfahrungen, die das Wetter ermöglicht, auch wenn sie manchmal ungewohnt oder unangenehm sind. Alles, was Du das erlebst, hat Dich und Deine evolutionäre Vorfahren zutiefst geprägt und bestimmt.

Gehe viel spazieren und wandern und mach Dir bewusst, dass alles, was Du wahrnimmst und erlebst, mit Dir verwandt ist. Alles bist Du! Hole so viel Natur in Dein Leben, wie es Dir möglich ist, vielleicht pflegst Du einen kleinen Vorgarten, Pflanzen in der Wohnung und auf dem Balkon. Verwende natürliche Materialien. Lebe mit Tieren, wenn es Dir Freude macht.

• Achte die Materie!

Freue Dich am Besitz, am Geld und den materiellen Erscheinungsformen des Lebens, aber binde Dich nicht an sie. Deine Existenz ist untrennbar mit Materie verbunden. Befreie Dich von abwertenden Vorstellungen über die „niedere“ Materie. Du bist Energie/Materie, lebst in der Energie/Materie und von der Energie/Materie.

Materie ist ein großes Wunder und niemand weiß, was sie eigentlich wirklich ist. Wir haben ihr nur einen Namen gegeben und irgendwann irgendwelche abwertenden Vorstellungen mit ihr verbunden. Dein Besitz, Dein Haus, Deine Wohnung, Dein Auto, Deine Kleidung, Deine Einrichtungsgegenstände: alle sind unmittelbarer Ausdruck Deiner Lebensenergie, die Du darin investiert hast. Gehe mit ihnen entsprechend gut um, pflege sie und halte sie in Ordnung. Sei dankbar für sie und Deine Energie, die sich darin spiegelt.

Gestalte Dein äußeres Erscheinungsbild und Deine Umwelt ganz bewusst so, dass Deine Wertschätzung für die Materie darin zum Ausdruck kommt. Lege Dir nicht mehr zu, als Du gut versorgen kannst und wirklich brauchst. Treibe keinen Raubbau mit Deinen Energien und den Ressourcen der Erde.

Besonders viel Lebensenergie hat sich im Geld konzentriert. Es ist eine spezielle Form des „Steins der Weisen", denn die in ihm gebundene Energie kann sich in sehr viele Formen verwandeln, in gute und in schlechte. Geld kann uns frei und lebendig machen und eine Vielzahl von Möglichkeiten eröffnen, es kann uns aber auch versklaven. Verschwende es nicht, aber halte es auch nicht zurück, sieh es als Energie an, die fließen, kreisen und sich wandeln will. Setze es bewusst in Formen um, die für Dich einen guten Gegenwert darstellen und Deiner darin investierten Lebenszeit angemessen sind.

• Entwickle ein positives Körperbewusstsein!

Mache Dich von allen einengenden Vorschriften, Tabus und Abwertungen frei, die Du im Laufe des Lebens in Bezug auf Deinen Körper entwickelt hast. Löse Dich von allen theoretischen, idealistischen oder normierten Vorstellungen darüber, wie Dein Körper zu sein hätte.

Lerne so viel Du kannst über den Aufbau und die Funktionen Deines Körpers. Manche Menschen haben die ganze Welt erkundet, ihr eigener Körper und ihre eigene Seele aber sind ihnen unbekanntes Terrain geblieben. Es gibt keinen Aspekt und keine Funktion des Körpers, die sündig oder schmutzig wäre oder die Du nicht erfahren dürftest. Alles bist Du. Jeder Teil des Körpers ist ein fantastisches Wunderwerk voller Zweckmäßigkeit und Weisheit.

Versuche herauszufinden, wie er sich wirklich wohl fühlt und was seine typische Eigenart ist. Wenn Du Dir unsicher bist, frage nach den körperlichen Eigenarten Deiner Geschwister, Eltern und Ahnen. Akzeptiere, dass Dein Körper zum größten Teil in seinem Aussehen und in seiner Eigenart genetisch festgelegt ist.

Versöhne Dich mit den Körperteilen, die nicht so perfekt und schön oder vielleicht sogar krank sind. Mache Deinen Körper zu Deinem vertrauten Freund, um dessen Wohlergehen Du liebevoll besorgt bist.

Lerne von dem natürlichen Verhalten, das Tiere und Kinder ihrem Körper gegenüber haben.

Achte gut auf die Bedürfnisse Deines Körpers, insbesondere sein Bedürfnis nach Bewegung und Erholung, nach Essen und Trinken und nach Sexualität. Pflege Deinen Körper liebevoll und erschöpfe ihn nicht.

Entwickle Dein Körperbewusstsein. Halte mehrmals am Tage inne, entspanne dich, beruhige und vertiefe Deinen Atem, zentriere Dich auf Deinen Körper und verbinde Dich mit der Natur, mit Himmel und Erde. Nimm bewusst wahr, was Du siehst, hörst, riechst, schmeckst, tastest, was Du fühlst und spüre, wie schön es ist, lebendig zu sein. Achte auf Deine Körpersignale und lasse dich, so oft es Dir möglich ist, von ihnen spontan führen.

Vertiefe Deine Freude und Lust an den körperlichen und sinnlichen Erfahrungen und Reaktionen. Suche Dir stimmige Möglichkeiten, Deinen Körper in seiner Ganzheit und in Beziehung zu anderen Menschen lustvoll zu empfinden, z. B. beim Sport, Wandern, Singen, Tanzen, Spielen, mit Zärtlichkeit und in der Sexualität.

- **Carpe diem: Lebe Dein Leben bewusst an jedem Tag!**

Rousseau schreibt: „Nicht der Mensch hat am meisten gelebt, welcher die höchsten Jahre zählt, sondern der, welcher sein Leben am meisten empfunden hat.“ Deshalb: Gehe ganz in Deine Erfahrungen hinein und koste sie aus. Halte Dich nicht zurück. Überwinde die Angst, Dich zu vergessen.

Versuche immer wieder, Deine Handlungen bewusst, mit ganzer Hingabe und so gut es Dir möglich ist, durchzuführen. Versuche dabei, die Lust und die Freude zu genießen, die mit dieser Intensität und Leidenschaft verbunden sind. Das geht ganz besonders gut im Sport, beim Spielen, beim Tanzen und Singen und in der Sexualität, aber auch bei vielen anderen alltäglichen und beruflichen Aufgaben, wenn Sie „stimmen“.

Es ist nicht falsch, sich seiner vergangenen Erfahrungen zu erinnern, es ist gut, sich auf das Kommende einzustimmen und vorzubereiten.

Aber: Die Vergangenheit ist vorbei, die Zukunft noch nicht da und es gibt eigentlich niemals eine andere Zeit außer der gegenwärtigen. An dieser Gegenwart aber nehmen wir meist nicht recht teil. An jedem Tag aber ist das Leben „reif" genug, um richtig gelebt zu werden. Wann soll Dein „wahres" Leben endlich beginnen? Wenn bist Du „reif" dafür? Im nächsten Urlaub? Wenn Du eine Kur machst? Wenn Du eine neue Partnerschaft eingehst? Nach der Pensionierung? Verschiebe das Leben nicht auf eine ungewisse Zukunft, sondern zähle jeden Tag als ein Leben für sich, wie Dir Seneca empfiehlt.

Werde achtsam für das, was Dich überall an Schönem und Gutem umgibt und Dir begegnet. Nimm es bewusst und dankbar auf, anerkenne und bestätige es dankend. Sprich laut aus, was Dir gefällt. Damit wird es Dir und anderen Menschen bewusster.

Du brauchst die negativen Dinge des Lebens nicht zu übersehen oder zu verdrängen, aber Du solltest auch nicht zulassen, dass sie das Gute besiegen. Schenke dem Guten und der Fülle Deine Aufmerksamkeit und Kraft, damit es wachsen und gedeihen kann. Fühle Dich als Gärtner des Guten, Wahren, Schönen, Lebendigen, Kraftvollen und Kreativen.

- **Entdecke die Kostbarkeit jeden Augenblicks!**

Zeit ist nicht vor allem Geld, sondern Zeit ist vor allem Leben – Lebenszeit. Die wichtigste, aber für westliche, leistungsorientierte Menschen vielleicht schwierigste Übung, ist die Veränderung unserer Einstellung zur Lebenszeit. Das Leben selbst, das von Sekunde zu Sekunde verstreicht, ist das Kostbarste, das Du besitzt. Dies ist so offensichtlich, und doch scheint es Dir, als sei Dein Leben geradezu nichts, als müsstest Du jede freie Minute mit Arbeit, Tätigkeiten, Terminen, Informationen füllen, so dass Du schließlich wie in Trance durch Dein Leben hetzt und überhaupt nicht mehr fühlst, was Leben ist.

Lerne, Dein Leben, Deine Lebendigkeit und Deine Lebenszeit als das Höchste zu schätzen, Deinen wahren Reichtum, der auch nicht durch Millionen an Geld ersetzt werden kann. Modernes Zeitmanagement kann Dir helfen, Deine Zeit-Not durch eine bessere Planung von Projekten, Terminen und Aufgaben in den Griff zu bekommen. Es scheitert aber leicht, wie alle von außen auferlegten Methoden und Techniken, daran, dass Du Dein Leben und Deine Lebenszeit von Innen her, vom Herzen her, nicht wirklich schätzt und liebst.

Außerdem lassen sich Deine Seele und Dein Organismus nicht gerne nach rational vorgenommenen Schemata verwalten. Sie haben ihren ganz eigenen natürlichen Rhythmus, ihre eigenen Befindlichkeiten und Zustände und organisieren sich oft am besten selbst. Du sehnst Dich nach intensiv gelebtem Leben und tust doch alles, um es zu verhindern, indem Du es vollpackst mit Ballast, mit Konzepten, Planungen und selbst auferlegten Zwängen, die Dir schließlich die Luft zum Atmen nehmen.

Lass Dir vor allem Zeit. Gönne Dir Pausen, lass Zwischenräume, nimm Dir Zeit zum Aufatmen und Ausschwingen, in denen Du Dich entspannst, nichts tust, für den gegenwärtigen Augenblick öffnest, bewusst wahrnimmst, dass Du lebst. Verlangsame Dein Leben. Führe ruhige, achtsame Bewegungen aus. Der schöpferische Lebensprozess geht dann ebenso weiter, wahrschcinlich viel besser und viel erfüllter.

Gestatte Dir einmal eine längere Auszeit, in der Du keine neuen Aufgaben, Verpflichtungen, Termine mehr annimmst. Tu nur noch das Wichtigste und Nötigste. Befreie Dich von der Tyrannei des Müssens und Sollens, wenn nötig mit kämpferischer Aggressivität. Es geht schließlich um Dein Leben.

Laufe vor der Stille und der dann vielleicht auch einsetzenden Langeweile nicht davon. Nutze sie, um Dich leidenschaftlich und mutig zu fragen, womit Du den Rest Deines Lebens wirklich verbringen willst, was Dich wirklich erfüllt. Hierbei kann Dir helfen, wenn Du Dir vorstellst, dass Du alt geworden bist und auf Dein Leben zurückschaust. Was hättest Du eigentlich wirklich gerne gelebt und getan? Und wie hättest Du gerne gelebt? Und warum glaubst Du, dass es Dir jetzt nicht möglich sei? Wie lange willst Du noch warten?

• Weniger ist mehr: Vereinfache Dein Leben!

Unsere alltägliche Welt ist über alle Maßen kompliziert, schnell und reizüberflutend geworden. Sie ist von Überfluss geprägt. Aber der Überfluss erstickt Deinen Lebensatem und vergiftet das Wasser des Lebens. Du tust zu viel, Du hast zu viel und Du bindest dadurch Deine Lebensenergie an Dinge, die Dir Deine Freiheit und Freude nehmen. Muss es wirklich immer noch mehr und besser sein, was Du hast und tust? Es fällt Dir schwer, Dich zu trennen, nicht nur von Dingen, sondern auch von Erwartungen, von einem Lebensstil, selbst wenn Du schon lange merkst, das Dir vieles eine Last geworden ist.

Weniger ist mehr! Bevor Du irgend etwas Neues beginnst, trenne Dich erst einmal von allem, was Deine Energie unnötig bindet. Frühjahrsputz, Entrümpelung, Ausmisten innen und außen ist oft not-wendig und befreiend. Nicht nur im Kleiderschrank und in der ganzen Wohnung, auch in Beruf, Freizeit, Beziehungen gibt es viel Ballast abzuwerfen und Altlasten zu entsorgen.

Befreie Dich von allen Dingen, die für Dein gegenwärtiges Leben nicht mehr erforderlich sind. Grundregel: Alles, was Du länger als zwei Jahre nicht mehr benutzt hast, brauchst Du wahrscheinlich nicht wirklich. Trenne Dich von ihm in Dankbarkeit und Wertschätzung dafür, dass es Dir bisher in Deinem Leben gedient und zu Deinem Wohlergehen beigetragen hat. Verschenke es, wenn es noch in Ordnung ist.

Wenn Du einmal desorientiert bist, nicht weißt, was Du tun sollst, dann putze, räume auf, mache die längst fälligen kleineren Reparaturen und entrümpele. Wie ein äußeres Chaos zu einem inneren Chaos führt und wie unerledigte Dinge Dich seelisch schnell erledigen, so schaffst Du innere Klarheit und Ordnung, wenn Du Deine Außenwelt in Ordnung bringst. Wie Außen so Innen. Wie Innen so Außen. Entwickele Dein Leben vom Haben zum Sein, wie Erich Fromm es nennt.

- **Lass' los und folge dem Lauf des Lebens!**

Alles hat seine Zeit: Dies entspricht der taoistischen Vorstellung, dem beständigen Wechsel der Polaritäten, dem natürlichen Lauf der Dinge und der Weisheit der Selbstregulation zu folgen. Du kannst dies in allen körperlichen Vorgängen beobachten: in der Atmung, im Herzschlag, im Wechsel von Wachsein und Schlaf, von Hunger und Sättigung, im Auf und Ab der Stimmungen und Gefühle.

Je mehr Du in diese natürlichen Abläufe allzu kontrollierend eingreifst, desto mehr bringst Du sie aus dem Gleichgewicht. Vermeide in jeder Hinsicht zu starke Kontrolle, Einseitigkeiten und Extreme. Lass alles zu, was zum natürlichen Leben gehört. Halte nichts fest.

Genieße Kontrasterfahrungen („varietas delectat", Abwechslung erfreut). Sei offen für die Vielgestaltigkeit des Lebens und seine dauernde Veränderung. Das Leben ist fortwährende Bewegung und Wandlung. Was Dich heute lustvoll bewegt, kann auf Dich morgen langweilig und leer wirken, lass' also los und sei bereit für das Neue, das werden will.

• Versöhne Dich mit Deiner Endlichkeit!

Memento mori: Sei Dir Deines Todes eingedenk! Die Philosophen des Altertums bis zur Gegenwart erinnern uns beständig daran, dass der Tod unser weisester Lehrmeister ist. Menschen, die wissen, dass sie bald sterben müssen und sich mit ihrem nahenden Tod angefreundet haben, sagen häufig, dass sie erst jetzt richtig angefangen hätten zu leben. Sie sagen, sie würden Stunden höchster Intensität erfahren, sie seien ruhiger, gelassener, friedvoller, ja sogar heiterer geworden und seien für viele kleine Augenblicke und Begegnungen, an denen sie früher achtlos vorbeigegangen waren, empfänglich und dankbar.

Die Gewissheit des Todes kann zu einer Umwertung Deiner Werte führen. Was Dir vorher so sehr wichtig erschien, kann nun unwichtig werden, was vorher von Dir nicht beachtet wurde, kann zu einer Offenbarung für Dich werden.

Die Begegnung mit dem Tod kann Dir in vielerlei Hinsicht zu einem Schlüssel werden, der Dir neue Bewusstseinsräume öffnet und Dir die wirklichen Lebenswerte zugänglich macht. Insofern ist das Motiv des Todes zentral in allen klassischen Einweihungsritualen. Der alte Mensch soll sterben, damit der neue Mensch mit neuen Werten und Haltungen wiedergeboren werden kann.

Das Erschütterndste und zugleich Befreiendste an einer wahrhaftigen Auseinandersetzung mit Deiner Endlichkeit ist vielleicht die Einsicht, dass es in gewisser Hinsicht auf nichts wirklich ankommt und Du innerhalb gewisser Grenzen frei bist, zu tun, was immer Du tun willst, wenn Du dafür die Verantwortung übernimmst.

Allerdings: Wenn es angesichts des Todes auf nichts wirklich ankommt, dann kommt es auch nicht mehr auf Deine Wichtigkeit und Bedeutsamkeit an, auch nicht auf Deine persönliche Geschichte, Vergangenheit und Zukunft oder auf die vielen anderen Dinge, an denen Du so verzweifelt festhältst. Übertriebener Ehrgeiz, Stolz und Machtgier stellen sich als leidvolle Wahngebilde heraus, die Dich möglicherweise davon abgehalten haben, das Wunder des Lebens gesehen, es dankbar gefeiert und mit Deinen Möglichkeiten so gut wie möglich gefördert zu haben.

Abb. 6: *Die Geburt der Venus*, Sandro Botticelli, ca, 1485, Ufficien, Florenz. Venus, die Göttin der Schönheit und Liebe, gleitet auf einer Muschel (die auch ein bekanntes Weiblichkeitssymbol ist) und wird vom Westwind Zephyr an die Küste von Zypern getrieben, wo sie mit einem blumengechmückten Gewand empfangen wird. Dieses Gemälde ist eines der berühmtesten Werke der europäischen Malerei und eine Lobpreisung der Schönheit des unbekleideten Frauenkörpers.

Das Eros-Prinzip: Freude schöner Götterfunken

Freude schöner Götterfunken,
Tochter aus Elyseum,
Wir betreten feuertrunken
Himmlische, Dein Heiligtum.
Deine Zauber binden wieder,
Was der Mode Schwert geteilt;
Alle Menschen werden Brüder,
Wo Dein sanfter Flügel weilt.

Friedrich Schiller[18]

Wir alle sind Teil des schöpferisch sich entfaltenden Universums. Wir leben nur durch die Beziehung und Wechselwirkung mit allem anderen, was existiert. Jede Vorstellung von einer unabhängigen, getrennten Existenz ist eine leidvolle Illusion. Wir sehnen uns alle danach, zu anderen Menschen dazu zu gehören, von ihnen anerkannt und beachtet zu werden, zu lieben und geliebt zu werden.

Ziel der Selbst-Verwirklichung und der Lebenskunst ist, diese Verbundenheit mit allem Existierenden zu feiern, in liebevollem Verhalten zum Ausdruck zu bringen und mit dazu beizutragen, die Liebe, Schönheit, Harmonie und Freude am Leben zu mehren.

- Sorgst Du dafür, dass in Deinem Leben Schönheit, Freude, Erotik, Ekstase genügend Raum finden?
- Kannst Du Dich in Deiner einmaligen, individuellen Eigenart vollständig annehmen, gerade so wie Du bist?
- Bist Du Dir bewusst, dass Du andere Menschen nur in dem Maße lieben kannst, wie Du Dich selbst und Dein Dasein liebst?
- Weißt Du, dass Liebe und Freiheit einander bedingen und benötigen?
- Weißt Du, dass es unendlich viel gibt, für das Du dankbar sein kannst und dass Dankbarkeit der einfachste Schlüssel zum Glück ist?
- Kennst Du die „Goldene Regel", die für alle Menschen und alle Kulturen gilt?

Das EROS-Prinzip

Symbole
Herz, Blut; das Runde, Weiche, Geschwungene, Fließende; Symbole der Liebesbeziehung, der Sexualität, Umarmung; der nackte Körper, erogene Zonen und Körperteile, z. B. Haut, Haare, Augen, Lippen, Hals, Brust, Arme und Hände, Haut, Gesäß, Geschlechtsorgane, Beine; die Liebesbeziehung, Vereinigungssymbole; Symbole des Schönen, des Harmonischen, Symmetrischen; erotische Kleidung, Farben, Musik, Blumen, Blüten, süße Früchte; Wasser; Duft; Strahlendes, Glänzendes, Glitzerndes, Funkelndes, Fließendes; Symbole der Fülle, des Reichtums und des Luxus

Aspekte
Eros, Liebe, Güte, Mitgefühl; Anziehung, Sympathie, Bindung, Verbindung; Beziehung und Bezogenheit zu Mensch, Natur, Leben; Kommunikation, Kommunion; Streben nach Harmonie, Ausgleich, Sehnsucht nach Einheit; Verlangen, Begehren, Streben; Sinnlichkeit, Sexualität, Vereinigung, Verschmelzung; Offenheit, Hingabe; das Positive, das Gute, Schöne und Wahre; Ästhetik, Glanz, Kunst, Humor; Gefühle, Freude, Lust, Leidenschaft, Ekstase, Fülle, Reichtum; Geselligkeit, Vergnügung, Spiel

Schattenseiten
Beziehungssucht, Abhängigkeit, Hörigkeit, Unterwerfung, Eitelkeit, Launenhaftigkeit, Empfindlichkeit, Kränkbarkeit, Verführbarkeit, Bequemlichkeit, Dramatisierung, Eifersucht, Klatsch, Intrigen; Femme fatale; Promiskuität, Unechtheit, Schein, Schauspielerei, Leichtsinn, Sucht, Pornografie, Chaos

Transpersonale Aspekte
Universale Liebe, Unio Mystica, Mystische Hochzeit, All-Verbundenheit, Einheitserfahrung, Barmherzigkeit, Glücks- und Ekstaseerfahrung, Tantra, das Kunstwerk

Aspekte und Symbole des Eros-Prinzips

Der Begriff EROS ist hier im ganz umfassenden Sinne gemeint. Er ist eine Bezeichnung für jene Aspekte des Lebens und jene Seiten von uns, die mit Beziehung und Verbundenheit, mit Liebe, Sexualität und Leidenschaft, aber auch mit Harmonie, Schönheit und Freude zu tun haben. Während das heroische Prinzip die Autonomie, die Trennung, die Grenzüberschreitung und Auseinandersetzung, damit auch den Konflikt und die Aggression betont, steht im erotischen Prinzip die Verbundenheit und das Streben nach Vereinigung mit dem anderen Menschen, mit der Natur, dem Leben, ja der ganzen Existenz im Mittelpunkt.

Es gibt unterschiedlichste Formen des EROS, die von den elementarsten, materiellsten Formen der Anziehung (z. B. als Schwerkraft oder der Elektronen in einem Atom) über die instinktiv-animalischen bis zu den geistig-transzendentalen Formen der „Mystischen Hochzeit" und des „Hieros Gamos" (heilige Hochzeit der Götter) reichen.

In vielen philosophischen und religiösen Systemen besteht die Neigung, gute, höhere und reinere Formen der Liebe, die sich beispielsweise als Agape (Zuneigung, Liebe, Achtung) oder als Caritas (Nächstenliebe, Mitgefühl und Barmherzigkeit) zeigen, von den „niederen" und „teuflischen" Formen der Begierde, der sexuellen „Fleisches- und Wollust" abzutrennen.

So sinnvoll eine Differenzierung der verschiedenen Aspekte des EROS für die Entwicklung des Bewusstseins und der Kultur ist, so hat sich die Spaltung des EROS in einen oberen, guten und einen unteren, schlechten – letztlich wie bei allen Spaltungen elementarer Polaritäten – als verhängnisvoll für unsere Beziehung zur Materie, zum Körper, zur Erde und zur Natur erwiesen. Unsere Gesellschaft und Kultur leidet aufgrund dieser abwertenden Gut-Schlecht-Trennung noch heute an einem guten Bezug zum ganzen EROS, am Fehlen eines liebevollen sich Verbundenfühlens mit der Schöpfung, die sich für uns eben auch und vor allem durch die Materie und den Körper offenbart. Die Sexualität sowohl in ihren elementaren wie auch differenzierten Formen ist der direkteste Ausdruck des Schöpferischen des Lebens und des Universums. In der Sexualität hat sich die Energie der Evolution einen Weg geschaffen, sich in immer neuen Formen und Varianten zu offenbaren, und wir nehmen in ihr Anteil an dieser Kraft. Was könnte es Schöpferischeres geben?

Das Erotische hatte lange Zeit keinen Raum in unserer Gesellschaft, es überwogen rationale und heroische Aspekte. Die zerstörerische Kraft andauernder Kriege und die ungebremste Umweltzerstörung haben uns den Glauben an das Gute, Schöne und Wahre genommen. Und dennoch: Wo anders könnte eine wirkliche Veränderung herkommen als von einem Menschen, der sich mit der Schöpfung dankbar, mitfühlend und liebend verbunden fühlt?

Abb. 7: *Amor als Sieger*, eines der berühmtesten Bilder Caravaggios (1601/02, Gemäldegalerie Berlin). Es zeigt einen geflügelten Knaben in provozierender Nacktheit, die er lächelnd zur Schau stellt. Er schreitet hinweg über Requisiten der Musik (Laute, Violine, Notenheft), Symbole von Macht und Ruhm (Rüstung, Kronreif, Lorbeerzweig) und Utensilien der Gelehrsamkeit (Winkelmaß, Buch, Federkiel). Er triumphiert über alles, über Kunst, Wissenschaft wie auch über sittlich-moralische Werte. Seine beiden Pfeile stellen die entflammende und die erlöschende Liebe dar.

Der göttliche Eros als Schöpfungskraft

Nach alten mythologischen Vorstellungen der Griechen war es der Gott Eros, der das Leben auf der Welt schuf. Die Erde war noch kahl und leblos, stumm und starr, und Eros schoss seine lebensspendenden Pfeile in die Erde, worauf sie sich mit üppigem Grün bedeckte. Die phallischen, befruchtenden Pfeile erweckten das Leben, die Freude und die Bewegung. Eros blies auch den irdenen Gestalten von Mann und Frau, ähnlich wie der christliche Schöpfergott, den Geist des Lebens ein.

Im Mythos wird Eros oft mit Pfeil und Bogen dargestellt. Mit den Pfeilen trifft er Götter und Menschen, die darauf hin von Liebessehnsucht, Wonne und Liebesschmerz heimgesucht werden. Hier ist auch die Beziehung zum HEROS-Prinzip spürbar. Sehn-Sucht ist ein wesentliches Merkmal der Wirkungen des Eros. Die Sehnsucht nach dem geliebten Anderen und die in seiner Gegenwart erlebte Liebeswonne befähigt Menschen zu unglaublichen Leistungen, zum Aushalten von Entbehrungen und Schmerzen, zum Kampf und zur List, zum Leben im Verborgenen und in der Illegalität.

Eros symbolisiert aber nicht nur die Sehnsucht nach dem Geliebten oder der Geliebten, nicht nur sexuelle Kraft der Fortpflanzung, er ist vor auch eine Energie, die sich in der Sehnsucht und in dem glühenden Verlangen nach dem edlen und höheren Leben, dem Lebendigen, Schönen, Wahren und Guten, wie auch nach Selbst-Verwirklichung manifestiert. Er zeigt sich deshalb auch besonders in der Freude, in der Begeisterung, in der Leidenschaft für die Kunst, die Philosophie und die Wissenschaft wie für alle Dinge, die wir mit dem ganzen Herzen tun.

Eros wird zudem als ein Dämon gesehen, dessen Gegendämon Apathie ist. Das Dämonische meint in diesem Fall den schöpferischen, übermächtigen Drang jedes Wesens nach intensivem Tätigkeit und Ausdruck der Potenziale. Die griechischen Philosophen hielten die Dämonen für den göttlichen Teil des Menschen oder für die göttliche Stimme in ihm. Nach Aristoteles konnten Glückseligkeit (Eudämonie) nur jene erlangen, die mit ihrem Dämon in Harmonie lebten.

Der dämonische Drang kann Menschen aber auch in aussichtslose Situationen treiben, die sie selbst und andere zerstören. Von dieser Tragik sind viele der großen Dichtungen der Weltliteratur bestimmt: Paris und Helena, Tristan und Isolde, Romeo und Julia. Diese doppelte Natur des Eros, seine lebensschaffende wie lebenszerstörende dämonische Seite wird auch in manchen antiken Darstellungen gezeigt, in denen z. B. Psyche (die Seele) ein von Eros gefangen gehaltener und gequälter Schmetterling ist, deren Flügel er mit seiner Fackel verbrennt.

Im späteren griechischen Mythos wird Eros meist als das zweite Kind der Liebesgöttin Aphrodite und des Kriegsgottes Ares dargestellt. Er blieb solange ein kleines Baby mit zarten Flügeln und einem schalkhaften Gesicht, bis ihm sein Bruder Anteros (Leidenschaft) geboren wurde. Erst in der Beziehung zu diesem Bruder wuchs er zum Jüngling heran.

Dass der Liebespfeile schießende Amor in unserer Kultur ein Knabe und Kind ist, weist noch auf einen anderen wichtigen Aspekt der Liebe hin: In der Liebe gewinnen wir besonders leicht Anschluss an das „Innere und Göttliche Kind" in uns. In der Liebe fühlen wir uns wie verjüngt, lebendig, frisch, kreativ, begeisterungsfähig, frei von Dogmen, Vorurteilen, Grenzen, gesellschaftlichen Konventionen.

Der Zauber der Venus

Aphrodite (römisch Venus) ist die griechische Göttin der Liebe und der Schönheit, aber auch der Fruchtbarkeit, Schwangerschaft und Geburt. Aphrodite ist ausgestattet mit allen verführerischen weiblichen Reizen. Kleider, sonstiger Schmuck, Blumen und Düfte, eindrückliche Farben und Formen, die Frische kühlen, klaren Wassers, Lust, Freude, Lachen, das Leichte und Spielerische und die schönen Künste, das Heitere und Harmonische, das Funkeln und Leuchten, der Glanz, das Gold und der Luxus werden mit ihr verbunden.

Wo Aphrodite ist, ist Beziehung zur Natur, zum eigenen Körper und seinen Trieben und Bedürfnissen, Zärtlichkeit und Offenheit. Deshalb wächst und gedeiht auch alles leicht in ihrer Umgebung. Überhaupt ist die Umgebung Aphrodites eine schöne Umgebung und wo Aphrodite fehlt, ist der Mangel an Liebe, Freude und Schönheit auch äußerlich unmittelbar sichtbar an der fehlender Ästhetik, der fehlenden Pflege, den fehlenden Farben.

Aphrodite liebt Kinder, ihre Lebendigkeit, ihr Spiel und ihr Lachen, und sie wird auch selber manchmal wie ein junges Mädchen, lachend und plappernd dargestellt. Lachen, Freude über den Anderen und Freundlichkeit sind ja Ausdruck unserer Liebe zu Kindern wie auch zugleich Attribute der Liebe überhaupt. Und Lachen ist eines der sichersten Mittel, einen anderen Menschen zu gewinnen.

Aphrodite ist auch eine leidenschaftliche Geliebte und Mutter. Sie hat mit unterschiedlichen Göttern eine Vielzahl von Kindern. Mit Ares hat sie Harmonia, Anteros (Leidenschaft), Phobos und Deimos (Furcht und Schrecken). Aus der Verbindung mit Hermes entsteht der doppelgeschlechtliche Hermaphrodit, manchmal wird auch Eros dieser Verbindung zugeordnet. Mit Hermes verbindet sie auch, dass sie die direkte Konfrontation und den direkten Kampf gerne meidet, wenn die Gegner stärker sind. Statt dessen greift sie zu weiblicher Klugheit, zu List und Verführung, um Konflikte zu lösen. Dabei tut sie das nicht aus einem Gefühl prinzipieller Schwäche und Unterlegenheit heraus, sondern aus der Einsicht, dass ein Kampf mit einem überlegenen Gegner oft nicht sinnvoll ist. Wenn sie beleidigt wird, rächt sie sich, schlägt ihre Opfer mit Impotenz, Frigidität, Ekel, Nymphomanie oder Wahnsinn.

Als Schaumgeborene wird Aphrodite häufig bezeichnet, weil sie den Wellen des Meeres entsteigt. Zugleich ist sie eine Tochter des Himmels, entstanden aus dem abgeschnittenen, ins Meer geworfenen Phallus von Uranos, dem Himmelsgott und ältestem der Götter.

So verbindet sie das Fließende des Wassers und das Strömen körperlicher Energien mit den himmlischen Höhen des Geistigen und Erhabenen. Abgesehen davon findet ja auch die sexuelle Vereinigung in „feuchter“ Umgebung statt. Hier begegnet uns noch einmal Aphrodite, die Schaumgeborene, die den Wellen des Meeres entsteigt.

Die Griechen unterschieden auch eine Aphrodite Urania (die Himmlische), welche die vollkommene, übersinnliche Liebe repräsentierte, von der Aphrodite Pandemus. Letztere war der irdische, sinnliche Aspekt der Liebe und der Sexualität. Im Christentum begegnen uns diese zwei Aspekte in der Teilung der Liebe in Agape und Eros.

In den letzten zwei Jahrtausenden hat sich unter dem Einfluss des Christentums wie auch anderer körper- und weiblichkeitsfeindlicher Religionen das Verhältnis zum EROS im Sinne von Schönheit, Freude, Sexualität, Liebe, Ekstase stark verändert, weil körperliche Liebe – und damit auch die dazu verführende körperliche Schönheit – immer mehr als nur instinktiv, primitiv und „tierisch“ betrachtet wurde.

Das antike Verständnis, das Eros, Aphrodite und Dionysos göttliche Aspekte und Eigenschaften zuspricht, an der der Mensch teilhat, wenn er – gerade auch körperlich – liebt, ging weitgehend verloren. Der Mensch als aus dem Göttlichen kommend, die Liebe als göttlich oder auch als Himmelsmacht, die Sexualität als dionysischer, ekstatischer Rausch, die Schönheit in all ihren möglichen verschiedenen Formen als Attribut und Geschenk der Aphrodite: diese Sichtweise verschwand, und das machte das Leben der Menschen arm, grau, dunkel. Auch die sexuelle Aufklärung und Revolution, die sich doch gegen die Verteuflung des Körpers und der körperlichen Liebe wandte, hat uns Eros, Dionysos und Aphrodite nicht unbedingt näher gebracht.

Vermutlich sind wir zunächst in die für den HEROS und LOGOS typische Falle der Technisierung und Reduzierung gegangen, in dem die Befreiung des EROS auf ein rein technisch zu lösendes, biologisches Problem reduziert wurde.

Abb. 8: *Primavera* (Frühling), Sandro Botticelli, ca. 1482/1487, Uffizien, Florenz. In der Mitte, ein wenig zurückgenommen, befindet sich Venus, offenbar wegen ihrer Schwangerschaft verhüllt. Über ihr schießt Amor demnächst einen Pfeil ab. Auf der rechten Seite umarmt Zephir, der Wind, die Nymphe Chloris, die durch diese „himmlisch-geistige" Begattung zur blumenstreuenden Flora, der Göttin der Blüte, wird. Dem gegenüber steht auf der linken Seite des Bildes Merkur, der Mittler zwischen Himmel und Erde, der nach oben zeigt. Zwischen ihm und Venus stehen die drei Grazien, die als Venus, Juno und Athene die Schönheit, Eintracht und Weisheit darstellen. Dies Gemälde lässt sich nicht nur als die überbordende Fruchtbarkeit und Sinnlichkeit der Natur in den Frühlings- und Sommermonaten deuten, sondern auch als platonischen Kreislauf der Ausgießung des Geistes und seine Rückkehr zum Himmel in Form einer kosmologischen Erotik.

Das erblühende Leben

In den Träumen wie in vielen Mythen, Märchen und Erzählungen lassen sich die Aspekte des EROS-Prinzips leicht erkennen. Meist sind es Anfangs-, Licht-, Farb-, Natur- Feier- und Vereinigungssymbole: der Frühling, die Blumen, Früchte, das Kind, das Grünende und Farbige, die Dämmerung und der Tag, die frühe Sonne und das Licht, die Herstellung eines guten Kontaktes zu Mitmenschen, das gesellige, feiernde Beisammensein, das Lachen, der Gesang, der Tanz, die Feier, das Spielen.

Mit diesen Aspekten sind oft starke Entwicklungs- und Wachstumstendenzen verbunden. Diese sind sichtbar an neuen, manchmal fantastischen Elementen, an vitalen, natürlichen Lebensformen (Farben, Pflanzen, Tieren, Kindern, Sexualität), an lustvoller Bewegung, z. B. tanzen, schwimmen, die sich in manchen Träumen bis zum Fliegen steigert.

Die seelische Energie bewegt sich in irgendeiner Weise frei, freudig, lustvoll, vorwärts, aufwärts. Gefühle und Bedürfnisse werden spontaner und direkter zum Ausdruck gebracht. Das Selbstwertgefühl verbessert sich, weil man sich im Einklang mit einer der großen Urkräfte des Lebens fühlt. Man fühlt sich attraktiv, liebenswert und mag andere Menschen. Das Herz öffnet sich. Man möchte sich mit dem geliebten Anderen, den Menschen oder gar der ganzen Welt verbinden, vereinen, sich in der Einheit von Allem auflösen.

Ich bin unterwegs in einem Dorf. Es sind viele Leute unterwegs. Ein Mädchen hat viele Blumen und Früchte mitgebracht. Ich hielt zwei Früchte in der Hand, die mir unbekannt waren. Es war eine männliche und eine weibliche Frucht. Eine sah aus wie ein Maiskolben, aber weicher und beweglicher. Ihre Farbe war goldgelb-braun. Es war faszinierend, sie zu betrachten. Plötzlich wurde ein Lied angestimmt auf italienisch. Keiner schien mitsingen zu können. Ich konnte es identifizieren und summte die Melodie mit. An den Stellen des Refrain fiel mir der deutsche Text ein: „Kuckuck, Kuckuck ruft's aus dem Wald, lasset uns singen, tanzen und springen, Frühling, Frühling wird es nun bald." Ich hörte meine Stimme, die immer reiner, glockenheller wurde (meine Stimme ist in Wirklichkeit eher rauh, kratzig und kann keine Melodie halten). Es war im Traum ein wunderschönes Gefühl, so klar singen zu können. Ein Gefühl von Mut und wachsende Sicherheit stand dahinter. (Traum einer Frau, 47 J.)

Das Herz

Das Herz bietet sich für die erotische Dimension des Lebens als Grundsymbol geradezu an, denn es ist ja das Symbol des fühlenden Lebendigseins überhaupt. Wenn es uns gut geht, „dann lacht und hüpft uns das Herz im Leibe." Im Herzen werden auch die verbindenden Aspekte des EROS sehr deutlich zum Ausdruck gebracht: Es besteht ja aus zwei Hälften, die zusammengewachsen sind. Das Herz ist so gesehen eine verkörperte Zwei-Einheit, es kann die Vereinigung der Gegensätze symbolisieren. Im Ur-Rhythmus des Ein und Aus, des Sich-Öffnens und Sich-Schließens, des Aufnehmens und Sich-Verströmens, pulsiert das ganze Leben, das ganze Universum.

In vielen Sprichworten und Redensarten, aber natürlich auch in unendlich vielen literarischen Gestaltungen, wird das Herz mit ganz wesentlichen

Seiten von uns in Verbindung gebracht, Seiten, die eigentlich das wahre Menschliche von uns ausmachen, die unsere innerste Wahrheit und Essenz ausdrücken. Was wir von „ganzem Herzen“ tun, tun wir mit vollster Seele, ganzer Hingabe und hoher Intensität. Nichts halten wir zurück. Wenn wir einander von „Herz zu Herz“ begegnen, dann zeigen wir einander unsere intimsten, persönlichsten Seiten, wir öffnen uns dem anderen in unseren tiefsten Sehnsüchten und Wünschen, aber auch größten Ängsten und Unsicherheiten. In einer solchen tiefen Liebesbeziehung können wir so sein, wie wir sind. Wir brauchen uns nicht mehr zu verbergen, nicht mehr unserer Eigenart und Merkwürdigkeiten zu schämen, wir brauchen keine Leistungen mehr zu erbringen, um Anerkennung zu erhalten. Es gibt keinen Vorbehalt.

Was nicht oft genug wiederholt werden kann: alle beschriebenen fünf Prinzipien sind auf vielfältige Weise miteinander verwoben und verbunden. Wie der heroische, phallische Pfeil des Aufbruchs in der Abtrennung vom Alten und Hergebrachten gerade auch wieder die Vereinigung mit dem Neuen und Unbekannten sucht, und auf diese Weise auch als leidenschaftliche Kraft, die auf Vereinigung drängt, gesehen werden kann, liegt in der Symbolik des Herzens auch etwas Heroisches, das sich in der Treue zu sich selbst zeigt oder in einem gegebenen Versprechen, in der Wahrhaftigkeit (wir legen unsere Hand aufs Herz, wenn wir unsere Aufrichtigkeit und Integrität bekunden wollen) oder im Mut.

Auch in der Farbe des Herzens, dem Rot, zeigt sich die Annäherung der beiden Prinzipien. Rot ist die intensivste Farbe, die wir kennen, die „farbigste“ aller Farben. Sie erregt hohe Aufmerksamkeit und signalisiert Gefahr. Sie erinnert an Blut und Feuer, damit auch an die stärksten Emotionen, die wir erleben können: Hass und Liebe. Rot, Blut und Feuer sind zentrale Symbole des HEROS wie des EROS. Wenn unsere Leidenschaft „entflammt“ und das Feuer der Liebe „entfacht“ ist, dann gerät unser Blut in Wallung und wir sind zu allem bereit. Die Liebe macht uns dann blind, in negativer wie positiver Hinsicht.

Liebesfreud und Liebesleid

Das Herz-Blut erinnert auch an Opfer, Leiden, Schmerzen, an Trauer, Trennung und Verlust. Nichts trifft uns so sehr, wie wenn wir von einem Menschen, dem wir uns geöffnet und anvertraut haben, enttäuscht, verraten oder betrogen werden. Wenn sich das Heroische und das Erotische begegnen, dann gibt es auch oft Verwundungen und Verletzungen.

In der Gralslegende wird das Blut Christi, das im Gralgefäß aufgefangen und bewahrt wurde, zu einem Symbol der göttlichen Liebes- und Lebensessenz schlechthin.

Die Liebespfeile Amors symbolisieren allerdings nicht nur die Schmerzen und Verletzungen, die mit unseren Liebeserfahrungen verbunden sind, sondern auch das Überraschende und Blitzartige der Liebe, die uns völlig unerwartet auch dort treffen kann, wo wir sie gar nicht erwartet oder erhofft hätten.

Die Liebe erscheint uns als ein Mysterium, eine Gnade, ein Zauber oder auch als Fluch, der von Göttern gesandt wurde und dessen Macht wir uns nicht entziehen können, wenn wir davon getroffen wurden. Liebe kann eben nicht gemacht, nicht erzwungen werden, sondern sie ereignet sich nach ihren eigenen, uns bisher nicht recht zugänglichen Gesetzmäßigkeiten. Wir können uns ihr gegenüber nur öffnen, wenn sie sich ereignet.

Wie es kommt, dass sich zwei Menschen „auf den ersten Blick" verlieben, dabei die höchsten Höhen (siebter Himmel) des Glücks wie auch die tiefsten Tiefen der Scham und Verzweiflung erleben können, ist ein Phänomen, dass bis heute noch nicht ganz erklärt ist, obwohl man ihm auf biochemischer Ebene schon recht nahe zu kommen scheint. Die beteiligten Hormone, Neurotransmitter und körpereigenen Opiate erzeugen jedenfalls eine suchtstoffartige Mischung, deren Wirkung man nicht widerstehen kann.

Forscher sehen in einer intensiven Verliebtheitsphase deutliche Parallelen zu stärkeren psychischen Störungen wie Zwangsneurosen, manisch-depressiven Erkrankungen, Sucht, (Liebes-)Wahn und Psychose, was ja auch in einigen Redensarten zum Ausdruck kommt wie z. B.: „Ich bin ganz verrückt nach ihm", „Sie hat mir total den Kopf verdreht" oder „Ich war ihr mit Haut und Haaren verfallen." Das Glück, das zwei Verliebte miteinander erleben, ist für Außenstehende oft schwer erträglich wegen der mit der Verliebtheit oft verbundenen „Blindheit", Unvernunft, Irrationalität und „Ver-rücktheit".

Wenn wir unter dem Einfluss dieses biochemischen „Zaubertranks" stehen, sehen wir in dem geliebten Menschen eine göttergleiche Gestalt, den schon immer ersehnten Traumpartner, für den wir bereit sind, alles zu geben und überall hin zu gehen, und sei es in den Tod.

So lässt Wagner in seiner Oper „Tristan und Isolde" die beiden Liebenden, nachdem sie versehentlich den Zaubertrank eingenommen haben, einander glückselig in die Arme stürzen, sich ihrer grenzenlosen Liebe versichern und den Liebestod als höchste Vollendung ihrer Liebe ersehnen.

Abb. 9: *Tristan und Isolde mit dem Liebestrank*, John William Waterhouse, ca. 1916, Privatbesitz.

O sink hernieder, Nacht der Liebe,
gib Vergessen, dass ich lebe;
nimm mich auf in Deinen Schoß,
löse von der Welt mich los!

So stürben wir, um ungetrennt –
ewig einig, ohne End',
ohn' Erwachen – ohn' Erbangen –
namenlos in Lieb' umfangen,
ganz uns selbst gegeben,
der Liebe nur zu leben!

Ohne Nennen, ohne Trennen,
neu Erkennen, neu Entbrennen;
ewig endlos, ein-bewusst:
heiß erglühter Brust
höchste Liebeslust!

Isolde sinkt mit einer Vision, in der sie sich mit Tristan vereint sieht, „entseelt“ über seine Leiche und endet mit:

In dem wogenden Schwall,
in dem tönenden Schall,
in des Welt-Atems
wehendem All –
ertrinken, versinken –
unbewusst –
höchste Lust!

R. Wagner,
Tristan und Isolde

Die Faszination des weiblichen Körpers

Die Symbolik des Herzens birgt aber noch weitere Dimensionen: Sie erinnert an die runden Formen des weiblichen Körpers, die für viele Männer von unwiderstehlicher Faszination sind: die Brüste, die Taille, die Hüfte, das Gesäß. Wenn man Männer bittet, sie sollten mit ihren Händen ein Symbol des Erotischen darstellen, dann finden sie ganz schnell zu jenen berühmten wellen- oder schlangenförmigen Bewegungen, mit denen sie den weiblichen Körper nachzeichnen.

Biologen vertreten in der ihnen eigenen sachlich-nüchternen Art die These, dass das Herz in der üblichen uns bekannten stilisierten Form, die ja nur entfernt etwas mit dem realen Herzen zu tun hat, tatsächlich auf die Form von Brust, Taille, Hüfte und Gesäß zurückzuführen ist. Wir wollen deshalb auch den Konturen des weiblichen Körpers folgen, um an den mit ihm verbunden Fantasien das Wesen des Erotischen tiefer zu erkunden.[19]

In allen Zeiten und Kulturen war es insbesondere die Frau, ihr Aussehen, ihre Kleidung und ihr Körper, die zum Inbegriff des Erotischen wurden. Fast alles an der Frau, jede Rundung und Wendung, konnte zum Hinweis und Ausdruck des Erotischen werden.

Einer der Hauptgründe hierfür liegt sicher darin, dass bei vielen Frauen naturgemäß (evolutionär) ein ausgeprägtes Interesse an allen Bereichen besteht, die mit Kontakt, Kommunikation, emotionaler Beziehung, Verbundenheit, mit Fragen ihrer Attraktivität und der schmückenden Ausgestaltung ihres Körpers zu tun haben. Unter evolutionärem Gesichtspunkt gesehen sind Schönheit und wohlgestaltete symmetrische und jugendliche Formen ein Signal für Gesundheit, Fruchtbarkeit und „gute Gene“. Außerdem haben viele von uns ihre erste und vielleicht tiefste und beglückendste Liebeserfahrung mit einer Frau gemacht, nämlich ihrer Mutter, die dazu meist noch eine jüngere, attraktive Frau war. So ist es nur natürlich, dass wir Beziehung, Liebe und Schönheit stark mit dem Weiblichen verbinden.

Wenn wir nun den erotischen Aspekten des nackten weiblichen Körpers folgen, dann soll das nicht heißen, dass nicht auch der männliche Körper attraktiv, schön und erotisch empfunden werden kann. Im Gegenteil. Es ist ein wichtiger Schritt für die männliche Welt, wenn sie sich der Schönheit des eigenen Körpers bewusst wird und ihn auch unter diesem Aspekte zu pflegen und zu schätzen lernt. Zudem haben manche Männer durchaus einen Körperbau, der dem weiblichen nahekommt.

Abb. 10: *Venus von Urbino*, Tizian, ca. 1583, Uffizien, Florenz.

Die idealtypischen Aspekte des männlichen Körpers aber (besondere Größe, Stärke, Härte, breite Schultern, ausgeprägte Muskeln, die sich gut zum Laufen, Jagen und Kämpfen eignen) entsprechen in der Regel mehr dem heroischen Prinzip und sind von daher etwas weniger dazu geeignet, die weichen, fließenden Aspekte des EROS zu symbolisieren: Unsere Bedürfnisse nach Hingabe, Harmonie, Verschmelzung, Einswerdung, die Erlösung von aller Ich-Haftigkeit und Anstrengung in der Einheit und Ganzheit.

Die nackte Wahrheit

Nacktheit symbolisiert meist unseren ursprünglichen, natürlichen Zustand, so, wie wir eben wirklich ohne Tarnung und Täuschung sind. Sie symbolisiert damit Aspekte, die wir bereits beim Herzen als grundlegend für den EROS beschrieben haben: Die Fähigkeit, sich so zu zeigen und anzunehmen, wie man ist.

Sich dem Anderen ungeschützt und nackt zu zeigen, setzt ein großes Maß an Vertrauen in sich selbst wie in den Anderen voraus. Wie immer, wenn wir uns natürlich und offen zeigen, sind wir damit auch verletzlicher für die Kritik des Anderen. Daher auch unsere Scham und Angst, wenn wir uns voreinander „entblößen". Es könnte ja sein, dassder Andere uns nicht mehr attraktiv findet. Natürlich signalisiert die Nacktheit auch, dass wir unserer Sehnsucht nach Nähe und Vereinigung schon sehr nahe gekommen sind. Es sind nicht mehr viele Hindernisse dazwischen.

Die Haut ist unser größtes Organ und wurde lange Zeit in ihrer Bedeutsamkeit unterschätzt. Mit ihr nehmen wir in unterschiedlichster Weise Kontakt zu unserer Umwelt auf. Sie dient nicht nur dem Schutz unseres Körpers vor eindringendem Schmutz und Krankheitserregern, sondern ist auch unser erotischstes Organ. Die von ihr ausgehenden Gerüche, Düfte und Lockstoffe, das Wohlbehagen des Streichelns, Reibens, Kratzens, Beißens, Leckens, Küssens und Massierens, die sinnlich-intime Erfahrung der umfassenden Berührung an allen Stellen, wenn wir uns beispielsweise im Wasser befinden: alle diese angenehmen Empfindungen werden uns über die Haut vermittelt.

Natürlich gehören hierher auch die berühmten erogenen Zonen. Grundsätzlich können alle Bereiche des Körpers für erotische Reize empfänglich sein, ganz besonders sind es aber bei vielen Menschen der Nacken, die Ohren, der Mund, die Achselhöhlen, die Handinnenflächen, die Schultern, die Brust und die Brustwarzen, der Po und die Geschlechtsorgane. Zärtliche oder intensivere Berührungen an diesen Stellen sind bei vielen Menschen mit erregenden, wonnevollen Empfindungen und Lust verbunden.

Die offen fließenden Haare

Wenn wir dem nachspüren wollen, welche erotische Bedeutung lange, offen fallende, fließende Haare bei der Frau haben, dann können wir dies besonders gut, wenn wir uns diese im Gegensatz zu ganz kurzen oder zu eng verschnürten und verknoteten Haaren vergegenwärtigen. Die kurzen und die sehr fest gebundenen Haare vermitteln uns häufig einen eher „sportlichen", evtl. leicht männlich-kontrollierten Charakter. Kurze Haare sind praktisch, bedürfen keiner aufwändigen Pflege, sind in vielerlei Hinsicht „vernünftig", sachlich. Alles bleibt schön bewusst, klar und übersichtlich. Eine solche Frau hat ihre erotischen Aspekte „zusammengenommen" und gebändigt, zumindest solange, bis sie die Haare wieder löst.

Lange Haare, besonders dann, wenn sie gerade erst geöffnet werden, haben etwas Fließendes, Hingebungsvolles. Sie signalisieren auch eine dementsprechende Öffnung und Hingabe der Frauen. In der Werbung und in Filmen wird dieser Aspekt besonders betont. Wenn Frauen ihre Haare öffnen, dann öffnen sie sich dem Mann und seinem Begehren. Gleichzeitig senden sie dann deutlicher ihre spezifischen Lock- und Duftstoffe aus.

Die offenen, langen Haare, seien sie heiter unschuldig blond, dämonisch schwarz, leidenschaftlich rot oder mütterlich braun, signalisieren neben ihrer erotischen Bereitschaft auch eine besondere Seelentiefe, sie reichen vom Bewussten bis tief ins Unbewusste mit allen Sehnsüchten, Hoffnungen und Ängsten – weshalb diese Haare auch als verführerisch-bedrohlich empfunden werden können. Hinter solchen Haaren verbirgt sich das ersehnte und gefürchtete „Mysterium des Weiblichen".

Schau' mir in dic Augen

Augen haben auf uns eine tief faszinierende Wirkung. Allgemein symbolisieren sie Wachheit, Bewusstheit, Einsicht und Erkenntnis (vgl. LOGOS-Prinzip). Ihnen wurden aber auch zu allen Zeiten und in allen Kulturen negative „magische" Wirkungen zugeschrieben. Man glaubte, Menschen mit dem „bösen" Blick könnten andere Menschen und Tiere beeinflussen, krank machen und sogar töten. Noch heute sagen wir, wenn uns ein aggressiver Blick „trifft": „Wenn Blicke töten könnten..." Auch fällt es uns meist sehr schwer, den festen, starren Blick eines anderen Menschen lange auszuhalten. Andererseits: Wenn eine Frau einem Mann „schöne Augen" macht, ist dies für ihn ein deutliches Signal zur Annäherung.

Die erotischen Augen sind anders als die aktiv-kontrollierenden und beherrschenden Augen des Heroischen oder die eindringlich-analysierenden Blicke des LOGOS. Sie schauen offen und empfänglich an, umden Anderen in seinem Wesen liebevoll zu erkennen und zu verstehen und auch, um sich selber für ihn anziehend zu machen, sie locken und versprechen. Es sind im besten Falle lächelnde Augen, in denen Freude und Stolz darüber zu lesen ist, dass wir existieren. „Du bist mein Augenstern, Dich hab' ich gar zu gern". Diesen „verliebten", lachenden Blick haben wir vielleicht erlebt in den Augen unserer Eltern, als sie sich über unser Dasein freuten, nach diesem Blick sehnen wir uns unser Leben lang.

Das Anschauen des Gesichtes der ersten Bezugsperson und das Angeschautwerden sind für uns von allergrößter Bedeutung. Zwar spielt natürlich auch das Riechen, der Körper- und Hörkontakt eine wichtige Rolle, aber besonders der beständige Blickkontakt mit den Eltern ermöglicht uns, ein Gefühl dafür zu entwickeln, was für ein Mensch wir sind. Der wichtigste Augen-Blick in unseren ersten Lebensmonaten war der, als wir an der warmen Brust der Mutter lagen und ihren liebevollen, stolzen Blick spürten. Im Angeschautwerden werden wir gesehen und erkannt und dadurch erfahren wir uns selbst.

Als Kind können wir kaum eine andere Identität erwerben als die, die uns im Auge und Gesicht unserer Umwelt gespiegelt wird. Wie wir vonden Anderen gesehen werden, das erzeugt in hohem Maße das Bild von uns selbst. Werden wir von unseren Mitmenschen liebend, stolz und bewundernd angeschaut, dann werden wir uns für einen guten Menschen halten, werden wir nicht gesehen und nicht wahrgenommen, dann werden wir glauben, niemand und nichts zu sein, und werden wir widerwillig, ablehnend und verachtend angeschaut, dann fühlen wir uns böse, schlecht und als Versager. Im Blick der ersten Menschen unseres Lebens können Glanz und Elend unserer Existenz verborgen sein. In der späteren Kindheit sagt uns dann der Blick der Eltern auch, was gut und was schlecht ist.

Rote Lippen soll man küssen

Der Mund mit seinen weichen, warmen, roten Lippen wird von manchen Menschen als ein noch intimerer, persönlicherer Ort der erotischen Verbindung und Vereinigung empfunden als die primären Sexualorgane. Das hängt wohl damit zusammen, dass Lippen und Zunge viel sensibler und differenzierter auf Berührungsreize reagieren können. Sie sind ja in unserer frühen Kindheit zentrale Organe nicht nur zur Nahrungsaufnahme und der ersten Kontaktaufnahme mit der Mit- und Umwelt, sondern auch zu deren erster geistiger Erfassung und Erkenntnis.

Als Teil unseres Kopfes sind sie zugleich näher an dem, was wir als unsere bewusste Persönlichkeit empfinden, während der Unterleib in der Regel etwas „bewusstseinsferner“ empfunden wird. Die Vereinigung zweier Lippenpaare, die sich einander öffnen, das Berühren der Zungen – manchmal als eine Art Aufnehmen der Brustwarze oder als ein vorweggenommenes Eindringen des Phallus in die Scheide empfunden – und das Ineinanderfließen der angeregten Säfte kann deshalb manchmal zärtlicher, inniger und erotischer erlebt werden als die vergleichsweise „primitive“, undifferenzierte Vereinigung der Geschlechtsorgane.

Der Mund des anderen Menschen hat natürlich auch bedrohlichen Charakter als beißend, fressend und verschlingend. Die Angst vor diesem Aspekt wird aufgehoben durch das entspannte, freundliche, zugewandte Lächeln, das als eines der ersten Signale von uns dafür interpretiert wird, dassder

Andere uns gegenüber Interesse und Sympathie empfindet. Wenn schließlich nach längerem, ängstlichen Hoffen und Warten die erlösenden Worte „Ich liebe Dich“ aus diesem Mund gehaucht werden, sind wir entweder zu aller weiteren Hingabe bereit oder machen uns schleunigst auf die Flucht, weil dies ja auch heißen könnte: „Ich habe Dich zum Fressen gern.“

Nicht unerwähnt darf an dieser Stelle bleiben, dass natürlich auch die Stimme und die Worte vielfältige erotische Wirkungen auf uns haben können. Denken wir beispielsweise an das zärtliche Liebesgeflüster, das hingehauchte „Du“, die kindlichen Kosenamen, das verwirrte Liebesgestammel, die ruhige, warme, dunkle Stimme, das Singen und Summen, das Lachen, das lustvolle Stöhnen, das Benutzen von frechen, obszönen Worten, die verschiedensten animalisch-archaischen „Urlaute“: alles dies kann unsere erotische Stimmung wecken oder vertiefen.

Reich' mir die Hand mein Leben

Die Hände sind in unserem Bewusstsein meistens zuallererst Werkzeuge zum An- und Erfassen, Zupacken, Gestalten, Arbeiten und Handeln und sind somit elementare Symbole des heroischen Prinzips. Aber sie sind zugleich unendlich sensibel und aufnahmefähig. Seit unseren ersten Lebenstagen erkunden wir mit ihnen die Welt, wir „be-greifen“ sie, und dieses Tasten und Begreifen stellt eine der Grundlagen für die Entwicklung unserer kognitiv-intellektuellen Entwicklung dar. Hände sind vielleicht das erste, mit dem wir außerhalb des Mutterleibes in Berührung kommen.

Mit den Händen berühren wir die Mutter und sie uns, wir erfahren durch sie unsere Beziehung und Verbindung. An der Hand von anderen Menschen lernen wir laufen, wir können uns gegenseitig führen, wir können uns kleine Signale der Verbundenheit vermitteln, ohne dass ein Dritter sie bemerkt. Sich gegenseitig an der Hand fassen und halten ist ein Zeichen von Verbundenheit, Nähe und Liebe. Gepflegte Hände können äußerst erotisch wirken und mit Händen können wir uns selbst und anderen höchste körperliche Genüsse vermitteln.

Die Hände bleiben unsere beweglichste und empfindsamste körperliche Verbindung zu anderen Menschen ein Leben lang. Sich gegenseitig mit den Händen zu berühren, ist auch dann erlaubt, wenn man sich nicht ganz so vertraut ist. Ein Händedruck zeigt uns etwas über die Befindlichkeit eines Menschen, beispielsweise seine Zurückhaltung oder Ängstlichkeit. Mit den Händen können wir jemandem aufmunternd auf die Schulter klopfen oder ihn beruhigen. Hände sind heilsam, etwa wenn sie ganz zart über eine Stelle streicheln, an der wir uns verletzt haben, oder wenn wir massiert werden. Eine zärtliche Berührung mit der Hand kann mehr sagen, als viele Worte, uns aus Spannungen erlösen, unsere Ruhelosigkeit beruhigen, Trost spenden und das Gefühl vermitteln: Du bist nicht allein.

Hände führen und halten uns, sie nehmen, empfangen und gestalten, schenken, segnen. Sie können sich öffnen und etwas loslassen. Offenheit ermöglicht uns das Empfangen, in der Liebe wie auch sonst, und Loslassen gibt uns Entspannung und Ruhe. Sich-Öffnen und Loslassen gehören zur Sexualität ebenso notwendig wie zu den anderen Bereichen des EROS.

Freude trinken alle Wesen an den Brüsten der Natur

Brüste symbolisieren erotische Lust, Wonne und Freude, weibliche Lebenskraft und Lebensfülle. Die Faszination, die sie auf beide Geschlechter ausüben, hängt sicherlich mit ihrer umfassenden seelischen Bedeutung zusammen. Brüste gehören natürlich nicht nur zum EROS, sondern auch in den mütterlichen Symbolkreis des BIOS. Ihre Bedeutung erschöpft sich aber nicht in der Funktion des Wärme-, Schutz-, Geborgenheit- und Nahrunggebens und der damit verbundenen Erfahrung eines Zustandes ursprünglicher Harmonie mit der Mutter und dem Urgrund. Sie setzen darüber hinaus intensive sexuelle Signale.

Die Ähnlichkeit der Formen des Brüste mit den Formen des Gesäßes weisen nach Ansicht mancher Evolutionsforscher darauf hin, dass sie als zusätzliche Reiz- und Signalquelle entwickelt wurden, weil mit dem Aufrichten des Menschen die Vulva nicht mehr so leicht sichtbar und erreichbar war, wie dies noch bei unseren tierischen Ahnen der Fall ist.

Das Zeigen und Anfassenlassen der Brüste signalisiert Bereitschaft, sich auch der sexuellen Vereinigung hinzugeben. Damit versprechen sie höchste Innigkeit und orgasmische Ekstase. Ihre runde mandalaische Form mit dem begehrten nährenden Zentrum lässt auch erahnen, dass wir in der erotischen Hingabe zu unserer eigenen Mitte, zur Vereinigung der Gegensätze in einem mittleren Punkt finden können.

Das Paradies auf Erden

Auch die unteren Bereiche des weiblichen Körpers – der Bauch, das Becken, das Gesäß, die Vulva, die Vagina – mit ihrer Symbolik des Runden, Empfangenden, Fruchtbaren, Gebärenden, des Leben-Hervorbringenden-und-Verschlingenden, gehören zur Zentralsymbolik des EROS wie des BIOS. Die äußeren und inneren Geschlechtsorgane des Weiblichen als Symbol des letzten und höchsten Zieles der Sehnsucht und der intensivsten Ekstase sind in der Kunst oft eher in angedeuteter und verhüllter als in direkter Form dargestellt worden. Die Faszination, die süße Lust und die innige, liebende, zärtliche Verschmelzung, die mit der Vulva (äußere weibliche Geschlechtsteile) und der Vagina verbunden sind, haben sich in tausendfältigen Blütenformen und deren Düften und Farben (insbesondere natürlich die rote Rose) sowie in wohlschmeckenden, süßen Früchten symbolisiert, was ja insofern naheliegend ist, als auch diese Ausdruck der verschwenderischen Erotik der Natur sind.

Abb. 11: Die Rose wird der Aphrodite zugeordnet. Sie symbolisiert Schönheit, Vollkommenheit, Freude, Leidenschaft, sinnliche und spirituelle Liebe, aber auch seelische und geistige Entfaltung, ein Sich-Öffnen für die höchsten Bewusstseins- und Erlebensstufen. Ihr östliches Gegenstück ist in mancherlei Hinsicht die Lotos-Blüte.

Die Muschel ist, wie wir bei der Geburt der Venus schon gesehen haben, ein anderes häufiges Symbol für die weiblichen Geschlechtsorgane. In der christlichen Kunst offenbart sich der Eingang in das weibliche Mysterium nur sehr verhüllt, etwa in der Mandorla oder im Faltenwurf kostbarer Gewänder z. B. von Maria.

Die direkte Darstellung ist vielleicht wegen des intimen und verborgenen Charakters weniger gut möglich als beim Phallus, der ja von sich aus schon etwas Herausragendes, Selbstdarstellerisches hat. Vielleicht ist dies aber auch als ein Sakrileg, als eine Entweihung eines Mysterium empfunden worden. Was da in der Tiefe und Dunkelheit des weiblichen Schoßes wirklich geschah, war lange Zeit ein großes Geheimnis und Wunder.

Die sexuelle Vereinigung von Mann und Frau ist schließlich ein weiteres zentrales Symbol des Erotischen. Sie ist als die Vereinigung der Gegensätze, dem „mysterium coniunctionis", gleichzeitig eines der Hauptssymbole des MYSTOS-Faktors, so dass wir sie dort näher besprechen wollen.

Abb. 12: *Das Lied der Lieder (Cantique des Cantiques)*
Gustave Moreau, 1893, Ohara Museum of Art

Das Hohelied Salomonis

Unsere Reise entlang der Schönheiten des weiblichen Körpers beenden wir mit Auszügen aus dem Hohelied Salomonis, das die erotischen Reize des weiblichen wie des männlichen Körpers besingt.

Die Interpretation des Hohenliedes ist umstritten, lange Zeit versuchte man es als eine Allegorie auf die Liebe zu Gott zu interpretieren. Eine andere Sicht war die, es als eine Sammlung volkstümlicher jüdischer Lieder, vielleicht Hochzeitslieder zu sehen, wobei allerdings die Offenheit, mit der über den Körper, Sexualität und Lust und über die Sehnsucht nach dem Geliebten bzw. der Geliebten gesprochen wird, wie auch die Tatsache, dass die „Heldin" des Liedes Sulamit eine Frau ist, diese Sichtweise zumindest in Frage stellen. Es wird deshalb vermutet, dass es sich um ein altes Kultlied handelt, in dem ein früheres palästinisches Götterpaar, vielleicht vergleichbar Ischtar und Tammuz aus dem sumerisch-babylonischen Götterhimmel, seine Heilige Hochzeit zelebriert.

Vielleicht kann dieses „Lied der Lieder" ja als beides gesehen werden, als eine sehr offene, sehr erotische Beschreibung irdischer Liebesfreude, die Körper und Seele voll erfasst und über sich hinausführt, wie auch als eine symbolische Beschreibung unserer tieferen, mystischen Liebe und unserer Sehnsucht nach Vereinigung mit einer größeren, schöpferischen oder eben göttlichen Macht. Die Sexualität reicht von den tiefsten Tiefen zu den höchsten Höhen und ist auf jeder Ebene von größter Faszination.

Die folgenden Auszüge aus dem Hohenlied können uns ein wenig nachempfinden lassen, wie es sich anhört, wenn ein menschlicher Körper durch die Augen der Liebe, der Sehnsucht und des Begehrens gesehen und durch ein liebendes Herz beschrieben wird. J. W. v. Goethe soll gesagt haben, es handele sich um die herrlichste Sammlung Liebeslieder, die Gott erschaffen habe und das Zarteste und Unnachahmlichste, was uns von Ausdruck leidenschaftlicher, anmutiger Liebe zugekommen sei.

Mein Geliebter strahlt weißlich und rosa
und ist unter Tausenden zu erkennen.
Sein Haupt ist gediegenes Gold,
seine Locken sind Dattelrispen,
wie die Raben so schwarz.
Seine Augen sind wie Tauben an Wasserbächen,
gebadet in Milch, ruhend auf dem Damm.

Seine Wangen sind wie Balsambeete, in denen Würzkräuter sprießen;
wie Lilien sind seine Lippen, tropfend von flüssiger Myrrhe.
Seine Hände sind Barren von Gold, mit Tarsiststeinen besetzt;
eine Elfenbeinplatte ist sein Leib, bedeckt mit Saphiren.
Seine Schenkel sind Marmorsäulen,
gestellt auf Sockel von Feingold.
Sein Anblick ist wie der Libanon, auserlesen gleich Zedern.
Süßigkeit ist sein Gaumen, seine ganze Person lauter Lust.

Wie sind Deine Schritte so schön in den Sandalen,
du Fürstentochter!
Der Bug Deiner Hüften gleicht einem Geschmeide,
einem Werk von Künstlerhänden.
Dein Schoß ist ein rundes Becken,
es mangele ihm nie der gewürzte Wein!
Dein Leib ist ein Weizenhaufen, von Lilien umhegt.
Deine beiden Brüste sind zwei Kitzlein,
wie Zwillinge einer Ricke.
Dein Hals ist wie ein Elfenbeinturm,
deine Augen wie die Teiche von Hesbon am Tor von Bat-Rabbim,
Deine Nase wie der Libanonturm, der gegen Damaskus schaut.
Dein Haupt über Dir ist wie der Karmel,
Deines Haupte Geflecht gleicht Königspurpur, gebunden in Zöpfen.

Wie bist Du so schön und so lieblich, o Liebe in Wonnen!
Deine Gestalt ist der Palme gleich, deine Brüste sind wie Trauben.
Ich dachte, ich will auf die Palme klettern,
will pflücken die Dattelrispe
und Deine Brüste sollen mir sein wie Trauben des Weinstocks,
der Duft Deines Atems wie Apfelduft.
Und Dein Mund soll mir sein wie der edelste Wein,
der glattweg fließt zu meinen Liebkosungen,
meine Lippen und Zähne benetzend.

„Ich gehöre meinem Geliebten an
und nach mir hat er Verlangen.“ [20]

Schattenaspekte des EROS

Wo Liebe und Liebessehnsucht, Schönheit, Freude und Lachen sind, da beschäftigen wir uns besonders ungern mit ihren Schattenaspekten, die es natürlich ebenso gibt wie bei allen anderen Prinzipien. Einige von ihnen sind schon deutlich geworden.

Alle großen Irrungen und Wirrungen des Lebens scheinen irgendwie mit EROS verbunden zu sein. EROS kann uns zu verrückten und verzweifelten Taten führen, wie wir von den großen Liebesdramen der Menschheit wissen und wie wir es vielleicht auch aus unserem eigenen Leben kennen. EROS kann uns dazu zwingen, Menschen, Tiere und Objekte zu lieben, die wir besser nicht lieben sollten. EROS kann uns in aussichtslosen Liebesbeziehungen festhalten, auch wenn es uns das Leben kostet. Er kann uns mit Liebeswahn quälen, etwa, wenn wir einen anderen Menschen mit unserer Liebesbedürftigkeit verfolgen, ihn zur Liebe zwingen wollen, obwohl er uns nicht liebt.

Leicht schlägt eine intensive Liebesbeziehung auch in ebenso intensiven Hass um. EROS kann das Höchste in uns wecken, aber auch das Niedrigste anstacheln, die Eifersucht, die Gemeinheit, die Intrige, den Betrug, die Rache, den Verrat, die Folter, den Mord. Besonders erschreckend können wir Letzteres in Dramen und Filmen finden, in denen psychopathische Charaktere sich rächen für das, was ihnen die erste große Liebe ihres Lebens, sei es die Mutter oder die erste Geliebte, angetan hat.

Wenn wir uns mit der Macht des EROS beschäftigen, kommen wir auch unweigerlich mit den Bereichen des Rausches und den vielen gesellschaftlich tabuisierten Variationen des sexuellen Erlebens und Verhaltens in Berührung, mit der Pornografie, mit dem Rotlichtmilieu und auch der Kriminalität, denn oft verbinden sich Sexualität mit Gewalt und Verbrechen.

In der Drogensucht wie in anderen Süchten sind häufig Einsamkeit und ein ungestilltes, brennendes Verlangen nach tieferer Beziehung verborgen, danach, sich verbinden und verschmelzen zu können, sei es mit anderen Menschen oder auch mit anderen geistig-mystischen Dimensionen des Seins. Das ist es ja, was uns auch eine intensive Liebeserfahrung zu schenken vermag.

Das Verfallensein an den „äußeren schönen Schein", der vielleicht die innere Leere und Langeweile, eine fehlende seelische Tiefe überdecken soll, ist eine andere dunkle Seite des EROS. Sie manifestiert sich im u. a. im übermäßigen Luxus, der mit hemmungsloser Verschwendung und Ausbeutung der natürlichen Ressourcen der Erde verbunden ist. Wir leben in unserer westlichen Überflussgesellschaft derart aus der materiellen Fülle, dass man diesen Schatten de EROS auf unseren rasant wachsenden Müllhalden gut erkennen kann. Wir haben eine rauschhafte Kauf- und Verschwendungssucht entwickelt, und ein unersättliches Immer-noch-mehr-Haben-Wollen quält uns. Haben wir dann endlich gekauft, wonach uns verlangte, verliert es rasch seine Bedeutung, wir beachten es nicht mehr und werfen es weg. Viele von uns haben sich auf die äußere Schönheit und ein nur äußerlich empfundenes angenehmes Leben verlegt: Kosmetikumsätze boomen ebenso wie die der Unterhaltungs-, Touristik- und Freizeitbranche, Gourmettempel sprießen wie Pilze aus der Erde und manchmal scheint es tatsächlich, als ob wir uns zu Tode amüsieren wollten.

Abb. 13: *Die Sünde*, Franz von Stuck, 1893, Neue Pinakothek München. Darstellung des magisch-dämonischen Frauentypus der „femme fatale". Gerade diese Mischung aus der Reinheit und Unschuld des hellen Oberkörpers mit ihrer abgründig gefährlichen Dunkel- und Hintergründigkeit und der leisen, aber zielstrebig gleitenden Sinnlichkeit der Schlange, die ja in sich auch ein ambivalentes Symbol ist, macht die Gestalt für den männlichen Betrachter so faszinierend, herausfordernd und verführerisch. Allerdings scheint die Größe und Stärke der Schlange hier doch eher ein sehr deutliches Warnzeichen zu sein.

Der EROS-orientierte Persönlichkeits- und Lebensstil

Für EROS-orientierte Menschen ist nichts so wichtig wie die persönliche, emotionale Beziehung zu den Mitmenschen und zur Umgebung. Sie mögen sich nicht isoliert, getrennt und allein empfinden, und sie mögen es auch nicht, in einer kühlen, sachlichen, funktionalen oder vernachlässigten Umgebung zu sein. Sie brauchen Harmonie, Gefühl, Wärme und Leidenschaft, Schönheit und Kunst, Herzlichkeit, manchmal mag es auch „Herzenskitsch“ sein.

Sie gestalten ihre Wohnung und ihre weitere Umgebung, z. B. ihren Arbeitsplatz, liebevoll und bis ins Detail sehr persönlich aus. Farben, Blumen und Pflanzen, Düfte und Essenzen, Fotos oder Bilder der nahestehenden Menschen, erotische Plastiken und Gemälde, rote, orangene, violette und schwarze Farbgebungen können ihren Bezug zum EROS ausdrücken. Vielleicht begegnen wir in ihren Bücherregalen auffällig vielen Liebesromanen und -gedichten, Foto- und Kunstbänden. Unter ihren bevorzugten Musikstücken finden sich neben Liebesliedern gerne auch Walzer, Ballettmusik, Liebes-Opern. Wahrscheinlich feiern die meisten von ihnen, vor allem, wenn sie extravertiert sind, gerne Feste und sie schmücken ihren Körper mit romantischer oder erotischer Kleidung und Schmuck.

Erst im lebendigen Austausch einer Beziehung fühlen sie sich gut, allein empfinden sie sich eher als leblos und sinnlos. Ihre Reaktionen sind nicht primär rational orientiert, sondern stammen eher aus dem emotional-intuitiven Erleben der gegenwärtigen gesamten Situation. Sie entscheiden sich nicht gerne allein für sich, sondern bevorzugen eine gemeinsame Abstimmung. Das Wir-Gefühl einer harmonisch sich verbindenden Gemeinschaft ist ihnen wichtiger als das Gefühl individueller Unabhängigkeit. Sie brauchen die Resonanz, die Reaktion anderer Mensch zu ihrer eigenen Orientierung. Die besten Gedanken kommen ihnen im sozialen Austausch, sie lieben Teamarbeit, neigen dazu, Geselligkeit dem zielbewusstem Arbeiten vorzuziehen. Sie haben aber oft Schwierigkeiten, Konflikte zu benennen und auszutragen, was natürlich eine fruchtbare Teamarbeit und Gemeinsamkeit auch stören kann.

In unserer individualistisch-heroisch geprägten Gesellschaft haben sie es nicht leicht, ihr Bedürfnis nach Bezogenheit deutlich zum Ausdruck zu bringen, weil es ihnen schnell als Schwäche und als infantiles Abhängigkeitsbedürfnis interpretiert wird. Aber ihre Einstellung ist so legitim wie die anderen auch und Ausdruck einer universalen Wahrheit, nämlich der unauflöslichen Verbundenheit und Abhängigkeit aller Dinge und Wesen miteinander und voneinander.

Erotisch orientierte Menschen haben eine hohe Empfindsamkeit für Atmosphärisches, eine gute Einfühlungsfähigkeit und viel Mitgefühl, sie können Menschen und ihre Bedürfnisse instinktiv verstehen. Sie haben viel Gefühl für das, was passt und angemessen ist, das, was wir Takt nennen, und sie lieben Freundlichkeit und Wertschätzung im Umgang miteinander. Sie können diplomatisch sein und verfügen über Toleranz, Flexibilität und Anpassungsfähigkeit, die es ihnen ermöglichen, Menschen unterschiedlichsten Wesens zusammenzubringen. Sie haben die Gabe, im anderen und seinem Standpunkt immer etwas Positives zu entdecken und ihn zu ermutigen. Sie vermitteln Wertschätzung und Akzeptanz.

Eine positive Beziehung zum LOGOS und zur Intuition macht sie z. B. zu inspirierenden Menschen oder verhilft dazu, leidenschaftlich neue Ideen und Ideale zu suchen und zu vertreten und auch in anderen Begeisterung und Leidenschaft dafür zu wecken. Symbolischem und emotional Unbewusstem können sie Sprache verleihen. Im Bereich von Kunst, Literatur und Musik können sie sowohl als Schaffende wie auch als Genießende Impulse geben. Weil sie wirklich verstehen wollen, was andere Menschen sagen, ist es ihnen auch ein besonderes Anliegen, die Kommunikation zwischen den Menschen zu verbessern.

Unangenehm wird es, wenn die Beziehung zum LOGOS gestört ist. Dann kann es auch sein, dass Beziehungen vergiftet werden mit Vorurteilen und allgemeinen, pauschalen Meinungen, scheinbar notwendiger, eigentlich negativer und destruktiver Kritik, mit Nörgelei und Unzufriedenheit. Hier finden wir bösen Klatsch, Verleumdung, Intrigen, mangelnde Objektivität und eine allzu subjektive und beliebige Sichtweise, die leicht die Tatsachen verdrehen oder übersehen lässt.

Häufig wird dann auch einfach ständig nur geredet, um ein Gefühl der Gemeinsamkeit zu erzeugen, ohne dass dahinter ein tieferer Sinn zu spüren wäre oder eine wirkliche innere emotionale Beteiligung. Es fehlt dann die Distanz, die auch einmal den Standpunkt oder die Gefühlslage des Anderen miteinbezieht. Fehlt der LOGOS, dann fehlt auch das Interesse für übergreifende Ideen, für soziale und politische Vorgänge, dann geht es nur um die Aktualität, das unmittelbar Gegebene, das Hier und Jetzt.

EROS-orientierte Menschen sind häufig dem BIOS sehr nahestehend, da sich Sexualität, Genuss und Lebensfreude doch vor allem körperlich ausdrücken. Ein gering ausgeprägter Faktor kann bei ihnen zu fehlender innerer Stabilität und mangelnder Festigkeit führen. Sie fühlen sich wie ein Blatt im Wind, sind leicht beeinflussbar und zugleich unbestimmt und unklar, wankelmütig, prinzipienlos, abhängig von ihren eigenen Stimmungen und Launen wie denen anderer. Ihre Sensibilität wirkt mimosenhaft, wirft sie leicht aus der Bahn. Sie sind schnell erschöpft und den Alltagsbelastungen nicht gewachsen.

Emotionale Sicherheit, ein ruhiges, festes Urteil, Selbstständigkeit und Selbstvertrauen, ein instinktives Wissen um das, was sie wollen und die Fähigkeit, das auch anzustreben, sich mit Anstrengung, Lust und Freude dafür einzusetzen, kennzeichnen die positive Beziehung zum HEROS-Prinzip. Antriebsarmut, stimmungsmäßige Labilität und mangelndes Selbstwertgefühl und eine starke Tendenz, sich zu entwerten, Angst vor Trennung und Einsamkeit hingegen könnten auf zu wenig HEROS hinweisen.

Auch die Unfähigkeit, „Nein“ zu sagen, zu fordern und zu wünschen, bzw. Forderungen und Wünsche klar zum Ausdruck zu bringen und sich dafür einzusetzen, sind hier zu finden. Damit einher gehen häufig projektive Riesenerwartungen („Ich opfere mich für andere, tue alles für sie. Da könnte doch auch mal jemand diese Kleinigkeit für mich tun.“) und Enttäuschung und Resignation. Diese resultieren daraus, dass die heimlich gehegten, aber nicht offen gezeigten Erwartungen nicht in Erfüllung gehen und die meisten Wünsche frustriert werden, da ihre Erfüllung nicht aktiv angestrebt werden kann.

Wenn die heroische Tendenz zur Autonomie zu gering ausgeprägt ist, neigt der Betreffende dazu, sich an andere Menschen zu klammern, sie durch Beziehung, Abhängigkeit und Sexualität zu binden und vielleicht sich selbst und andere in Abhängigkeit bis hin zur Hörigkeit zu verstricken. Er kann oft nicht verstehen oder zulassen, dass Menschen anders sind und andere Bedürfnisse haben als er selbst. Individualität, Andersartigkeit oder Fremdheit werden nicht gut ertragen, werden durch „Liebe“ und Fürsorge zugedeckt; und wenn das nicht möglich ist, erfolgt ein übermäßig enttäuschtes Zurückziehen, mit Vorwürfen und Verbitterung.

Mit einer guten Beziehung zum MYSTOS-Prinzip können EROS-orientierte Menschen ausgesprochen starke kreative und spirituelle Qualitäten entfalten, die sich in künstlerischem Schaffen, einer sehr persönlichen und bezogenen Liebe und Hingabe, Hilfsbereitschaft, Mitgefühl und Barmherzigkeit oder auch in einer mystischen und religiösen Liebe zur Erde, zum Kosmos und der ganzen Existenz zeigen können. Vielleicht ist für sie die Beschäftigung mit dem Tantrismus und eine entsprechende Praxis ein Übergang aus der „nur körperlichen" Sexualität zu einer höheren, schöpferischen, göttlichen Seinsform. Vielleicht wählen sie auch den Weg des mystischen Verbundenseins mit dem Göttlichen z. B. im Priester- oder Mönchs- bzw. Nonnentum. Wenn die Beziehung zum MYSTOS fehlt, könnte sich ein eher oberflächlicher, suchtartiger, sehr auf äußere Vergnügungen hin ausgerichteter Lebensstil entwickeln.

Abb. 14: *Die Verzückung der Heiligen Theresa*, Giovanni Lorenzo Bernini, 1645-1652, Kirche Santa Maria della Vittoria in Rom. Die Szene beschreibt die Vision der heiligen Theresa, in der sie einen Engel sah, der ihr mit einem langen goldenen Pfeil mehrmals ins Herz stieß, ihr Innerstes durchdrang und sie mit flammender Liebe zu Gott erfüllte. Sie empfand dabei Schmerz und unendliche Süße zugleich, einer Empfindung, der sie ewige Dauer wünschte. Hier wird noch einmal deutlich, dass die erotische Symbolik von den tiefsten bis zu den höchsten Dimensionen des Erlebens reicht.

Das EROS-Prinzip in Selbst-Erfahrung und Therapie

Die Liebe ist der machtvollste Faktor für Heilung, Wachstum und Reifung. Sehr viele psychotherapeutische Richtungen sehen deshalb die Entwicklung eines liebevollen Umgangs mit sich selbst, die Entfaltung der Sexualität, Kreativität und der Bindung-, Beziehungs- und Liebesfähigkeit als die wesentlichsten Ziele an. Und dennoch ist EROS ohne Zweifel dasjenige Prinzip, das in Selbst-Erfahrung und Psychotherapie die meisten Schwierigkeiten bereitet.

Das hängt vor allem damit zusammen, dass EROS eben eine sehr vitalisierende Kraft ist, dessen Macht und Zauber man sich nur ganz schwer entziehen kann. Die klassische Psychoanalyse hat zwar den EROS als Liebes- und Genussfähigkeit zu einem ihrer zentralen therapeutischen Anliegen gemacht, hat ihn aber zugleich eigentümlich abgewehrt, indem sie ihn mit Hilfe des LOGOS-Prinzips analysieren und meist auf die eine oder andere neurotische oder unentwickelte Form reduzieren wollte.

Die Leidenschaft und Liebe des Klienten wurde dann oft als Ausdruck einer kindlichen Fixierung an Vater oder Mutter gedeutet oder als Widerstand vor anderen, vielleicht feindseligen Gefühlen, und sie meinte vor allem nicht den gegenwärtigen Therapeuten. Was unter dem therapeutischen Modell des Forschers und Wissenschaftlers (vgl. LOGOS-Prinzip) sinnvoll sein mag: eine rationale Analyse der erotischen Fantasie und ihre Auflösung in verschiedene Aspekte pathologischer, infantiler und reiferer Übertragungsformen, ihre sexuellen und geistigen Aspekte, kann unter der Perspektive des Erlebens des erotischen Prinzips die Tötung des EROS sein.

Man kann der Ungreifbarkeit, Mächtigkeit und Komplexität des EROS auch dadurch ausweichen, dass man verstärkt seinen symbolischen und transpersonalen Aspekt betont und den Klienten darauf hinweist, dass seine Fantasien dem Therapeuten gegenüber nicht konkret erotisch und sexuell zu verstehen, sondern ein Symbol für seine Sehnsucht nach Vereinigung mit seinem inneren Gegengeschlecht oder mit dem inneren Selbst. Dies ist ohne Zweifel eine ganz wichtige Dimension, die leicht übersehen werden kann und auch immer Berücksichtigung finden sollte. Und zugleich: schnell kann damit der EROS mit seinen offenbar sehr bedrohlichen, ganz realen, persönlichen, körperlichen und sexuellen Aspekten in der konkreten Beziehung verleugnet werden.

Hinter all diesen Reaktionen scheint eine starke Unsicherheit und Angst vor Beziehung und der faszinierenden Kraft des EROS zu stecken. EROS muss, sobald er auftaucht, analysiert, kontrolliert, infantilisiert oder transformiert werden. Aber EROS und Liebe sind nicht auf die eine oder andere Art zu reduzieren. Der EROS ist eine Erfahrung mit Tausenden von Facetten, die sich im Hier und Jetzt zwischen zwei konkreten Menschen ereignet. Er benötigt Frei- und Spiel-Raum, damit er sich in all seinen Formen offenbaren und zeigen kann, in seinen Gefühlen, Fantasien und Gestaltungen. Und er braucht Ehrlichkeit.

EROS fordert die Beziehung und den konkreten Menschen in seiner Wahrheit, eine Beziehung von „Herz zu Herz". Damit wird von allen Beteiligten häufig ein Balanceakt gefordert, der bis an die Grenze des Bewältigbaren geht. Im Laufe der helfenden Begegnungen – gefördert durch die Ermutigung zur Offenheit – entsteht natürlicherweise sehr viel persönliche Nähe, Vertrautheit und Intimität. Gleichzeitig muss eine gewisse objektive Distanz und Neutralität aufrecht erhalten bleiben, damit der Prozess der gemeinsamen Arbeit konstruktiv weitergehen kann. EROS muss sich in der helfenden therapeutischen Begegnung mit dem Raum und den Möglichkeiten der Fantasie bescheiden. Das Leiden am Verzicht oder an der Unerfüllbarkeit des EROS gehört ja zu den großen Themen der Weltliteratur und auch in Selbst-Erfahrung und Therapie muss ein Tribut hierfür entrichtet werden.

Aber auch mit anderen Aspekte des EROS, die eigentlich nicht ganz so „gefährlich" sind, scheint es Schwierigkeiten zu geben: Mit den positiven Gefühle und Stimmungen, dem Humor, der Freude, dem Glück, der Schönheit, der Ekstase. Das sind Themen, die in der Literatur der klassischen Therapieformen lange Zeit so gut wie nie ausführlich behandelt wurden. Natürlich liegt das auch in der Natur der Sache, denn Klienten kommen ja wegen ihrer Probleme und ihres Leides und möchten dort ernst genommen werden und Mitgefühl erleben. Ihnen ist meist nicht zum Lachen.

Gleichzeitig aber liegt im ungelebten EROS häufig gerade das Kernproblem. Dort sitzen die Lebendigkeit und Kreativität, die der Klient braucht, um aus seiner deprimierten Lebenshaltung herauszufinden. Viele Helfer übersehen diese Aspekte gewohnheitsmäßig, vielleicht, weil sie selbst depressiv sind oder dies im Laufe ihrer Berufsausübung geworden sind, vielleicht, weil sie gewohnt sind, sich als erstes zu fragen: „Wo ist der Konflikt? Wo ist das Problem? Wo ist das Neurotische? Wo ist das Unentwickelte und das Unreife?" Das unter Helfern weit verbreitete „Burnout-Syndrom", das Gefühl des „Ausgebranntseins", der Überforderung, der

Desillusionierung, Lustlosigkeit und Müdigkeit hat sicher sehr viel mit einer einseitigen, auf das Problematische und Krankmachende hin orientierten Haltung und dem Fehlen des EROS im Leben der Helfer zu tun.

Ein positiver Bezug zum EROS findet sich in Therapierichtungen in denen immer wieder nach den schöpferischen, auf einen latenten Entwicklungssinn hin strebenden Impulsen gefragt wird und in denen man sich verstärkt auf die schöpferischen Ressourcen bezieht. Hierher gehören viele imaginative Verfahren, die Kunst-, Gestaltungs-, Musik- und Tanztherapie, die Gesprächs-, Partnerschafts-, Sexual- und Kommunikationstherapie, das Psychodrama, in dem die Lust am Spiel eine entscheidende Komponente ist. Auch die Verhaltenstherapie hat spezielle Methoden entwickelt, um die Lebensfreude und Genussfähigkeit zu verbessern.

Wie sehen die Schattenseiten des EROS im Bereich der Selbst-Erfahrung und Therapie aus? Wenn Helfer bewusst oder unbewusst unter der Dominanz dieses Prinzips steht, könnten sie verführerisch auf andere Bereiche ablenken, als die, die gerade anstehen. Sie möchten es sich in der Begegnung vielleicht gut gehen lassen und vermeiden die Auseinandersetzung mit schwierigen, belastenden Fragestellungen.

Das Bedürfnis des Klienten, Konflikte zu klären, sich mit angstbesetzten Themen und Traumata auseinanderzusetzen oder den Helfer mit aggressiven Fantasien zu konfrontieren, könnte durch ein übermäßiges Harmonisierungsbestreben der Helfer verhindert werden. Auch könnten sie die Beziehung erotisieren, indem sie, was aufgrund der Universalität des Erotischen nicht schwer ist, aus allen möglichen Zusammenhängen, Fehlleistungen und Traumsymbolen heraus auf das Thema Sexualität zu sprechen kommen oder Themen nicht-sexueller menschlicher Nähe und Verbundenheit sexuell umdeuten.

Durch eine zu starke Thematisierung von Bindung und Beziehung könnten andere Tendenzen, z. B. der Autonomie, Freiheit und Individuation übersehen werden. Auch könnte der Helfer versucht sein, seine eigenen Beziehungswünsche und -defizite dadurch auszuleben, dass er Klienten an sich bindet und es ihnen so erschwert, andere Beziehungen außerhalb der Selbst-Erfahrung oder Therapie aufzubauen oder zu pflegen. Deshalb müssen im Prozess von Therapie und Selbst-Erfahrung nicht nur der EROS, die Beziehung und die Verbindung angesprochen werden, sondern auch das HEROS-Prinzip, die Fähigkeit zur Unterscheidung, Distanz, die Erfahrung der Auseinandersetzung, der Entfernung und des Getrenntseins, des Allein- und Autonom-Seins.

Abb. 15: *Amor und Psyche*, Antonio Canova, 1793, Louvre, Paris. Durch die bewusste Liebe wird die Seele unsterblich und göttlich, so könnte man das bekannte Motiv zusammenfassen. Göttin Venus ist eifersüchtig auf die Schönheit der Königstochter Psyche und schickt ihren Sohn Amor zu ihr, damit sie sich in einen unatttraktiven Mann verliebt. Stattdessen verliebt sich aber Amor selbst in sie. Sie begegnen sich aber nur in der Dunkelheit der Nacht. Als Psyche ihn eines Nachts mit Hilfe einer Öllampe anschaut, sieht sie seine göttliche Gestalt. Er entflieht und sie muss sich auf eine lange Wanderung machen und Prüfungen bestehen, bis sie sich wieder finden. Sie erhält den Trank Ambrosia, wodurch sie unsterblich wird und sie Amor heiraten darf. Sie zeugen eine schöne Tochter mit Namen „Voluptas", Wollust.

Quintessenz

- **Du siehst nur mit dem Herzen gut!**

„Man sieht nur mit dem Herzen gut, das Wesentliche ist für die Augen unsichtbar“, so bringt Saint Exupéry die Essenz des EROS auf den Punkt. Tieferes Sehen, Erkennen, Verstehen und Liebe gehören untrennbar zusammen. Alles Existierende möchte in seinem innersten Wesen erkannt, anerkannt und bestätigt werden. Dieses innere Wesenhafte kannst Du aber nicht von Außen und von der Oberfläche her sehen. Es bedarf Deines einfühlenden, mitfühlenden, tiefergehenden Blicks, mit dem Du hinter die Maske, den äußeren Anschein, die Abwehr und die Angst zu schauen vermagst und dem Verborgenen hilfst, offenbar zu werden.

- **Liebe Dich selbst wie auch Deinen Nächsten!**

Um einem anderen Menschen offen begegnen zu können, musst Du vor allem Dich selbst vorbehaltlos in Deinen eigenen Sehnsüchten und Schattenseiten angenommen haben. Wenn Du vor dem Angst hast, was Deine innere Wahrheit ist, wird es Dir schwer fallen, die innere Wahrheit eines anderen Menschen oder Wesens anzunehmen. Wenn Du aber Dein eigenes Wesen kennst, dann wird Dir des Wesen des Anderen zugänglich.

Lerne Dich deshalb in Deiner individuellen Einzigartigkeit zu bejahen. Lerne Dich ganz anzunehmen und zu lieben, wie Du bist. Höre auf, Dich zu kritisieren, abzuwerten oder zu vergleichen, Dich zu verteidigen oder zu rechtfertigen, sondern beginne Dich in Deinem So-Sein zu bestätigen.

Frage Dich immer wieder: „Wie kann ich jetzt etwas Gutes für mich tun? Wie kann ich jetzt gut für mich sorgen?“ Liebe Dich selbst und tue das, was mit Deinem inneren Wesen, Deinen Wünschen, Bedürfnissen, Begabungen und Neigungen übereinstimmt. Der liebevolle Umgang mit Dir selbst wird sich auch positiv auf Deine Umwelt auswirken. Du denkst vielleicht, das sei egoistisch und in Deinem Kern seist Du ein schlechter Mensch. Aber Du brauchst keine Angst zu haben. Das wirklich Böse in Dir ist meist nur eine Reaktion auf die Schmerzen und Verletzungen, die Du einmal erlitten hast, als Du Dein wahres Wesen und Deine wahren Sehnsüchte zeigen wolltest.

Es gibt eine einfache Methode, mit der Du herausfinden kannst, was Dein innerstes Wesen und Dein wahres Wollen ist. Du kannst mit irgendeiner Sache anfangen, beispielsweise mit Deinen Sehnsüchten und Wünschen, aber genauso gut auch mit ärgerlichen Reaktionen, und Dich dann immer tiefer fragen: „Was will ich damit eigentlich wirklich erreichen?"

Du musst so lange weiter fragen, bis Du zu Deinem letzten Bedürfnis gekommen bist. Du merkst dies daran, dass Dir nicht weiter mehr einfällt und Du ein Gefühl von Erleichterung und Entspannung verspürst.

Du wirst dann mit großer Wahrscheinlichkeit feststellen, dass Dein letztes Bedürfnis nichts Böses und Schlechtes ist, sondern mit Liebe, Gesundheit, Lebendigkeit, Kreativität, Freiheit, Glück, Bewusstheit zu tun hat. Du möchtest wie jeder andere Mensch auch frei und freudig Deine Ganzheit zum Ausdruck bringen und darin von Anderen angenommen werden. Wenn Du das mit Sicherheit bei Dir spürst, hast Du gleichzeitig auch einen Schlüssel zum inneren Geheimnis aller anderen lebenden Wesen gefunden.

- **Erkenne und fühle Deine Verbundenheit mit allem Seienden!**

Zwischen der Liebe zu Dir selbst und der Liebe zu anderen Menschen, anderen Lebewesen und zur Welt besteht kein Widerspruch. Im Gegenteil. Das eine scheint die Bedingung für das andere zu sein. Wenn Du wirklich liebevoll mit Dir umgehst, möchtest Du, dass es auch Deiner Mit- und Umwelt gut geht. Das Wesen der Liebe ist nämlich Offenheit und Bezogenheit.

Je mehr Du Dich selbst liebst, desto mehr möchtest Du diese Liebe mit Anderen teilen. Wenn Du mit Dir selbst glücklich bist, gibt es nur eines, was Dich unglücklich macht, nämlich zu spüren, dass andere Menschen und Wesen nicht glücklich sind, dass sie nichts vom Wunder ihres Lebens wissen und das übergreifende Leben, dem sie angehören, nicht achten.

Je tiefer die Liebe zu Dir selbst reicht, desto mehr fühlst Du Dich ganz natürlich mit der Schöpfung, dem Leben, der Umwelt und den Mitmenschen verbunden. „Tat tvam asi", sagt die indische Philosophie: „Das bist Du". Im Innersten bist Du verbunden und wesensgleich mit aller Schöpfung. Wenn Du mit Dir und Deinem Leben gut umgehst, gehst Du auch mit der Schöpfung gut um.

- **Schenke Freiheit und Liebe!**

„Liebe ist ein Kind der Freiheit", sagt eine französische Redensart, es könnte aber auch umgekehrt heißen: „Freiheit ist ein Kind der Liebe." Freiheit und Liebe mögen auf den ersten Blick sehr unterschiedlich erscheinen, ergänzen sich aber in idealer Weise. Je mehr Freiheit Du hast, Dein Wesen zur Entfaltung zu bringen, desto mehr Liebe spürst Du in Dir. Je mehr Du wirklich liebst, desto mehr möchtest Du, dass das Geliebte sich so frei wie möglich entfaltet.

Zunächst glaubst Du vielleicht, die ideale Liebe bestehe darin, dass sich zwei Menschen sehr gleich wären, ähnlich fühlen und denken würden. Du sehnst Dich natürlicherweise nach Seelenverwandtschaft mit einem anderen Menschen. Du möchtest mit ihm zu einer seelischen Einheit verschmelzen. Damit verbindest Du aber eine Sehnsucht mit einem Menschen, die sich im Außen kaum wirklich erfüllen wird.

Du musst die Einheit mit dem Leben in Dir selbst entdecken. Wenn Du sie in Beziehung zu einem anderen Menschen ersehnst, von Deinem Partner, Deinem Kind, den Eltern oder Freunden, dann nehmt ihr Euch wahrscheinlich gegenseitig den Raum zum individuellen Wachstum. Aggressive Trennungsimpulse werden um so stärker ausfallen, je mehr aus der Liebe ein Zwang zur Gleichartigkeit wird.

Lerne deshalb, die ganz besondere Eigenart, Einzigartigkeit und Verschiedenheit jedes Menschen anzuerkennen, zu bestätigen und zu genießen. Die Andersartigkeit, ja Fremdheit und Unzugänglichkeit des anderen Menschen zu erfahren, ist zwar manchmal verunsichernd und nicht leicht erträglich, aber erst dies ermöglicht die Entfaltung einer Zuneigung und Liebe, die wirklich auf den anderen Menschen bezogen ist und nicht nur eine Verliebtheit in ein eigenes inneres Sehnsuchtsbild ist.

- **Was Du nicht willst, dass man Dir tu... !**

Es gibt eine uralte Antwort auf alle unsere Beziehungsfragen und -probleme, die durch kaum eine bessere ersetzt werden kann. Sie bedarf keiner langwierigen Analysen und Beziehungstrainings. Jede Kultur und Gesellschaft kennt sie als Grundlage sozialen Verhaltens. Sie ist universal, elementar und einfach und wird die „Goldene Regel" genannt. Sie lautet: Verhalte Dich im Umgang mit anderen Menschen und Deiner Umwelt so, wie Du möchtest, dass mit Dir umgegangen wird. Vor allem: Schade ihnen nicht.

Wenn Du geliebt werden möchtest, dann liebe Du zuerst und zeige Dich liebenswert. Wenn Du willst, dass sich Dir das Leben in seiner Fülle öffnet, dann öffne Dich ihm zuerst und schenke ihm Deine Fülle. Wenn Du etwas haben möchtest, dann sei großzügig und gib Du zuerst. Wenn Du Interesse, Anerkennung und Bestätigung von Anderen willst, dann zeige Du Interesse an ihrem Leben, höre wirklich zu, ohne zu bewerten oder zu verurteilen. Bestätige und ermutige Andere in ihren Erfolgen und in ihrem Anders- und So-Sein.

Sei aber nicht taktisch berechnend dabei und erwarte nicht gleich einen Gewinn aus dem, was Du investiert hast. Vertraue darauf, dass sich das, was Du gegeben hast, eines Tages für Dich auszahlen wird und genieße das beglückende Gefühl, etwas Gutes getan zu haben. Mit der goldenen Regel hast Du einen Zauberstab in der Hand, mit dem Du Dir viele Deiner Träume erfüllen kannst. Denn dahinter steht das uralte Wissen vom Zusammenhang zwischen Ursache und Wirkung: „Was Du säst, das wirst Du ernten."

- **Sensibilisiere Dich für die Ekstase des Lebens!**

Die Welt um Dich herum ist zu manchen Zeiten voller Glanz und Ekstase, die Deine Augen und Dein Herz aber nicht wahrnehmen, weil Du nicht gelernt hast, darauf zu achten und weil vieles durch die alltägliche Gewohnheit unbewusst geworden ist. Schule Dich im Blick der Liebenden und der Künstler. Lass Dir Zeit und übe Dich in wohlwollender Achtsamkeit. Erlebe den Augenblick. Genieße die Sicherheit und die Vertrautheit, die Dir der Alltag gibt, aber lass nicht zu, dass die alltägliche Routine und Gewohnheit das Schöne, Lebendige und Liebevolle grau werden lassen und abtöten.

Bringe immer wieder neue Aspekte, Abwechslung, Kontraste in Dein Leben. Lerne, das Wunder, die Schönheit, die Fülle, die Freude, den Reichtum, den Glanz des Lebens mit allen Sinnen immer wieder frisch wahrzunehmen. Mit den beschriebenen fünf Prinzipien hast Du dazu ein wunderbares Hilfsmittel. Halte immer wieder einmal inne und frage nach den fünf Grundprinzipien BIOS, HEROS, EROS, LOGOS und MYSTOS:

- „Wo offenbaren sich mir hier in diesem Augenblick und an diesem Ort Lebendigkeit, Natürlichkeit, Gesundheit, Sinnlichkeit, Wachstum?" (BIOS). Beispiel: Bevor Du zu essen beginnst, entspanne dich. Werde ruhig. Nimm wahr, was auf dem Tisch steht. Nimm den Duft der

Speisen auf. Achte auf Deine Vorfreude auf das Essen, die Lust, die in Dir aufsteigt. Iss langsam. Koste den Geschmack bis zuletzt aus. Sei Dir bewusst, dass alles, was Du isst, die Kraft der Erde und der Sonne enthält, und das was Du trinkst, das Wasser des Lebens ist. Sei dankbar für dieses Vorrecht, an der Fülle des Lebens teilzuhaben.

- „Wo offenbaren sich mir hier in diesem Augenblick und an diesem Ort Schönheit, Liebe Freundschaft, Harmonie, Nähe, Freude, Lachen, Glück und Ekstase?“ (EROS) Beispiel: Wenn Du einem Menschen, den Du magst, die Hand gibst, tu dies bewusst. Genieße den Kontakt, die Wärme, die Nähe, die sich darin zeigen. Nimm die besondere und vielleicht vertraute Art wahr, wie ihr Euch die Hände gebt. Schau ihm in die Augen. Lass ihn Deine Freude daran, dass er da ist, spüren. Berühre ihn vielleicht mit Deiner anderen Hand zusätzlich am Arm oder der Schulter oder umarme ihn.
- „Wo offenbaren sich mir hier in diesem Augenblick und an diesem Ort Selbstvertrauen, Energie, Stärke, Mut, Entschlossenheit, Tatkraft, Erfolg?“ (HEROS) Beispiel: Du hast längere Zeit ein schwieriges Gespräch aufgeschoben. Jetzt hast Du Deinen Mut zusammengenommen und es getan. Freue Dich hinterher an Deiner Angstüberwindung. Genieße die Erleichterung. Spüre die Kraft, die durch diese Tat in Dir frei wird und Dich motiviert, neue Dinge zu tun.
- „Wo offenbaren sich mir hier in diesem Augenblick und an diesem Ort Weisheit, Intelligenz, Sinn, Erkenntnis, Klarheit, Weite, Freiheit, Toleranz, Gerechtigkeit?“ (LOGOS) Beispiel: Du hast Dich entschieden, das Chaos in Deinen Unterlagen zu beseitigen. Du hast Dir ein Hängemappensystem zugelegt, alles deutlich beschriftet und systematisch eingeordnet. Genieße die Übersicht, die Entlastung und das schöne Gefühl, dem Unstrukturierten Struktur gegeben, das Wesentliche vom Unwesentlichen getrennt zu haben. Freue dich, dass Du nun Dinge schnell wiederfinden kannst, wenn Du sie suchst.
- Wo offenbaren sich mir hier in diesem Augenblick und an diesem Ort Schöpferisches, Transpersonales, Grenzüberschreitendes, Gegensatzvereinigendes, Ganzheitliches, Spielerisches, Verrücktes, Humorvolles?“ (MYSTOS) Beispiel: Du hörst ein Musikstück, das Dir gefällt. Öffne Dich ihm ganz. Lass Dich hineinfallen. Schließe die Augen, dirigiere oder bewege Dich im Einklang mit der Musik. Genieße die Selbstvergessenheit, das lustvolle Aufgehen in der Musik.

Wenn Du solche Erfahrungen gemacht hast, dann freue Dich darüber und bestätige sie. Sprich deutlich und mit Dankbarkeit aus, was Du erlebst und empfindest. Lass andere Menschen daran teilhaben. Damit wird es Dir und dem Anderen bewusster. Wenn Du kannst, schließe Dich dem Erlebten an und versuche, es durch Dich selbst zum Ausdruck zu bringen. Feiere, tanze, singe, spiele, lache, liebe. Genieße den EROS des Augenblicks.

- **Gestalte Dein Leben erotisch!**

Gestalte Dich und Deine Umwelt ganz bewusst erotisch. Richte Dir Deine Wohnung nur mit Gegenständen ein, die Dir wirklich gefallen. Zieh nur Kleidung an, in der Du Dich wirklich wohl und attraktiv fühlst. Mach Körperpflege zu einem Körpergenuss. Umgib Dich mit schönen Gegenständen, mit Farben, Formen, Düften, Blumen und Pflanzen, die Dir entsprechen. Genieße den Chor der Sinne, der dadurch entfesselt werden kann.

- **Sei dankbar!**

Es gibt ein wunderbar einfaches Rezept für Zufriedenheit und Freude, das aber leicht vergessen wird: das Glück der Dankbarkeit. Bemühe Dich immer wieder darum, nicht nur daran zu denken, was Dir fehlt oder was andere Menschen mehr haben als Du, sondern Dich daran zu erinnern, was Du hast und was Du vielen anderen Menschen verdankst.

Abb. 16: *Perseus und Andromeda*, Charles-André van Loo, ca. 1735, Hermitage, St. Petersburg. Der mythische Held Perseus befreit, nachdem er Medusa enthauptet hat. Andromeda, die einem Meeresungeheuer geopfert werden soll. Unterstützt wird er dabei durch die magischen Hilfsmittel, die er von Hermes und Athene erhalten hat: Ein magisches Schwert, einen spiegelnden Schild, eine Tarnkappe und Flügelschuhe. Dadurch gewinnt er ein Königreich und Andromeda, mit der ein Kind zeugt. Das Gemälde vereint typische Aspekte des universalen Heldenweges: die Heldenreise, den Kampf, die Befreiung der Gefangenen, den Gewinn des Schatzes.

Das Heros-Prinzip: Am Anfang war die Tat

Suchst Du das Höchste, das Größte?
Die Pflanze kann es Dich lehren.
Was sie willenlos ist,
sei Du es wollend – das ist's!

Friedrich Schiller[21]

Ziel der Selbst-Verwirklichung und Lebenskunst unter dem Aspekt des HEROS ist, zu lernen, Dir selbst treu zu sein, für Dich und Dein Leben Verantwortung zu übernehmen, das zu tun und zu wagen, was Du im Innersten wirklich willst und mit Geduld, Beharrlichkeit und Integrität Deinen ureigensten Auftrag auf dieser Erde zu erfüllen.

Als einzige Einschränkung gilt hierbei, Dir selbst und anderen Lebewesen nicht zu schaden, die Freiheit und das Wohlergehen aller Beteiligten zu achten und wenn möglich zu fördern. Dies wird Dir aber nicht schwer fallen, denn wenn Du den Weg der Selbst-Bestimmung und Freiheit für Dich gefunden hast und mit Begeisterung gehst, magst Du es nicht, andere Menschen in Abhängigkeit und Gefangenschaft zu sehen, vielmehr möchtest Du andere Menschen ermutigen, diesen Weg der Befreiung ebenfalls zu gehen.

- Bist Du Dir bewusst, dass es nur einen Menschen auf dieser Erde gibt, der genau das tun kann, was Du zu tun vermagst?
- Weißt Du, dass Deine Einmaligkeit und Besonderheit gerade das Wertvolle an Dir ist?
- Bist Du Dir bewusst, dass es vor allem auf Dich ankommt, was aus Deinem Leben wird?
- Bist Du bereit, die volle Verantwortung für Dein Leben zu übernehmen?
- Bist Du bereit, für die Freiheit, das Wahre, Gute und Schöne leidenschaftlich zu kämpfen?
- Bis Du Dir bewusst, dass es bei Deiner Verwirklichung nicht nur um Dein persönliches Leben geht, sondern auch um das Deiner Mitmenschen, Deiner Nachfolger und der Erde, denn von allen bist Du ein Teil.

Das HEROS-Prinzip

Symbole

Pfeil nach rechts oben, Phallus; Sich-Aufrichtendes, Eindringendes, Vorantreibendes, Ausdehnendes; das aufstrahlende Licht, die aufsteigende Sonne; Feuer, Explosion; Adler, Löwe, Raubtiere; Suche, Weg, Wanderung, Reise; Hindernis, Widersacher, Kampf (Drachenkampf), Schlacht; Sieg, Hebung des Schatzes, Befreiung der Gefangenen; Werkzeuge, Waffen (insbesondere Messer, Schwert, Pfeil und Bogen, Pistole, Gewehr, Kanone, Bombe), Maschinen; Fahrzeuge (insbesondere Auto), Flugzeuge, Raketen

Aspekte

Zielgerichtete, zukunftsorientierte Aktion, Aktivität, Handlung; Impuls, Energie, Kraft, Stärke, Sexualität, Leidenschaft, Triebhaftigkeit, Tatkraft; Eroberung, Macht, Dominanz; Angstüberwindung, Mut; Trennung, Unterscheidung, Auseinandersetzung; Wettkampf, Rivalität, Angriff, Aggression, Kampf, Siegeswillen; Individualität, Autonomie, Freiheit, Selbstverantwortung; Selbstvertrauen, Selbstwirksamkeit; Initiative, Leistung, Erfolgsstreben, Wille, Disziplin, Konzentration, Beharrlichkeit; Lernen, Übung, Training; Neugier

Schattenseiten

Egozentrismus, Narzissmus, Größenwahn, Machtstreben und Machtmissbrauch, Herrschsucht, Gewalttätigkeit, blinder Aktionismus, Zerstörungslust, Vergewaltigung, Missbrauch des Körpers, Willens-, Arbeits,- Leistungs- und Erfolgssucht, Panzerung, Abwehr von Regression und Unbewusstem, von „weichen" Gefühlen und Beziehungsaspekten, Dickköpfigkeit, Rechthaberei, Rachsucht, Streitsucht, Alkoholismus, zwanghafte, schizoide und paranoide Elemente, Soziopathie

Transpersonale Aspekte

Schöpferische Tat; die große Suche, der Kampf für höhere und höchste Ziele, das Wahre, Gute und Schöne, die Freiheit, Gerechtigkeit, Gemeinschaft, Menschlichkeit; Flow – Im Tun aufgehen und sich selbst vergessen; Tod und Wiedergeburt

Aspekte und Symbole des Heros-Prinzips

Das Eingangs-Zitat von Friedrich Schiller drückt die Essenz des Heroischen auf einfachste Weise aus. Was jede Pflanze, jeder kleinste Grashalm tun, wenn sie mit großer Geduld und Hartnäckigkeit durch die Erde ans Licht drängen, wenn sie mit allen zur Verfügung stehenden Mitteln ihre individuelle Eigen- und Einzigartigkeit zum Ausdruck und zur Verwirklichung bringen, darum geht es hier.

Das Heroische ist die vorantreibende, schöpferische Lebensenergie in uns, die sich verwirklichen will, diejenige Kraft, die bereit ist, den „Kampf ums Dasein" aufzunehmen. Diese Kraft finden wir überall im Universum und in der Natur, schon im „Urknall", der Explosion und Expansion des Universums, im Such- und Neugierverhalten, Rivalitäts-, Imponier- und Paarungsverhalten der Tiere und Menschen, in unserem Körper, der in einem dauernden Kampf mit Krankheitserregern und schädlichen Stoffen liegt und sein Lebendigsein bewahren möchte.

Unsere erste heroische Tat, unser erster und größter und alles entscheidender Heldenkampf ist unser Wettlauf gegen Millionen anderer Spermien gewesen. Wir haben vor all diesen vielen anderen Spermien unser Ziel erreicht, wir wurden von der weiblichen Eizelle (die selbst eine von vielen Auserwählten aus der ursprünglichen Vielzahl vieler konkurrierender Eizellen ist) „auserkoren", wir konnten mit ihr das „Mysterium coniunctionis", das Geheimnis der Vereinigung der Gegensätze feiern.

Alle, die wir dies geschafft haben, sind in gewissem Sinne Helden und Heldinnen, wir haben bewiesen, dass wir uns gegen eine übermächtige Konkurrenz durchsetzen konnten. Wir alle sind „winner". Auch die Geburt selbst war eine geradezu klassische heroische Stirb-und-Werde-Situation, ein Heldenkampf aus dem umhüllenden Gefängnis in die Freiheit, durch die Dunkelheit zum Licht.

Wir sind von allem Anfang an Wesen, die sich selbst nicht kennen und in eine unbekannte Welt hineingeboren werden. In unseren Genen tragen wir zwar die Essenz des ganzen Universums und des ganzen evolutionären Prozesses, aber wir wissen nichts von unserer kosmischen Herkunft und Vergangenheit. Wir sind wie „Aliens", Fremde aus dem Universum, die irgendwie auf dieser Erde gestrandet sind.

Auch nach unserer Geburt müssen wir unzählige weitere heroische Leistungen vollbringen, unzählige Drachenkämpfe durchstehen. Wir müssen uns bewegen, stehen, laufen lernen, trotzen, rivalisieren, kämpfen, aggressiv sein, erforschen, erobern, lernen, leisten, Rückschläge und Niederlagen erleiden, Schmerz aushalten, Prüfungen bestehen, erfolgreich sein, uns selbst behaupten. Wir fühlen uns dabei oft einsam, unverstanden und fremden Mächten hilflos ausgeliefert. Überall müssen wir die Unsicherheit und das Risiko des Lebens letztlich alleine tragen und dabei haben wir immer unseren Tod vor Augen. Wie könnten wir das alles, wenn es nicht die Kraft des Helden und der Heldin in uns gäbe, die uns Hoffnung, Zuversicht und Trost vermitteln?

Das ganze Leben ist im Grunde eine kontinuierliche Heldenreise. Von daher ist es verständlich, dass die Menschen aller Kulturen und aller Zeiten immer aufs Höchste fasziniert hat. Ob in den alten Mythen, Sagen und Märchen, ob in der Literatur und den Filmen der Gegenwart, in der Religion, der bildenden Kunst, der Geschichte, der Politik, der Wissenschaft, der Wirtschaft, dem Sport: immer steht der Mensch im Mittelpunkt, der „es wagt", der das Neue, Außergewöhnliche tut und es dabei riskiert, bis an die äußersten Grenzen zu gehen und sie zu überschreiten.

Der positive Held und die positive Heldin repräsentieren den vorbildlichen schöpferischen Menschen. Sie symbolisieren den Menschen, der den Mut hat, sich selbst, seinen Wünschen, Fantasien und eigenen Wertvorstellungen treu zu sein, der das Leben leidenschaftlich lebt, anstatt vor ihm zu fliehen, der Wege einschlägt, die wir einerseits fürchten, andererseits insgeheim aber auch gerne gehen würden: Wege in verborgene, verbotene, schwer zugängliche Seinsbereiche, handele es sich dabei um neue Lebensformen, fremde Länder oder ferne Galaxien oder um die Unbekanntheit unserer Seele. Indem der heroische Mensch sich weder von den Warnungen Anderer, noch von seinen eigenen Ängsten und Schuldgefühlen von seinem Vorhaben abbringen lässt, offen und lernbereit ist, Konflikte, Frustrationen, Einsamkeit und Ablehnung auszuhalten vermag, gewinnt er neue Einsichten und vollzieht Handlungen, die nicht nur für ihn, sondern auch für die Gesellschaft von verändernder Kraft sein können.

Der Weg des Helden und die mit ihm verbundenen Ereignisse und Symbole sind uns so vertraut, weil sie das instinktiv von uns gewusste oder erahnte Muster des „richtigen und guten" Lebensweges darstellen. Wir spüren es sehr deutlich und empfinden es als unbefriedigend, wenn uns eine Erzählung oder ein Film wesentliche Elemente des Heldenweges vorenthält. Beispielsweise haben wir meist große Schwierigkeiten damit, wenn die Hauptperson eines Stückes ein „Looser", ein Verlierer, ist, der seine Aufgabe nicht erfüllt und scheitert. Noch schlimmer wird es, wenn der Held nicht das Wahre, Gute und Schöne vertritt, sondern die Täuschung, das Böse und Hässliche, oder wenn er sich am Ende als ein Übeltäter entpuppt. Unzufrieden sind wir auch, wenn der Held am Ende nicht auch seine Heldin bekommt oder nicht zumindest eine gewisse Hoffnung bleibt, dass sie sich finden werden. Das Ziel der Heldenreise ist immer auch die Vereinigung mit dem anderen Geschlecht.

Natürlich hat – das sei hier schon vorwegnehmend betont – HEROS auch sehr destruktive Seiten, wie wir es aus der Menschheitsgeschichte zum Übermaß kennen, nämlich dann, wenn sich der Schatten des Heroisch-Übermenschlichen als blinder Größenwahn und missionarischer Eifer, als Unterdrückungs- und Machtgier und als Egoismus, Intoleranz, Grausamkeit, Gewalttätigkeit und kriegerische Zerstörung über Völker und Kulturen legt.

Umgekehrt hat aber das Fehlen positiver heroischer Vorbilder auch sehr negative Wirkungen. Wenn motivierende konstruktive Leitbilder abhanden kommen, machen sich Orientierungslosigkeit, Sinnlosigkeit und Anarchismus breit. Langweile, Sucht, Lust an Brutalität und Untergangsfantasien drücken das verzweifelte Lebensgefühl von Menschen aus, die nicht mehr mit ihrem schöpferischen Entwicklungspotenzial und ihrer aktiven Gestaltungsfreude in Verbindung stehen. Gerade auch in Zeiten der Krise und Not, in denen eine Neuorientierung nötig ist, braucht es den der Trägheit und Resignation überwindet und bereit ist, für ein höheres Ziel zu kämpfen.

Die aufwärts gerichtete Bewegung: Grenzen überwinden und in die Zukunft aufbrechen

Wenn man Menschen bittet, sie sollten eine Geste machen, die sie typisch für das Heldenhafte finden, dann stoßen sie oft ihren Arm mit geballter Faust nach oben und vorne. Diese phallisch-aggressive Bewegung, die sich oft auch im Pfeil- und Schwert-Symbol ausdrückt, weist auf die typische heroische Dynamik von der Vergangenheit in die Zukunft, von Hinten nach Vorne, vom Unteren, „Niederen“ zum Oberen, „Höheren“ auf ein bestimmtes Ziel zu. Als „zielstrebige, kämpferische, zukunftsorientierte Handlung und Tatkraft“ könnte man diese Dynamik zusammenfassen. Immer geht es beim Helden darum, sich aus der Bindung und Gefangenschaft von etwas Altem, Vergangenen, Überholten zu befreien, alte, zu eng gewordene innere und äußere Grenzen zu überwinden und sich mit Lust und Leidenschaft auf etwas Neues hin zu bewegen.

Der Phallus: Die Ekstase der Eigenständigkeit

Die aufwärts gerichtete Dynamik zeigt sich natürlich auch im Phallus und das Neue ist natürlich auch ein Sexualpartner, den es zu „erobern" gilt und mit dem zusammen ein neuer Mensch entstehen kann. Die sexuelle Symbolik in ihren elementaren und differenzierten, ihren biologischen wie geistigen Aspekten ist ja, wie wir auch beim BIOS und EROS gesehen haben, vermutlich die urtümlichste und umfassendste, die wir kennen, denn in ihr spiegelt sich der ganze Schöpfungsprozess. So ist es nur natürlich, dass alle wesentlichen Bereiche des Lebens in irgendeiner Weise auch mit sexueller Symbolik verbunden sind. Allerdings darf diese nicht nur auf die biologische Seite der Sexualität reduziert werden, denn hinter ihr steht etwas Allgemeineres, Grundsätzlicheres – eben das Schöpferische im umfassenden Sinn – das sich auch, aber keineswegs nur in der Sexualität offenbart.

So scheint der Phallus das Heroisch-Schöpferische direkt abzubilden: Neben seinem bekannten biologischen Trieb- und Fruchtbarkeitsaspekt symbolisiert er Kraft, Macht, Stärke, Potenz, Härte, Entschlossenheit, Autonomie, Selbstständigkeit, Standfestigkeit, Eindringungsvermögen, pulsierende Lebenskraft, Intensität, Explosivität, ekstatische Leidenschaft und eben auch das Geistig-Schöpferische, Zukunftsweisende und Innovative. Die Faszination am Phallus ist eine Faszination an diesem intensiven kreativen Lebensausdruck, den wir nicht nur gelegentlich in der Sexualität, sondern überhaupt im Leben immer wieder erfahren möchten.

Seine Fähigkeit, sich aufzurichten und offensichtlich hinzustellen, lässt darüber hinaus das ganze symbolische Umfeld des „Sich-Aufrichtens" anklingen. Die aufrechte Haltung des Menschen hat sehr viel mit seinem Ich-Bewusstsein, seinem Selbstvertrauen, seiner Identität und seiner Fähigkeit zu Entscheidungen und aktiven Handlungen zu tun. Im evolutionären Prozess war das Sich-Aufrichten des Menschen eine welt- und bewusstseinsschöpferische Tat, welches ein euphorisches Gefühl von Übersicht, Erkenntnuis, Beweglichkeit und Macht ermöglicht.

Wenn ein Mensch auf der Bühne oder als Sieger auf einem Podest steht und seine Arme weit nach oben ausbreitet, dann zeigt er diese elementare Ekstase des Aufrichtens und des Stolzes „Seht her wie großartig ich bin! Bin ich nicht die/der Größte?"

Die Symbolik des geraden Aufrecht-Stehens vermittelt uns die fundamentale Formel des: „Ich bin, der ich bin und das ist gut so“. Er ermutigt uns zu dem Wagnis, „aufrichtig“ zu uns selbst, unseren Gefühlen, Wünschen und Gedanken „zu stehen“ und sich leidenschaftlich für ihre Realisierung einzusetzen.

Aber sich so zu verhalten ist ein ständiges Wagnis und Risiko. Unvermeidlich ist damit verbunden, dass wir in Widerspruch geraten zu den Vorstellungen unserer Mitmenschen über uns, zu unseren eigenen Vorstellungen darüber, wie wir eigentlich sein sollten, und zu unseren Bedürfnissen nach Geborgenheit und Aufgehobensein in mitmenschlichen Beziehungen. Die Angst vor diesen Konflikten lässt viele Menschen schon vor den ersten Etappen des Heldenweges zurückschrecken und in einer unfruchtbaren Anpassung verharren. Damit aber werden sie nie jenes beglückende Gefühl des „Ich bin, der ich bin“ erleben, das unser Geburtsrecht ist.

Abb. 17: Obelisk in Heliopolis (www.wikipedia.org). Symbol der aufwärtsstrebenden Sehnsucht, eine Beziehung zwischen Unten und Oben, zwischen Erde und Sonne, zwischen Mensch und Gott herzustellen.

Die Heldenreise: Das Leben ist ein großes Abenteuer

Die mit dem Leben und der seelischen Reifung verbundenen Herausforderungen, Konflikte und Erfahrungen sind für alle Menschen weitgehend ähnlich. Deswegen weisen die Heldengeschichten in den verschiedenen Kulturen durch die Jahrtausende der Menschheitsgeschichte viele Gemeinsamkeiten auf, die von verschiedenen Forschern erkannt und herausgearbeitet wurden.[22] Diese Gemeinsamkeiten sehen etwa so aus:[23]

Das heroische Kind in uns

Der Held/die Heldin haben meist göttliche oder königliche und normalmenschliche Eltern zugleich. Zeugung, Schwangerschaft, Geburt und frühe Kindheit stehen unter großer Belastung. Manchmal sind die Eltern zunächst unfruchtbar, manchmal sind die Kinder von Anfang an unerwünscht, ihre Geburt muss an heimlichem Ort stattfinden, sie sollen getötet werden und werden ausgesetzt, von Adoptiveltern oder Tieren aufgezogen. Einerseits sind sie königlich-göttlicher Herkunft, andererseits erleben sie das Leid des ausgestoßenen, verlassenen Kindes. Sie sind mächtig und hilflos zugleich.

Jeder, der das Heroische in sich wieder finden will, wird sich auch mit seinem sogenannten „Inneren Kind" auseinandersetzen müssen, denn oft haben wir die heroische Kraft in unserer Kindheit am intensivsten gefühlt. Wir müssen uns diese Fähigkeit des leidenschaftlich Wünschens und Wollens erst wieder erwecken.

Am Anfang unseres Lebens sind wir noch voller Kraft, voller Lebensfreude, voller Begeisterungsfähigkeit. In uns brennt das ekstatische Lebensfeuer des Universums noch in hoher Intensität. Wir sind erfüllt von Lebenslust, Neugier und von unbändigem Drang zur Selbstverwirklichung. Nichts befriedigt uns mehr, als die Welt, unsere Mitmenschen und uns selbst zu erkunden und immer mehr zu lernen, unsere angeborenen Fähigkeiten anzuwenden. Oft aber hatten wir aber keine Eltern, keine Großeltern, keine Erzieher und Lehrer, die uns halfen, das Staunen über das Mysterium des Lebens, das wir in uns tragen und dem wir außen überall begegnen, zu vertiefen.

Stattdessen wurden wir überwiegend auf das Fehlerhafte und Ungenügende aufmerksam gemacht. So vieles, was wir taten, wurde belastet von Schuld- und Schamgefühlen und immer wieder verglichen mit Fremd- und Ideal-Vorstellungen, die keiner erfüllen konnte. Schließlich verloren

Abb. 18: Schema der Etappen einer typischen Heldenreise. Abbildung aus Müller, *Der Held*, 2013

viele von uns ihren Mut und ihre ungehemmte Freude an ihrer schöpferischen Kraft.

Die Begegnung mit unserem „Inneren Kind“ ist nicht einfach für uns, weil wir dabei mit intensiven Gefühlen konfrontiert werden: mit heißen Sehnsüchten, mit großer Angst, mit Schmerz und Trauer und vor allem mit Scham. Die Scham, die wir empfinden, wenn wir in Berührung mit den Gefühlen und Wünschen unseres Inneren Kindes kommen, macht es uns oft sehr schwer, unsere heroische Begeisterungsfähigkeit und Tatkraft zu erwecken. Wir wehren uns verzweifelt, nichts von unseren vermeintlich „schwachen“ Gefühlen zu zeigen.

Wir wollen unsere Sehnsucht nach liebevoller Bestätigung und Bewunderung, unsere Verletzlichkeit und unsere Empfindlichkeit nicht offenbaren. Wir haben Angst vor den innigen, weichen, warmen Gefühlen, die uns überkommen könnten, vor den Tränen, die vielleicht fließen würden, vor unserer Rührung und Trauer, aber auch vor den ekstatischen Reaktionen, vor all den „sentimentalen“ Gefühlen, der „Gefühlsduselei“. Wir verbergen sie statt dessen hinter Ernsthaftigkeit, Verantwortlichkeit und Pflicht, hinter Neid, Verbitterung, Rachegefühlen, Aggressionen, Vorwürfen, Streitereien, Rivalitäten (vgl. dazu auch die entsprechenden Ausführungen im Kapitel zum MYSTOS-Prinzip).

Aber wenn wir gelernt haben, das „Innere Kind“ in uns und in anderen Menschen zu sehen, dann wissen wir, dass hinter all diesen „erwachsenen“ Haltungen und hinter all den negativen, zerstörerischen Impulsen häufig der tiefe Wunsch steht, sich in freier Weise ganz entfalten zu können und in unserer persönlichen Eigenart ganz angenommen zu werden.

Es besteht aber andererseits auch die Gefahr, dass wir in der Begegnung mit dem Kind in uns in einer bestimmten Haltung stecken bleiben. Unser „Inneres Kind“, das uns einerseits so viel Neugier und Experimentierfreude vermitteln kann, hat auch einige Schattenseiten, die uns es sehr schwer machen können, uns und unsrer Vision treu zu sein: z. B. übermäßige Ängstlichkeit, Bequemlichkeit, und Verharren in magischen Größenfantasien.

Wenn es in seinen Bemühungen frustriert wird, zieht es sich manchmal enttäuscht zurück und will alle Schwierigkeiten des Lebens seinen Eltern überlassen. Es liebt seine Größenfantasien und Wunschträume, will aber nichts dafür tun, sondern hofft auf deren einfache, magische Erfüllung.

Viele Menschen, die ein unbefriedigtes Leben führen, verharren in einer vorwurfsvollen Einstellung den Eltern oder dem Schicksal gegenüber. Manche wiederholen jahre- und jahrzehntelang ihre ewig gleichen kindlichen Vorwürfe und Klagen, ohne dass sie beginnen, für ihr Leben selbst leidenschaftlich die Verantwortung zu übernehmen. Dafür ist es nämlich nötig, über die passiven Erwartungshaltungen und Enttäuschungen des Kindes hinauszugehen und zum „Göttlichen Kind“ zu finden, jener evolutionären Lebenskraft, die trotz aller Hemmungen, Schwierigkeiten und erlittenen Traumata dem Leben ein großes „Ja“ entgegen ruft.

Für dieses „Göttliche Kind“ haben wir selbst eine fürsorgliche Elternschaft zu übernehmen. Darüber hinaus erinnern uns die Helden-Mythen daran, dass wir neben unseren persönlichen Eltern auch noch göttliche Eltern haben, nämlich jene evolutionären Energien und Kräfte, die durch unsere leiblichen Eltern, Großeltern und die ganze menschliche Ahnenreihe hindurch wirken und die uns auch jetzt noch auf unserem Lebensweg begleiten als die „Große Mutter“ und der „Große Vater“ in der Tiefe unserer Seele. An diese Kräfte – unsere eigentlichen Eltern! – können wir uns immer vertrauensvoll wenden, wenn wir einmal nicht weiter wissen.

Früh übt sich, wer ein Meister werden will

In ihrer Jugend offenbaren die HeldInnen schon bald besondere Kräfte, Fähigkeiten und Talente. Hervorragende LehrmeisterInnen helfen ihnen, ihre Fertigkeiten und Kenntnisse zu vervollkommnen.

Auch wir besitzen ganz besondere Fähigkeiten und Begabungen, die nur wir in dieser Weise, zu diesem Zeitpunkt und an diesem Ort haben. Diese natürlichen Gaben (wieder) zu entdecken und zu fördern ist eine der wichtigsten Aufgaben jeder Selbst-Verwirklichung. Immer wieder müssen wir uns dort mit der Frage auseinandersetzen: „Was will ich eigentlich wirklich?“, „Was kann ich ganz besonders gut und auf welche Weise bringe ich dies zum Ausdruck?“ „Welche Tätigkeiten fallen mir leicht und machen mir spontan Freude?“

Viele HeldInnen haben eine ausgeprägte Bereitschaft, ausdauernd zu üben und zu lernen. Damit zeigen sie eine unserer besten menschlichen Fähigkeiten, die Fähigkeit, Interesse und Begeisterung zu zeigen, sich Neues anzueignen, immer tiefer und genauer nachzufragen, zu untersuchen, Zusammenhänge zu verstehen. Wir können sie uns zum Vorbild nehmen, immer wieder wir mit offenen Augen und Ohren, mit all unseren Sinnen und mit unserem ganzen Herzen an neue Situationen heran zu gehen und uns immer wieder zu fragen: „Was ist denn das?“, „Wie kann ich das verstehen?“, „Wozu kann man es verwenden?“ Viele von uns schämen sich, sich so offen, neugierig und begeisterungsfähig zu zeigen. Wir fürchten,die Anderen könnten uns für naiv, dumm, und unwissend halten. Deshalb ist es wichtig, sich klarzumachen, dass wir alle nur sehr, sehr wenig wissen, dass das Leben sehr kurz ist und wir niemals sicher sein können, ob wir noch einmal in unserem Leben die Chance haben werden, das zu erfahren, was wir jetzt erfahren können. Auch wenn wir nicht morgen sterben: Morgen kann alles anders sein und es kann zu spät sein, die Dinge zu tun, die wir eigentlich erleben, sagen und tun wollten.

Die Waffen des Helden

Die HeldInnen erwerben dann ihre persönlichen Waffen, die meist von besonderer Qualität und Herkunft sind. Dies symbolisiert, dass die HeldInnen neben ihren natürlichen Begabungen bereit sind, bestimmte psychische Eigenschaften, wie z. B. Ausdauer, Willensstärke, Zielstrebigkeit, Entscheidungsfähigkeit und konstruktive Aggressivität zu trainieren.

Die typischen Waffen des Helden, wie Keule, Messer, Schwert, Pfeil und Bogen, Lanze, Speer, aber auch Pistole und Gewehr, nehmen an der bereits besprochenen Symbolik des Phallischen teil und verändern sie in der einen oder anderen Richtung.

Pfeil und Bogen zum Beispiel – eine sehr einfache und äußerlich unscheinbare Konstruktion – ergeben zusammen eine magisch-unheimliche Waffe. Die Spann-Kraft des Bogens verbindet sich mit der leichten Beweglichkeit des Pfeils zu einer machtvollen Einheit. Aus sicherer Entfernung das Wild zu erlegen oder den bedrohlichen Feind töten zu können, das ist für den Menschen seit alters eine faszinierende Vorstellung und hat ihren vorläufigen Höhepunkt in Pistole, Gewehr und ferngelenkten Raketen gefunden. Dass solche phallischen Geräte wie Raketen sowohl der globalen Zerstörung, als auch der weltumspannenden Kommunikation (indem sie Satelliten in den Weltraum bringen) oder auch der Erforschung fremder Bereiche dienen können, zeigt noch einmal die immense ambivalente, schöpferisch-destruktive Kraft, die im heroischen Prinzip enthalten ist.

Dieser Doppelcharakter wird auch besonders in asiatischen Kulturen deutlich, wo verschiedene Kampfsportarten wie Aikido, Jiu-Jitsu, Karate, Kendo, Tai-Chi, das Bogenschießen oder der Schwerterkampf zur Übung kämpferischer Fähigkeiten wie auch als Mittel der Zentrierung auf die eigene Mitte genutzt werden. „Dem klugen Schützen gleicht der höhere Mensch. Verfehlt dieser sein Ziel, so wendet er sich ab und sucht die Ursache seines Fehlschusses in sich selbst.“ (Konfuzius)

Das Schwert: Die Kraft der Entscheidung

Das Schwert besitzt in den verschiedenen klassischen Heldenerzählungen meist eine ganz herausragende Bedeutung. Oft ist es golden, mit einer Inschrift versehen und am Griff mit magischen Edelsteinen verziert. Wie eine schwer erreichbare Kostbarkeit wird es manchmal erst nach langer Suche an verborgenem Ort gefunden. Es besitzt übernatürliche Kräfte und Weisheit; es hat einen eigenen Namen, ist unzerstörbar, härter als alles andere, kennt seinen rechtmäßigen Besitzer und macht ihn unbesiegbar.

Der besondere Wert des Schwertes liegt wohl darin, dass es die wesentlichen „magischen“ Qualitäten von Stab, Keule und Lanze in sich vereint, noch um die Kraft des Schneidens, Teilens und Trennens erweitert. Es ist so etwas wie die „Quintessenz“ dieser Waffen. Seine symbolische Bedeutung reicht von elementarer heroischer Kampfeslust bis hinein in den Bereich des LOGOS, wo es Gerechtigkeit, Klarheit, Objektivität und Erkenntnis darstellen kann.

Die menschliche Bewusstseins- und Identitätsentwicklung ist, wie wir schon beim Kind deutlich beobachten können, auf „aggressive" Handlungen wie Abgrenzung, Loslösung, Trennung, Durchsetzung eigenen Willens und Widerstand (Trotz) angewiesen.

Das Kind übt seine Durchsetzungskräfte lange Zeit mit recht primitiven Mitteln. Es hat Jähzorns-Anfälle, kann in seiner Wut alles um sich zerstören und kennt wenig Skrupel, Vater und Mutter kurzfristig „sterben" zu lassen. Wenn es gute Lehrmeister hat, dann wird das Kind im Laufe seiner Kindheit und Jugend lernen, seine aggressive Selbstbehauptung immer geschickter zu handhaben, und es wird sich schließlich auf diese Weise sein eigenes Schwert schmieden. Es wird damit immer besser unterscheiden können, was Innen und Außen, was Mein und Dein und was Gut und Böse ist. Sein Bewusstsein von sich selbst und der Welt wird durch diese Fähigkeiten vertrauensvoll, optimistisch und realistisch sein.

Aufgrund der Tatsache, dass menschliches Bewusstsein auf der Unterscheidung und der Teilung in polare Positionen verbunden ist, lässt sich das Schwert auch als ein Symbol des klaren Denkens, des gerechten Bewusstseins und der Weisheit auffassen (vgl. LOGOS-Prinzip). Ohne eine gut ausgebildete Fähigkeit zur denkerischen Unterscheidung bestünde unser Leben aus einem hoffnungslos verworrenen Knäuel verschwommener Wahrnehmungen, widersprüchlicher Gefühle und Bedürfnisse, unrealistischer Ideen und zerfahrener Gedanken. Unser Dasein gliche einem Labyrinth, durch das wir ziellos umherirrten, oder einem dunklen Chaos, dem das Licht der ordnenden Erkenntnis fehlte.

In der buddhistischen Psychologie beispielsweise wird das menschliche Dasein als eine Art „gordischer Knoten" aufgefasst oder auch als ein Netz leidvoller Bindungen und Verstrickungen, in das wir von der Spinne der Täuschungen, der Eitelkeit, der Triebhaftigkeit und der Unbewusstheit eingefangen und verwickelt werden. Dementsprechend erhält das Schwert hier jene Bedeutung des lichtvollen Bewusstseins, das uns mit Hilfe der erlösenden Macht der Erkenntnis die Befreiung aus den Fesseln der Unwissenheit und das Erwachen aus dem Schlaf des Unbewusstseins bringt. Und wenn Jesus von sich sagt: „Ich bin nicht gekommen, Frieden zu bringen, sondern das Schwert", dann scheint er auch auf diese erlösende Wirkung hinzuweisen.

Die menschliche Reife einer Kultur und Gesellschaft zeigt sich vor allem in ihrem Bemühen, allen ihren Mitgliedern Gleichberechtigung und Gerechtigkeit widerfahren zu lassen. Die Entwicklung der Menschheit hat in dieser

Abb. 19: *Urteil des Salomo*, Raffael (Raffaeli Santi),1518, Loggia de Raphael, Vatikan.

Hinsicht in den letzten Jahrtausenden einige Fortschritte gemacht. Während Hiob seine Freunde noch vor Gottes vergeltungssüchtigem Schwert als Ausdruck seines unberechenbaren Zornes und seiner ungerechten Willkür warnen musste, ist das Schwert in der modernen Rechtsprechung Sinnbild objektiven Urteilens, Richtens und Entscheidens.

Aber das Alte Testament enthält auch viele Beispiele weisen Denkens, zum Beispiel in den Zehn Geboten des Mose oder in der schönen Geschichte vom salomonischen Urteil. Dort hat das Schwert die doppelte Bedeutung einer primitiven und einer weisen Rechtsprechung.

Zwei Frauen behaupten, Mutter desselben Kindes zu sein. Salomo macht einen psychologischen „Mutterschaftstest": Er lässt ein Schwert holen und befiehlt, das Kind zu zerteilen, damit jede Mutter eine Hälfte bekomme. Die wahre Mutter offenbart sich Salomo dadurch, dass sie auf ihre Kindeshälfte zugunsten des Kindes verzichtet. Damit wird das Schwert zu einem Symbol der Weisheit Salomos. Mit dieser Fähigkeit zur Unter-Scheidung ist sehr eng auch die Fähigkeit zur tatkräftigen Ent-Scheidung verbunden. Entscheiden kann sich nur, wer verschiedene Alternativen unterscheiden und bewerten kann. Das Schwert ist somit auch ein Symbol für tatkräftige Entscheidungsfähigkeit, Entschlossenheit, Mut und Initiative. Ein Mann hat folgenden Traum:

> *Ich habe ein Schwert in der Hand und beobachte zwei andere Männer, die miteinander mit Schwertern kämpfen. Ich stehe mit dem Schwert daneben, halte es einfach in der Hand. Ein Mann sagt zu mir: „So mit dem Schwert nur dazustehen, das bringt nichts. Man muss auch damit umgehen.“ Er zeigt mir die ersten Bewegungen.*

Der Träumer ist ein Mann von ruhigem, zurückhaltendem Wesen. Als Kind wollte er immer „anständig und sauber“ sein, er glaubte: „Gott sieht alles“. Er habe schon immer Schwierigkeiten gehabt, aggressiv zu sein, was durch sein Theologiestudium noch weiter erschwert wurde. Er leidet daran, dass er nicht recht weiß, was er eigentlich für sich wirklich will und wie er seine Ziele ausdauernd verfolgen kann. Oft ist er unsicher, ob seine Entscheidungen richtig sind. Er hat das Gefühl, nur aus 30% seiner Kraft heraus zu leben, „nicht aus dem Vollen zu schöpfen“.

Was ihm seine innere Weisheit im Traum vermittelte, ist für viele Menschen ebenso wichtig: Sich im Umgang mit dem Schwert der Wehrhaftigkeit und Selbstbehauptung, der schöpferischen Aggressivität und Autonomie und der Konzentration und Entschlusskraft zu üben, damit wir unsere wahren Lebensziele und unsere Identität finden und zu sichern vermögen.

Die treuen Tierbegleiter der HeldInnen

Häufig finden die HeldInnen auch ein treues Begleittier – meist Pferd, Hund oder Vogel –, das sich durch besondere Klugheit, Instinktsicherheit, Treue und Kraft auszeichnet. Diese besonderen Tiere der HeldInnen symbolisieren nicht nur deren eigene körperliche Gesundheit, Vitalität, Stärke und Gewandtheit, sondern überhaupt ein gutes, vertrauensvolles, freundliches Verhältnis zum eigenen Körperlichen, den körperlichen Bedürfnissen, Instinkten und Reaktionen. Indem die HeldInnen diese Tiere zähmen, lernen sie, auf die instinktive Weisheit ihres Körpers und ihrer biologischen Natur zu hören. Sie lernen, ihre wilden, archaischen, animalischen Seiten – z. B. starke, ungebändigte Gier, Aggressionen, Sexualität, Affekte etc. so zu lenken, dass sie nicht destruktiv werden, sondern sich dem Ziel der HeldInnen – der Selbst-Findung und der Selbst-Verwirklichung – unterordnen und mit ihnen kooperieren.

Der Auftrag

Nachdem sich die HeldInnen ausreichend gut vorbereitet haben, erhalten sie ihren höheren Auftrag, bei dem es sich um eine kollektive Not handeln kann oder um eine innere Berufung oder Vision. Nach anfänglichen Widerständen, die sich in eigener Angst, Unlust oder in der Warnung durch andere Menschen zeigen, machen sie sich dann doch endlich auf den Weg.

So ein Aufruf kommt auf manche Menschen tatsächlich wie ein Hilferuf von außen auf sie zu, durch eine Krise oder eine Notsituation, in der sie dann gezwungen werden, ihr Bestes zu geben. Häufig kommt der Ruf aber auch eher leise: als heimliche Sehnsucht, als Wunsch, aus eingefahrenen Geleisen herauszukommen, als peinliche Größenfantasie, zunehmende Langweile und Depressivität, als sich häufende Fehlleistungen und Missgeschicke, psychosomatische Reaktionen und Erkrankungen oder auch in manchen deutlichen Träumen, die zeigen, dass es so nicht weitergehen kann.

Nebenabenteuer, Freunde, Mitstreiter, Begleiter

Bis sie zum eigentlichen Ziel kommen, müssen sie eine Reihe von Nebenabenteuern bestehen. Zum Beispiel begegnen sie anderen, gelegentlich feindlichen Gestalten und HeldInnen, mit denen sie sich auseinandersetzen müssen, die sich als ebenbürtig herausstellen oder Fähigkeiten haben, die der Held nicht besitzt.

Manchmal verbinden sie sich mit diesen in Freundschaft, manchmal bilden sie nur eine Art Notgemeinschaft. Es geht hierbei unter anderem darum, Rivalität und Wettbewerb auszuhalten und ein Gefühl für Gemeinschaft und Solidarität zu entwickeln.

Häufig handelt es sich bei diesen anderen Gestalten um Schattenaspekte, die die HeldInnen annehmen lernen müssen, z. B. Neigung zu Gier, Arroganz, Überheblichkeit, Machtstreben, unangemessenen Größenwahn oder Gewalttätigkeit, kriminelle Neigungen, aber auch allerlei andere Schwächen wie Unwissenheit, Dummheit und Faulheit. Die Begleitfiguren gehören häufig auch zum Typus des Gestaltwandlers, des Narren, des Außenseiters mit besonderen, moralisch nicht ganz einwandfreien Seiten, des Tricksters und des listigen Hermes-Mercurius.[24]

Nachtmeerfahrt: Der Abstieg in die Unterwelt

Die eigentliche Aufgabe führt die Helden und Heldinnen über eine besonders bewachte und schwer erreichbare Schwelle in unbekannte, fremde Bereiche.

Abb. 20: *La Barque de Dante*. Dieses Gemälde von Eugène Delacroix (1822, Paris, Louvre) zeigt den Dichter Dante in der Hölle (Dante, die göttliche Komödie, 1321) unter der ruhigen Führung seines Begleiters Virgil. Es ist Nacht, der Fährmann Phlegias steuert die beiden Dichter über den Fluss der Verdammten zur Höllenstadt Dis, die links am Horizont auftaucht. Rundherum klammern sich die Verdammten verzweifelt am Boot an oder versuchen hineinzuklettern. Eine solche Unterweltsfahrt symbolisiert nicht nur die Auseinandersetzung mit dem Bösen, der Abgründigkeit, Dunkelheit, Absurdität und dem Leid der Existenz, sondern auch die Begegnung mit den eigenen unbewussten Trieb-Schatenaspekten, die verzweifelt versuchen, von uns angenommen und in unser Leben integriert zu werden.

Es handelt sich meist um einen verborgenen, schwer zugänglichen Ort, wo eine unheimliche, bedrohliche Macht wirkt. Sehr oft ist dieser Ort „unten" angesiedelt. Unter psychologischem Aspekt meint dies die unbekannte unbewusste Tiefendimension unserer Seele. Vor dem Abstieg in die Unterwelt der eigenen Persönlichkeit haben wir oft große Angst. Dort stößt man nämlich zuerst auf das Dunkle, auf den Schatten, auf das Menschlich-Allzumenschliche und die Natur und Triebseiten unseres Wesens.

In der Begegnung mit unserer psychischenUnterwelt drohen Schmerzen und Leiden, die Erfahrung eigener Sinnlosigkeit und Leere, infantiler Abhängigkeit und Hilflosigkeit, aber auch das Erleben von kaum beherrschbarer Aggression und Destruktion. In unseren Träumen und Fantasien fließt das Blut, wird zerstückelt und zerhackt, verführt und vergewaltigt, werden Inzeste vollzogen, tauchen unerträglich blamable Erinnerungen auf, man schämt sich wegen seiner Überheblichkeiten und Eitelkeiten, wegen seiner Kleinheit und Schwächlichkeit.

Schließlich befürchten wir auch die Auflösung der Persönlichkeit und den narzisstischen „Ich-Tod“ unserer Besonderheit und Bedeutsamkeit. Diese dunklen, ängstigenden Erfahrungen schrecken die meisten Menschen auf dem Wege zu sich selbst ab. Sie möchten sich stattdessen am liebsten sogleich nach „oben“ ins Licht gen Himmel schwingen und verleugnen dabei doch nur einen wesentlichen Aspekt von sich selbst.

Der Drachenkampf – Vorstoßen ins Zentrum der existenziellen Angst und der dunklen Macht

In Mythen und Märchen wird unsere Angst vor dem bedrohlichen Unbekannten häufig durch eine dunkle Macht oder eine drachenähnliche Figur dargestellt. Der Drache ist wie die Schlange ein äußerst vieldeutiges, archaisches Symbol. Deshalb lässt er sich auf die unterschiedlichsten Mächte, die dem Menschen als gefährliches und lebenshemmendes Problem erscheinen, beziehen: beispielsweise auf die Naturgewalten, ein schweres Lebensschicksal, den gefangensetzenden Bann der Eltern, auf das Unbekannte, Dunkle und Böse in der Menschheit oder in der eigenen Seele oder auf den Tod.

Wenn wir uns vor Augen führen, was in den Bildern der Vergangenheit und Gegenwart assoziativ alles mit dem Drachen verbunden wird: Leere, Abgrund, Tiefe, Chaos, Dunkelheit, Katastrophen, Weltuntergang, tödliche, verschlingende Bedrohung, ekel- und schreckenerregende Gestalt, Gift, Feuer und Lava, dann sehen wir, dass er eine Projektionsgestalt der Menschheit für ihr Grundgefühl der dauernden Gefährdung sowohl in der Außenwelt wie auch in der psychophysischen Innenwelt ist. Im Drachen hat sich alles in einer Gestalt verbildlicht und verdichtet, was der Mensch sich als Ausdruck seiner existentiellen Ängste vorstellen konnte. Deshalb weisen auch andere schreckenerregende Gestalten der menschlichen Fantasie, die Dämonen, Teufel, Hexen, böse Gottheiten, die Horrorfiguren und Ungeheuer, die Aliens aus dem Weltall, meist enge Parallelen zum Drachenbild auf. Diese Ängste und Gefährdungen des Lebens, die sich in allen Zeiten und in allen Kulturen in ähnlichen bildhaften Gestalten dargestellt haben, sind allgemein-menschliche Grunderfahrungen.

Leicht lässt sich zeigen, dass auch unsere Fantasie ganz ähnliche drachenartige Bilder spontan hervorbringt, wenn wir uns in entsprechenden archetypischen Konfliktsituationen befinden. Dabei greift sie manchmal auf richtige archaische Drachengestalten zurück, manchmal passt sie sich aber auch den Entwicklungen des technischen Zeitalters an. Panzer, die durch das Dickicht brechen, Dampflokomotiven, die rauchend und schnaufend aus der Höhle des Tunnels hervorkommen, Tiefflieger, die mit mörderischem Lärm über unsere Köpfe hinwegfauchen, können in unseren Träumen bedrohlich erscheinende Energien symbolisieren.

Abb. 21: *Sigurds Kampf mit dem Drachen Fafnir* (Konrad Dielitz, 1880, Abbildung aus dem Buch: Guerber, Myths of the Norsemen, London, 1909.) Nachdem Sigurd (Siegfried) den Drachen getötet hat, badet er in seinem Blut und kann auf einmal die Sprache der Tiere verstehen. Die Überwindung der Angst vor den Tiefenschichten unserer Seele schenkt uns einen Zugang zu unserer Tiernatur und unserem archaisch-evolutionären Erbe.

In modernen Action- und Katastrophenfilmen erscheint der Drache oft als Drohung einer globalen Vernichtung, die durch den Helden in letzter Sekunde verhindert wird. Die „Drachenhöhle" ist dann manchmal ein gigantischer, futuristischer, geheimer Ort unter der Erde, unter dem Wasser oder auch im Weltall, wo das Zentrum der bösen Macht wohnt.

Die Bedrohung kann aber auch von Meteoren, Vulkanen, Flutwellen, Wirbelstürmen, Erdbeben und nicht zuletzt von dem Ungeheuer Godzilla, einem Symbol der sich rächenden, entfesselnden Naturmacht, ausgehen.

Aber auch das „gewöhnliche" Leben führt den Menschen in den verschiedenen Altersstufen immer wieder vor neue, unbekannte Situationen, die ihm Angst machen und in denen er sein Scheitern befürchtet: Schule, Prüfungen, Beziehungen zu anderen Menschen und zum anderen, fremden Geschlecht, Sexualität, Beruf, Geburt eigener Kinder, Älterwerden, Trennungen, Krankheiten, Unfälle, Tod. Hinter diesen bedrohlichen Situationen scheint der große Drache zu lauern, der uns zu verschlingen droht, der das orientierende Licht unseres Bewusstseins verdunkelt, unsere Handlungsfähigkeit hemmt und unseren Lebenssinn zerstört.

Glücklicherweise ist der Drache aber manchmal nur deshalb so gefährlich, weil wir vor ihm fliehen. Hinter dem, was wir als Chaos, Unbekanntes und Fremdes fürchten, können häufig auch neue Entwicklungsmöglichkeiten stehen, latente, unbewusste Aspekte unseres Selbst, die wir uns noch nicht vertraut gemacht haben.

Früher malte man auf den Landkarten an den Grenzen, wo das noch unerforschte Gebiet begann, einen Drachen. Man sagte gewissermaßen: Das ist gefährliches, fremdes Gebiet, hier hausen Drachen, deshalb wird es nicht weiter erkundet. Aber die Heldenerzählungen ermutigen dazu, uns der Angst vor dem Neuen und Unbekannten zu stellen und den Drachenkampf immer wieder zu wagen, damit das Hemmende überwunden, das Neue gefunden werden und das Leben weitergehen kann.

Drachenkampf heißt vor allem Angstüberwindung. Angstüberwindung vor dem Leben draußen, Angstüberwindung vor dem Leben innen, dem unbekannten Leben in unserer unbewussten Seele. Allerdings legt uns das Wort „Kampf" nahe, mehr an besiegen und töten zu denken als an überwinden und integrieren. Ängste aber sind natürliche, menschliche Reaktionen, die wir zur gesunden Lebensorientierung brauchen. Der beste Umgang mit ihnen ist deshalb nicht ihre Unterdrückung oder Abtötung, sondern ihr Zulassen, die aktive Auseinandersetzung mit ihnen.

Die Psychologie hat viele Methoden dafür entwickelt, was wir tun können, wenn wir vor etwas Angst haben. Vor allem hilft uns natürlich das offene und ehrliche Gespräch mit einem anderen Menschen, dem wir unsere Ängste anvertrauen und der bereit ist, ihnen mit uns gemeinsam „ins Auge zu schauen". Allein die Erfahrung des An- und Aussprechens der Angst ist meist schon sehr hilfreich. Außerdem erleben wir dann meist auch, dass der andere Mensch die Situation nicht ganz so bedrohlich empfindet, wie wir selbst. Das beruhigt uns und hilft uns, Abstand zu gewinnen.

Wenn wir keinen Menschen haben, mit dem wir sprechen können, können wir allein versuchen, uns der Angst zu stellen: Wir setzen uns in einen ruhigen Raum, in dem wir nicht gestört werden, entspannen uns – vielleicht mit der Unterstützung bei leiser Musik – und nähern uns unserer Angst, „dem Drachen", ganz vorsichtig. Wir erkunden sie. Wir bewegen uns um die Angst herum, bis wir immer deutlicher spüren, was in ihrem Zentrum ist. Wir fragen uns, wovor wir eigentlich wirklich

Angst haben, geben dieser vielleicht „namenlosen" Angst einen Namen und fantasieren uns aus, was denn schlimmstenfalls passieren könnte. Indem wir gerade das Schlimmste in unserer Vorstellung zulassen und immer wieder von allen Seiten ruhig betrachten, darüber nachdenken, es niederschreiben, malen oder künstlerisch gestalten, gewöhnen wir uns an die befürchtete Situation.

Durch die entspannte, distanzierte Betrachtung wird die Angst allmählich geringer, so dass wir es wagen, uns andere Verhaltensweisen als Flucht oder Erstarrung auszudenken und auszuprobieren.

Natürlich muss man dabei in kleinen, bewältigbaren Schritten vorgehen, also sich nur mit solchen Ängsten beschäftigen, die man noch aushalten kann. Beim klassischen Desensibilisieren, einem Standardverfahren der Verhaltenstherapie, das insbesondere gegen Ängste eingesetzt wird, stellt man zuerst eine Angsthierarchie auf.

Man stellt die wichtigsten Situationen zusammen, in denen die Angst auftritt und ordnet sie dann in eine Rangreihe. Die Situationen, die am wenigsten Angst bereiten, kommen an erster Stelle, die schwierigsten zuletzt. Dann beginnt man mit der ersten, einfachsten Situation. Man konfrontiert sich mit der Angst solange, bis man sie bewältigt, d. h. bis man der Situation einigermaßen entspannt entgegentreten und adäquate Verhaltensweisen zeigen kann. Dann geht man zur nächstschwierigen Situation. Dieses Vorgehen wird sowohl in der Fantasie als auch in der Realität durchgeführt.

Das wiederholte Hineinwagen in unsere Angst gleicht dem Baden im Drachenblut, wie wir es aus der Siegfriedsage kennen, wodurch Siegfried (bis auf eine kleine Stelle am Rücken) unverwundbar wird. Indem wir das Essenzielle dessen integrieren, was uns zuvor fürchten gemacht hat – handele es sich dabei um noch nicht bewusste und ungelebte Seiten unseres Selbst oder um ungewohnte äußere Erfahrungen –, wird uns die Überwindung des Angst-Drachens zum Schatz des erweiterten Bewusstseins und neuer Lebensmöglichkeiten führen.

Die hier im Drachen latent vorhandene positive, schöpferische Kraft kommt außer in einigen uns bekannten westlichen Drachentötergeschichten besonders in den Drachenvorstellungen Indiens, Chinas und Japans vor. Dort ist der Drache ein Symbol der Lebensenergie, Fruchtbarkeit und schöpferischen Kraft, des Glücks und der Weisheit.

Der Sieg
Nach hartem, oft fast tödlich verlaufendem Kampf vermag der Held diese feindliche Drachen-Macht zu überwinden, oft mehr mit Hilfe besonderer magischer Hilfsmittel oder einer glücklichen Fügung, als durch eigene Kraft. Danach gewinnt er einen Schatz (Gold, Königreich, Erkenntnis, Berühmtheit) und einen Partner, mit dem er sich in Liebe verbindet und ein Kind zeugt. Unter psychologischem Gesichtspunkt bedeutet dieser Schatz die Entwicklung und Erweiterung unserer Persönlichkeit, z. B. die Integration der gegengeschlechtlichen Anteile, der Zugang zu unserem schöpferischen Potenzial oder die Bewusstwerdung der Ganzheit des Selbst.

Die kleinen Erfolgs- und Flowerlebnisse
Was für die „großen" Drachenkämpfe gilt, gilt auch für die kleineren Konflikte und Auseinandersetzungen und der Überwindung im Alltag: Wenn wir es wagen, in einem positiven Sinne konfliktfreudiger zu werden, uns mutig in neue, noch unvertraute Situationen hinein zu begeben und immer wieder einen kleinen „Heldenkampf" zu riskieren, dann werden wir auch immer wieder einen Schatz finden: eine neue Erfahrung und Einsicht, wachsendes Selbstvertrauen und festere Identität, mehr Beziehungs- und Liebesfähigkeit und vor allem: das Gefühl, intensiv am Leben teilzuhaben.

Interessanterweise hat sich in der Glücksforschung herausgestellt, dass wir die intensivsten Glückserfahrungen nicht nur in der Liebe (EROS-Prinzip), sondern auch dann haben können, wenn wir uns in einer Situation befinden, die in vielerlei Hinsicht Aspekte der Heldenfahrt und des HEROS-Prinzips aufweist.

Der von dem amerikanischen Psychologen Mihaly Csikszentmihalyi geprägte Begriff des „Flow" (engl. Fließen) ist eine Bezeichnung für das Gefühl scheinbar mühelos fließender Bewegung, das man haben kann, wenn man ganz in einer schöpferischen Handlung aufgeht.

Unter bestimmten günstigen Bedingungen werden Handeln und Bewusstsein eins. Das eigene Ich-Bewusstsein verschwindet, man ist nur noch mit allen Sinnen und allen Gedanken auf die Handlung und das Ziel ausgerichtet. Man ist so in die Tätigkeit vertieft, dass sie spontan und fast wie von selbst verläuft. Es ist eine glückselige Versunkenheit in das eigene Tun, obwohl es mit hohem Energieeinsatz und hoher Leistung verbunden sein kann. Die Energie fließt frei und man hat eine veränderte Zeitwahr-

Abb. 22: *Der Wanderer über dem Nebelmeer.* Caspar David Friedrich, ca. 1818, Hamburger Kunsthalle. Ein Wanderer, aus der „niederen" Alltagswelt kommend, stößt in eine „höhere", vorher nicht zugängliche Dimension des Erlebens von Weite und Erhabenheit vor, die er ohne den mühsamen und gefährlichen Aufstieg niemals hätte erfahren können. Von hier aus bietet sich eine meditative Betrachtung über Lebenssinn, Lebensauftrag, Vergangenheit und Zukunft, Mensch und Transzendenz an.

nehmung: Ein Gefühl von Zeitlosigkeit, Ewigkeit, Gegenwärtigkeit oder auch ein Gefühl des sehr schnellen Verstreichens der Zeit mit dem Bedauern hinterher, dass es schon wieder vorbei ist. Die üblichen Grenzen des Selbsterlebens können dabei erweitert und ausgedehnt sein bis zu einem Erleben von Einheit und Verschmelzung mit der Situation, der Umwelt, den Mitmenschen zu einem großen, gemeinsamen Organismus.

Ein Bergsteiger berichtet:

> *Kein Ort, welcher in höherem Maße das Beste aus dem Menschen herausholt [...] als eine Klettersituation. Niemand hetzt dich, unter größten geistigen und körperlichen Anstrengungen den Gipfel zu erreichen. [...] Deine Kameraden sind da, aber ihr fühlt ja alle dasselbe, ihr seid alle drin. Wem kann man im zwanzigsten Jahrhundert mehr vertrauen als diesen Leuten? Leute, welche dieselbe Selbstdisziplin anstreben wie Du [...] welche die wahrhaft tiefe Beteiligung suchen. [...] Ein solches Band zu anderen Menschen ist allein schon eine Ekstase.*[25]

Solche Aktivitäten, die Csikszentmihalyi „autotelisch" nennt – das meint eine sich selbst genügende Aktivität, die ihr eigenes Ziel ist, die in sich selbst befriedigend, lohnend, motivierend ist – hat er besonders bei Sportlern (z. B. Bergsteigern, Tänzern, Schachspielern), Wissenschaftlern und Künstlern untersucht. Sie können aber aber auch bei ganz alltäglichen Handlungen auftreten (z. B. beim Lesen, beim Kochen, beim geselligen Zusammensein mit Freunden, bei Hobbies etc.), wenn bestimmte Bedingungen erfüllt sind.

Damit eine Handlung in einen solchen Flow-Zustand übergehen kann, muss sie eine gewisse Herausforderung an uns stellen, sie muss ein Ziel haben und in gewissem Rahmen überschaubar und geordnet sein. Die Tiefe der konzentrierten Erfahrung hängt mit der Klarheit der Ziele und der unmittelbaren Rückmeldung zusammen, ob wir uns auf dem richtigen Weg befinden und das Ziel erreicht werden kann. Wenn die Aufgabe zu leicht ist, dann langweilen wir uns, wenn sie zu schwer ist, blockiert uns die Versagensangst. Sie muss von uns bestimmte Fähigkeiten fordern, über die wir verfügen und die wir im Laufe der Erfahrung weiterentwickeln. Wir müssen lernen und wachsen, fähiger und geschickter werden können.

Wenn sich diese Aspekte miteinander verbinden, dann erleben wir die schönsten Augenblicke unseres Lebens. Wir erleben die tiefe Befriedigung, schöpferisch, wirksam und fähig zu sein. Hohe Konzentration, Sammlung und Selbstversunkenheit verbinden sich mit Engagement, Freude und beglückendem Erfolgserleben. Wir genießen es, in einer solchen Situation unsere Fähigkeiten und unsere Lebendigkeit spüren zu können. Wir erleben dann, dass das Leben und unser inneres Selbst, wenn sie sich frei zu entfalten vermögen, im Innersten Freude und Ekstase sind.

Schattenaspekte des HEROS

Das Heros-Prinzip ist – neben dem Logos-Prinzip – in unserer leistungs- und erfolgsorientierten Gesellschaft ein sehr zentraler Faktor. Durch seine Dominanz und die Vernachlässigung der anderen Faktoren wie EROS, BIOS und MYSTOS hat er sich in vielerlei Hinsicht sehr problematisch ausgewirkt.

Eine typische mit dem HEROS verbundene Schwierigkeit ist, dass er uns glauben lässt, alles sei machbar und manipulierbar, alles sei nur die Frage des Wollens und einer bestimmten Technik. Ein solcher unrealistischer Veränderungsoptimismus wird z. B. gerne von neuen Technologien und neuen wissenschaftlichen Erkenntnissen, aber auch von neuen psychotherapeutischen Richtungen oder von Motivations- und Erfolgstrainern ausgestrahlt. Mit Hilfe neuer „hochwirksamer", „machtvoller" und „äußerst effektiver" Methoden sollen in kürzester Zeit erstaunliche Erfolge und Veränderungen erzielt werden.

Aber nicht alles lässt sich üben, so wie man Autofahren lernt oder Vokabeln paukt, schon gar nicht essenzielle und fundamentale menschliche Qualitäten, die Ausdruck langer Erfahrung und Reifung sind.

So besteht beispielsweise in vielen Persönlichkeitstrainings die Gefahr, dass man sich eine Fassade der Souveränität, der Kompetenz oder der Selbstsicherheit antrainiert, ohne sich wirklich so zu fühlen. Das kann in einen Teufelskreis zunehmender Entfremdung von sich und anderen Menschen führen. Man versucht immer mehr den großen strahlenden, erfolgreichen Helden nach außen zu spielen, fühlt sich innerlich aber immer elender und immer isolierter, denn andere Menschen spüren nach einiger Zeit das Unechte, Aufgeblasene, Angeberische hinter der Maske, sie spüren die fehlende Substanz und Essenz und wenden sich ab.

Selbst-Sicherheit ist ein ganzheitlicher, überaus vielschichtiger Zustand, der sich nur in ganz geringem Ausmaße einüben, einsuggerieren oder antrainieren lässt. Selbst-Sicherheit ist in den meisten Fällen das Ergebnis eines intensiv erfahrenen und auch durchlittenen Lebens, in dem man gerade auch schwierige Phasen erfahren hatte und Vertrauen entwickelte, diese auch überstehen zu können. Selbst-Sicherheit hängt beispielsweise auch davon ab, ob ich mich selbst, meinen Körper und meine männliche oder weibliche Identität akzeptieren und wertschätzen kann, ob ich mich als geistig klar und orientiert empfinde, ob ich mich in meinen Beruf als kompetent und wirksam erfahre, ob mir soziale Beziehungen ausreichend gut gelingen, ob ich einen tragenden Sinn in meinem Leben finde und schließlich: ob ich einen Zugang zu meinem inneren Selbst habe. Und Selbst-Sicherheit hängt – paradoxerweise – ganz entscheidend auch gerade davon ab, ob ich mich in meinen unsicheren Seiten, meinen Hemmungen, meinen Schattenseiten und Schwächen annehmen kann. Dass dies alles nur in einem längeren Lebensprozess gelingen kann, ist offensichtlich.

Ein Mann träumt, er sitzt in einem roten Ferrari hinter dem Lenkrad und bewegt es ein paar mal hin und her. Neben ihm sitzt sein Vater, der ihm befiehlt: „Nun fahr doch!" In diesem Augenblick entdeckt der Träumer verwundert, dass er ein kleiner Junge ist und mit seinen Füßen gar nicht an die Pedale kommt. Er fühlt sich unter Angst und Druck, weil er gar nicht tun kann, was sein Vater – und eigentlich auch er – erwartet.

Dieser Mann ist in seiner Lebensmitte angelangt, relativ erfolgreich und muss nun zu seinem Erstaunen entdecken, dass er irgendwo noch ein kleiner Junge ist, der versucht, seinem Vater zu imponieren. Er sitzt in einem roten Ferrari, für ihn ein Symbol dessen, was er sich immer erträumt hat, dies aber – wie sich herausstellt – weniger aus eigenem Bedürfnis heraus, sondern um anderen Menschen zu zeigen, wie erfolgreich, sportlich und männlich er doch ist. Sein Vater war in seinen Augen „ein richtiger Mann" gewesen, während er selber als Kind auch feminine, introvertierte, verspielte Seiten gehabt hatte, die aber in den letzten Jahren fast verloren gegangen waren. Heute möchte er gerne aussteigen aus diesem flotten Wagen und einem Lebensstil, der ihn zunehmend überfordert und der vieles andere, was er eigentlich leben möchte, unmöglich macht.

Das Auto spielt in unserem realen Leben wie auch in vielen Träumen eine große Rolle. Es kann außer dem Heroischen viele andere Aspekte unserer Persönlichkeit repräsentieren. Neben unserer Auto-nomie – unsere Selbstbestimmung –, unserer Lebensenergie (Benzin, PS), Beweglichkeit, Freiheit und Unabhängigkeit kann das Auto auch unseren allgemeinen körperlichen Zustand, unsere Affekte, Triebe und Instinkte (Aggressivität, Sexualität, Rivalität, Jagdtrieb) symbolisieren, es kann ein Ort der Sicherheit, der Intimität, des Rückzugs sein (wie ein kleines Haus oder eine Höhle), unseren erreichten gesellschaftlichen Status, aber auch den Schatten, weibliche und männliche Anteile wie auch unsere Ganzheit darstellen.

Man muss also – wie bei allen Symbolen – im jeweiligen Einzelfall genau hinschauen, welcher Aspekt besonders betont ist. Für den Träumer repräsentiert das Auto bestimmte, stark nach außen und aufs Berufsleben ausgerichtete heroische Züge, die er bislang überwertig gezeigt hat und die

Abb. 23: *Atombombentest „Romeo" am 27. März 1954 auf dem Bikini-Atoll.* Die Atombombe ist das bisher noch nicht überbotene Symbol des heroischen All-Machbarkeitswahns. Paradoxerweise trug sie aber aufgrund der „Overkill"(Mehrfachvernichtungskapazitat)-Strategie und der MAD-Doktrin des „Gleichgewichtes des Schreckens" dazu bei, dass die Menschheit sich bisher noch nicht ausgelöscht hat.

nicht mit seinem Wesen übereinstimmen. Er muss jetzt den Mut haben, ein ihm angemesseneres Fahrzeug zu finden, seinem Leben eine andere Richtung und ein anderes Ziel zu geben.

Eine weitere typische Problematik des HEROS ist die mit ihr häufig verbundene Abwehr von Gefühlen der Schwäche und Hilflosigkeit. Erschöpfungszustände, Depressionen und Krankheitssymptome, welche hilfreiche Signale, weise Informationen des Körpers darüber sein könnten, dass etwas aus dem Gleichgewicht geraten ist, werden dann leicht überhört. Statt die Arbeit zu reduzieren, wird ein Entspannungstraining gemacht, um anschließend noch effektiver sein zu können. Anstatt nach Innen zu lauschen und vom Leiden zu lernen, was „dieses sagen will", wird das Störende einfach wegtrainiert und eliminiert.

Damit geht aber vielleicht eine wesentliche Möglichkeit, eine tiefergehende Problematik oder einen schöpferischen symbolischen Sinn des Leidens zu erkennen, verloren. Die ausschließliche Konzentration auf die Beseitigung des Leidens mag zwar oberflächlich schnelle Ergebnisse bringen, wäre aber auf Dauer ebenso wenig hilfreich, wie es etwas nützt, wenn man bei einem ausgebrochenen Feuer die Alarmanlage, die das Feuer meldet, ausschalten würde.

Größenwahn, Selbstüberschätzung verbunden mit Machtmissbrauch und Gewalt gehören zu den dunkelsten Aspekten des HEROS. Einerseits kann sich HEROS im lichten, strahlenden, menschenfreundlichen Helden, der sich für die Erhaltung und Entwicklung positiver Lebenszustände engagiert einsetzt, manifestieren, andererseits aber auch im unberechenbaren, jähzornigen, selbstsüchtigen, machthungrigen, gewalttätigen Menschen, der bereit ist, für eine „gute" Sache ebenso grausam und sadistisch zu wüten wie jene feindlichen Mächte, die zu überwinden er sich zur Aufgabe gemacht hat. Heroische Symbolik findet sich deshalb in hohem Maße auch in diktatorischen, faschistischen, totalitären politischen Systemen.

Der HEROS-orientierte Persönlichkeits- und Lebensstil

Die von dem Heros-Prinzip geprägten Männer und Frauen leben nach dem Motto: „Wer nicht wagt, der nicht gewinnt." Zu leben heißt für sie, ständig unterwegs, auf der Suche nach Neuem zu sein. Sie riskieren es, Dinge auszuprobieren, vor denen viele andere Menschen ängstlich zurückschrecken. Innere und äußere Grenzen und Beschränkungen stellen sie grundsätzlich in Frage. Allgemeine ethische Maßstäbe und was andere Menschen denken, spielen für sie eine untergeordnete Rolle. Sie leben mehr nach ihren eigenen Vorstellungen und Maßstäben.

Sie betonen gerne ihre Freiheit und Unabhängigkeit und machen sich wenig Sorgen um andere, da sie davon ausgehen, dass jeder für sich selbst verantwortlich ist. Sie sind gerne unterwegs, sie lieben das Abenteuer, den Kampf und riskante Situationen. Sie können wahre Überlebensexperten sein.

Wenn man das äußere Erscheinungsbild eines HEROS-orientierten Menschen oder seine Wohnung betrachtet, könnte auffallen, dass erotisch-ästhetische Elemente wie etwa gut abgestimmte Farben, qualitativ hochwertige Materialien, Schmuck und Pflege eher selten sind. Kleidung, Wohnung und Einrichtung werden überwiegend funktional, sachlich, praktisch, zweckmäßig sein. Essen kann ohne Probleme aus dem Papier oder aus der Dose stattfinden. Man sieht wahrscheinlich eine Vorliebe für technische Geräte und viel Metall (selbst im Schlafzimmer), die ihre Aufgabe erfüllen, aber nicht unbedingt zueinander oder zum Ganzen der Umgebung passen müssen. Vielleicht findet sich eine beneidenswert funktionale Kücheneinrichtung in einer Küche ohne Sitzmöglichkeit oder ohne einen gemütlichen Tisch mit Eckbank.

Das Ansammeln von Besitz und Geld ist vielen von ihnen nicht so wichtig, insbesondere auch, weil sie dafür eine regelmäßige und beständige Tätigkeit durchführen und ihren Besitz verwalten und pflegen müssten. Mit Geld gehen sie eher locker und großzügig um, sie stehen auf dem Standpunkt, dass Geld etwas Dynamisches ist, das fließen soll und investiert werden muss. Sie vertrauen darauf, dass sie immer in der Lage sein werden, genügend Geld zu organisieren und dass sie genügend Einfallsreichtum und Tatkraft besitzen, um auch in schwierigen finanziellen Situationen gut zu überleben.

Sie lassen sich nicht gerne in einen regelmäßigen Arbeitsablauf und Routine einspannen. Sie bleiben lieber frei und selbständig und vertrauen auf ihre Fähigkeit, in schwierigeren Lebensumständen Lösungen zu finden. Einige von ihnen genießen es, ohne feste Arbeit zu leben, saisonabhängigen Beschäftigungen nachzugehen oder von Ort zu Ort zu ziehen, z. B. als Leibwächter, Rausschmeißer, Lastwagenfahrer, Seefahrer oder kurzfristiger Unternehmer, Kellner, Animateur, Trainer, Sportler, Soldaten, Legionär.

Der heroische Persönlichkeits- und Lebensstil zeigt sich aber auch häufig in einer starken aufgaben- und zielorientierten Ausrichtung. „Heroische" Elemente finden sich insbesondere im politischen, gesellschaftlichen und wirtschaftlichen Denken und Handeln und in Tätigkeitsbereichen, in denen es um Leistung, Kampf, Führung, Macht und Einfluss geht, also etwa im Sport, in der Technik und Medizin, im Management und den daraus abgeleiteten Schulungen und Trainings für Organisationen jeder Art.

Wenn man einen heroisch bestimmten Menschen als Gegenüber hat, spürt man das daran, dass dieser sich oft anregend, fordernd, direktiv, manchmal stark konfrontativ und sogar manipulativ verhält. Er hat schnell genaue Projektplanungen fertig, kennt die passenden technischen Hilfsmittel, weiß genau, wie man für Situationen trainieren und sich vorbereiten kann, was scheinbar „ganz einfach" oder „ganz klar" verändert werden muss, hat auch rasch verbindliche, vertragliche Vereinbarungen zur Hand. Er ist ein Mensch, der „Nägel mit Köpfen" macht und Risikobereitschaft besitzt. Für ihn ist alles kein wirkliches Problem, alles kann gelöst werden, da seine innere Ausrichtung lösungs- und zukunftsorient ist. Widerstände spielen keine große Rolle und werden deshalb häufig auch unterschätzt. „Action" ist sein Lebenselixier und Krieg ist für ihn der Vater aller Dinge.

Wird HEROS vom LOGOS günstig unterstützt, kann ein Mensch seine Ideen und Pläne zielstrebig und folgerichtig in Handlung umsetzen. Er hat dann vielleicht eine optimistische, leidenschaftliche Lebenshaltung, die auch auf andere ausstrahlt, ihnen Mut und Hoffnung, ja Visionen geben kann, vor allem, wenn gute verbale Fähigkeiten damit einhergehen, so dass er in diesen Bereichen sehr positiv und erfolgreich wirken kann.

Wenn die Beziehung zum LOGOS schwach ausgeprägt ist, fehlt den Aktionen der Betreffenden möglicherweise die übergeordnete Planung, ein übergeordneter Sinn und vielleicht eine ethisch-moralische Orientierung. Dies kann im Extrem zu einem kriminellen, antisozialen Lebensstil, zur Halt-, Rücksichts- und Gewissenlosigkeit führen, denn solche Menschen verfügen über nur geringe Impulskontrolle, und sie handeln, ohne zu denken. Die Einsicht in eigene Fehler und Schwächen ist nicht entwickelt, die Schuld wird gerne bei anderen gesucht, Rechthaberei dominiert.

Wenn eine gute Beziehung zum EROS vorhanden ist, gehen HEROS-geprägte Menschen leicht und gerne eine Vielzahl von Freundschaften und Beziehungen ein, wobei ihr primäres Ziel nicht die liebevolle Verschmelzung mit einem anderen Menschen ist, sondern die intensive, erregende, abenteuerliche Erfahrung der neuen Eroberung. Insbesondere reizt sie natürlich der Zauber der Anfangsphase einer Beziehung.

Sie können intensiv emotional erleben, leidenschaftlich sein, aber vermeiden allzu viel bindende Nähe und allzu intime Liebeserfahrungen. Sobald eine Beziehung nicht mehr genügend Spannung und Aufregung bietet, wird sie uninteressant. Sie bleiben in einer Beziehung nur so lange, wie es sich für sie richtig anfühlt. Freundschaften können auch durchaus dauerhaft sein, wenn sie von einem gemeinsamen Ziel oder einer gemeinsamen Herausforderung getragen sind. Gelegentlich wird die zwischenmenschliche Beziehung vor allem als eine Form des Rivalisierens und des Wettkampfes gesehen. In Beziehungen streben diese Frauen und Männer dann Dominanz und Macht an.

Wenn die gute Beziehung zum EROS fehlt, können HEROS-orientierte Menschen unbezogen und berechnend sein, im Extremfall sadistisch, grausam und gewalttätig mit anderen Menschen, Lebewesen und ihrer Umwelt umgehen. Sie spüren dann nicht, was andere Menschen fühlen, wenn sie von ihnen gedemütigt, erniedrigt, eingeschüchtert, schlecht gemacht, kontrolliert oder bedroht werden. Sie können sich sogar am Leid und Schmerz anderer Menschen und Lebewesen erfreuen (Folter, Tierquälerei).

Ihr fehlendes inneres Mitgefühl und ihre innere Kälte projizieren sie leicht auf ihre Umwelt und ihre Mitmenschen, so dass sie befürchten, dass man sie nicht mag und mit ihnen nicht gut umgeht. Sie können sich dann ohne ausreichenden Grund von Anderen ausgenutzt und benachteiligt fühlen, sie bezweifeln die Glaubwürdigkeit von Freunden und Mitarbeitern, schreiben harmlosen Bemerkungen und Ereignissen eine versteckte, sie abwertende bedrohliche Bedeutung zu, fühlen sich schnell angegriffen, missachtet und gekränkt und sind nachtragend.

Eine positive Beziehung zum BIOS zeigt sich in einem guten Verhältnis zur Natur, zur Materie und dem Körper mit seiner Trieben und Instinkten. Fehlt diese, so kann daraus ein überfordernder Zwang zur „Dauerpotenz", zur Ruhelosigkeit und zur Überaktivität resultieren. Das Verhältnis zur natürlichen Regeneration ist gestört, Ruhe, Entspannung und Hingabe werden oft als Schwäche und faule nutzlose Passivität empfunden. Das Unbewusste, die Natur und das Körperliche in seiner Eigendynamik wird abgewehrt bzw. muss kontrolliert und untertan gemacht werden. Der Körper wird als Instrument oder Maschine angesehen, der zur Erreichung ehrgeizige Ziele ausgebeutet wird, auch wenn damit Unfälle, Verletzungen und körperliche Zusammenbrüche verbunden sind.

Wenn sich bei HEROS-orientierten Menschen Mut und Risikobereitschaft mit visionärer Kraft und ganzheitlichen Lebensentwürfen (MYSTOS) verbinden, werden sie zu Innovatoren, Führungspersönlichkeiten, zu Entdeckern und Pionieren. Sie sind bereit, für ihre neuen Ideen und Ideale zu kämpfen und zu sterben. Im religiösen Bereich können sie ihr geistiges Ziel mit Beharrlichkeit und Disziplin verfolgen und werden vielleicht eine asiatische Kampfsportart, eine Zen-Disziplin (Kendo, Bogenschießen), Yoga oder einen systematischen Schulungsweg bevorzugen.

Eine fehlende Verbindung zum MYSTOS lässt sie in ihrem Leben keinen übergeordneten Sinn finden. Wenn sie nicht mehr wissen, wofür es sich noch lohnt, zu kämpfen, oder wenn sie nicht mehr der glänzende Mittelpunkt der Gesellschaft sind, resignieren sie leicht und verfallen den typischen heroischen Schwächen: dem Alkohol, dem Spiel, dem angeberischen Prahlen mit vergangenen Taten und dem wüsten Schimpfen über die enttäuschende Welt.

Das HEROS-Prinzip in Selbst-Erfahrung und Therapie

Das hauptsächliche Ziele von HEROS-orientierten Formen der Selbst-Erfahrung und Therapie bestehen im Anregen zu aktivem Tun, im Einüben neuer Verhaltensweisen (Selbstbehauptung, Aggression z. B.), in der Übung des Willens, der Stützung der Ich-Kräfte, der Verbesserung der Frustrationstoleranz und der Ermutigung zur Angstüberwindung. Selbstmanagement und Selbstkontrolle sind Schlagworte einer solchen Ausrichtung. Die Helfer, Coaches und Therapeuten verhalten sich dabei oft aktiv anregend, fordernd, direktiv, manchmal sogar stark konfrontativ und manipulativ (ein extremes Beispiel hierfür ist der „Drill" in der militärischen Ausbildung). Es werden Verhaltensanalysen und Zielpläne erstellt, praktische Übungen, Hausaufgaben, technische Hilfsmittel und auch vertragliche Vereinbarungen eingesetzt.

Die kontinuierliche Auseinandersetzung mit der Vergangenheit, dem Gewordensein einer Situation, eines Konfliktes, einer Persönlichkeit spielt eine relativ untergeordnete Rolle oder wird gar als eher hinderlich angesehen. Man geht davon aus, dass wirkliche Einsicht und wahrhaftes Verstehen sowieso erst nach einer konkreten Erfahrung möglich sind. Der Versuch, Situationen allzu tief zu analysieren, erscheint eher als eine Vermeidung und Blockade des dringend nötigen ziel- und zukunftsorientierten Handelns.

Der LOGOS-orientierte Mensch hingegen würde dem heroischen vorwerfen, sein Verhalten und Handeln sei reiner Aktionismus, blindes Agieren, ein Vermeiden der Auseinandersetzung mit den wirklichen dahinter stehenden, tieferen Konflikten. Inzwischen besteht aber wohl zunehmende Einigkeit darüber, dass zwischen konkretem Handeln und daraus resultierender Lern-Erfahrung und rational-emotionaler Einsicht keine ausschließendes, sondern ein wechselseitiges, sich gegenseitig unterstützendes Verhältnis besteht.

Wenn ein Mensch aufgrund einer Krankheit jahrelang im Bett gelegen hat, dann mag es für ihn teilweise sehr wichtig sein, zu verstehen, was die seelischen Hintergründe seiner Erkrankung sind und weshalb er dem Leben ausgewichen ist. Eine solche Einsicht wird ihn vielleicht von Schuld- und Schamgefühlen entlasten und ihn motivieren, die regressive Fixierung aufzugeben, aber sie wird nicht ausreichen, damit er wieder laufen kann. Dieses konkrete Laufen selbst wird er aber mühsam Schritt für Schritt mit Hilfe eines ermutigenden und teilweise stützenden Trainers lernen müssen, wie jeder andere Mensch es auch mühsam Schritt für Schritt hat lernen müssen.

Eine Vielzahl – vielleicht auch gerade jüngerer – Klienten wünscht sich neben Verständnis und Einfühlung nichts sehnlicher, als dass ihnen in der Aufarbeitung ihrer Defizite geholfen wird, dass ihnen gezeigt wird, wie man etwas macht, wie man mit seinen Trieben, Emotionen und Affekten umgeht, wie man mit Beziehung umgeht, anstatt dass ihnen vermittelt wird, woher sie diese Schwierigkeiten haben oder welche Konflikte darin enthalten sind. Das praktische Lernen mit einem anleitenden Lehrer und in einer konkreten Situation, wie es in vielen anderen Bereichen des Lebens, wie z. B. dem Sport oder der Kunst üblich ist, ist einer der Wirkfaktoren, der merkwürdigerweise, obwohl so naheliegend, lange Zeit von den analytischen Therapieverfahren vernachlässigt wurde.

Von der Selbst-Erfahrung- und Therapierichtungen sind als HEROS-orientiert besonders die Verhaltenstherapie, Formen der Gestalttherapie (in denen die Selbstverantwortung stark betont wird) oder die Provokationstherapie zu erwähnen. Ich-Stützende, die Aktivität, Autonomie und Eigenverantwortung fördernde Aspekte gibt es aber natürlich auch in allen anderen Beratungs-, Coaching- und Therapieformen, denn fast überall geht es um die Frage, wie ein Mensch Abschied von einer regressiven, sich an Vergangenheit und Bequemlichkeit bindende Opferrolle nimmt und zu einer selbstbestimmten Lebensgestaltung findet.

Obwohl der Heldenweg in Mythen, Märchen und Fantasien, wie wir in diesem Kapitel gesehen haben, eines der wesentlichen Symbole des Individuationsprozesses – wurde seine Bedeutung für die praktische Psychotherapie von der Tiefenpsychologie doch wenig diskutiert. Dabei bieten gerade die Heldengeschichten und die vielen heroischen Motive aus den Träumen der Klienten eine Vielzahl von hilfreichen Anregungen für die therapeutische Praxis. Diese Vernachlässigung des HEROS hängt vermutlich mit einer Überbetonung der eher introvertierten und LOGOS-orientierten Einstellung der tiefenpychologischen Therapeuten zusammen.

Inzwischen gibt es aber eine Reihe von tiefenpsychologischen Ansätzen, die die LOGOS-orientierte Einstellung mit dem lern-, trainings-, und verhaltensorientieren Vorgehen zu verbinden suchen. Im Gegenzug haben sich auch moderne Verhaltens- und Kognitionstherapeuten weitgehend von ihrem früheren, allzu vereinfachenden, mechanistischen Reiz-Reaktions-Modell entfernt. Sie überwinden die Verleugnung der Bedeutsamkeit unbewusster psychischer Prozesse zugunsten einer ganzheitlicheren Konzeption.

Eine spezifische Gefahr der mit dem heroischen Prinzip verbundenen Techniken und Vorgehensweisen liegt aber darin, dass die therapeutische Begegnung technisiert wird, dass sich – wie es auch bei einem streng LOGOS-orientieren Stil leicht möglich ist –, durch eine Überbetonung von von Methodik, Rationalität und Technik, menschliche Nähe, Bezogenheit und Liebe nicht genügend entfalten können.

Das ständige Hinarbeiten auf Selbstverantwortung, auf aktive Entscheidungen, auf Autonomie und Unabhängigkeit kann dahin führen, dass im Klienten so etwas wie ein Bewusstseins- und Willenskrampf entsteht, der es verhindert, innerlich loszulassen, regressivere Gefühle und Bedürfnisse (z. B. Nähe, Hingabe, Empfänglichkeit, Ruhe, Geborgenheit) wahrzunehmen und eine vertrauensvolle, schöpferische Beziehung zu den unbewusst gesteuerten Regulationsvorgängen des Selbst herzustellen. Dann kann es tatsächlich zu jenem gehetzten Aktionismus, zum „blinden", d. h. unbewussten Agieren und zu jener dauernden Symptomverschiebung kommen, vor denen dieorientierten Richtungen immer warnen.

Eine weitere Problematik ist die bereits erwähnte Machbarkeits-Hybris: „Alles ist möglich" und „Du kannst, wenn Du nur wirklich willst", wenn Du nur die richtige Technik oder die neueste „Super-Mega-Power-Methode" hast. Überaus komplexe Zusammenhänge der menschlichen Persönlichkeit und ihrer Entwicklung werden hierbei auf wenige, dafür plan-, kontrollier- und organisierbare Aspekte reduziert, die aber den dahinter stehenden eigentlichen und „tieferen" Bedürfnissen meist nicht gerecht werden. Menschen haben zwar immer wieder Hoffnung auf solche einfachen Rezepte und Lösungen, sind aber nach einer Zeit anfänglicher Euphorie doch – glücklicherweise – unzufrieden, wenn sie die Oberflächlichkeit und seelenlose Mechanik solcher Vorgehensweisen entdecken.

Wir sind im Grund froh, wenn wir spüren, dass sich das, was wir sind und was wir eigentlich wollen – nämlich authentisch ganz wir selbst sein zu können –, nicht auf schnelle, einfache Weise antrainieren lässt, sondern es eine längere – manchmal lebenslange – Such-Wanderung braucht, bis wir diesen Schatz unseren inneren Einheit und Ganzheit, unsere Identität im Selbst, finden. Die Dauer und Länge des Weges der Individuation entspricht der Komplexität und Tiefe unserer Persönlichkeit und der sich fortwährend wandelnden Aufgaben in unseren verschiedenen Lebensphasen.

Abb. 24: Die *Freiheitsstatue* (offiziell *Liberty Enlightening the World)* wurde von Frédéric-Auguste Bartholdi geschaffen und ist ein Geschenk Frankreichs an die Vereinigten Staaten. Sie begrüßt die Menschen, die übers Meer in die „Neue Welt", das Land der unbegrenzten Träume und Möglichkeiten aufgebrochen sind. Der damalige Präsident Crover Cleveland sagte bei ihrer Enthüllung: „Ein Lichtstrom soll die Dunkelheit der Ignoranz und die Unterdrückung des Menschen durchdringen, bis die Freiheit die Welt erleuchtet."

Quintessenz

- **Sei Dir selber treu!**

„Dies über alles: sei Dir selber treu, und daraus folgt, so wie die Nacht dem Tage, Du kannst nicht falsch sein gegen irgendwen." (Shakespeare[26]) Lebe natürlich, echt, authentisch. Sei und werde, der Du wirklich bist. Du kannst nur aus dem heraus leben, der Du wirklich bist. Sei Dein eigener Maßstab. Versuche nicht jemand Anderer zu sein, versuche nicht zu sein, wie „man sollte" oder wie „man müsste". Einen Menschen wie Dich gibt es kein zweites Mal auf dieser Erde. Deine besondere Eigenart und Einzigartigkeit ist das Kostbarste, das Du besitzt. Vertraue darauf, dass Du dann am glücklichsten bist, dann am ehesten das erreichst, wonach Du Dich am meisten sehnst und dann am meisten von den anderen Menschen gemocht und respektiert wirst, wenn Du ganz einfach Du selbst bist. Gib Deinen wahren Gefühlen, Impulsen, Bedürfnissen spontanen Ausdruck, wenn es anderen Menschen nicht schadet. Sei aufrichtig, natürlich, verletzlich, zeige Dich auch in Deinen Fehlern und Schwächen. Ein sicherer Mensch ist ein toter Mensch. Aber: Schade niemandem.

- **Liebe und tu' was Du willst!**

Dieses Wort von Augustinus (lat. „dilige et quod vis fac") meint zunächst, dass Du bei Deinen Entscheidungen und Handlungen das Wohlergehen, die Freiheit und Würde Deiner Mitmenschen und Mitlebewesen berücksichtigen sollst und Dich bemühst, niemandem zu schaden. Wenn Du spürst, dass Dein innerster Kern Liebe (Liebe zum Leben, Liebe zu Dir, Liebe zu anderen Menschen, Liebe zu Deiner eigentlichen Aufgabe) ist, – was er nämlich auch wirklich ist, allerdings ist darüber häufig eine Schicht aus Angst und Schmerz gelagert –, hast Du alle Freiheit, Dein Wesen zu einer Dir gemäßen Entfaltung zu bringen. Gehe also Deinen Weg mit Herz und folge Deiner inneren Stimme. Deine Freiheit wird nur durch die Freiheit der anderen Menschen beschränkt.

Finde heraus, was Dir leicht fällt, was Dir Freude macht und was Deiner natürlichen Begabung entspricht. Jeder Mensch hat Fähigkeiten, Talente, mit der er sich und anderen Menschen das Leben schöner machen kann. Kennst Du Tätigkeiten, bei denen Du mit „Leib und Seele" beteiligt bist und bei denen es Dir leicht fällt, so versunken zu sein, dass Du Dich dabei selbst vergisst? „Love it or leave it" lautet ein amerikanische Maxime.

Wenn Du Deine Arbeit ohne Begeisterung machst und Du sie nicht magst, ist es für alle Beteiligten besser, wenn Du damit aufhörst. Dein Leben ist zu kostbar, um es mit einer Sache zu verbringen, die Du nicht liebst.

Wenn Du nicht weißt, was Du wirklich willst, dann mache es zu Deiner wichtigsten Aufgabe, es herauszufinden. Frage Dich beispielsweise, was Du tätest, wenn Du gesund wärst, alle Zeit der Welt hättest, wenn Du unbegrenzte finanzielle Möglichkeiten hättest, Du tatsächlich frei wählen könntest? Welche Art von Leben würdest Du führen wollen, an welcher Aufgabe würdest Du arbeiten? Oder frage dich, mit was Du Dich in Deiner Kindheit am liebsten beschäftigt hast.

Übe Deine Fähigkeit zu unterscheiden, was Du willst und was Du nicht willst, auch bei kleinen Dingen. Halte während des Tages immer wieder einmal inne und frage Dich, was Du jetzt wirklich willst und ob das, was Du jetzt tust, für Dich richtig ist und „stimmt". Dein Körper, Dein Bauch, Dein Herz werden es Dir leise aber deutlich sagen. Bringe den empfangenen Willensimpuls dann auch mutig zum Ausdruck.

Sei bereit, eine Entscheidung auch aufzuschieben und zu überschlafen, wenn Du nicht genau spürst, was Du willst. Du brauchst Dich für Deine Entscheidungen nicht zu rechtfertigen. Es reicht aus, dass Du es so willst, wenn es für Dich richtig und wichtig ist.

Vor allem aber: Tue auch wirklich, was Du willst. Denke nicht nur, fantasiere nicht nur, sondern tue es auch. Setze Deine Ideen baldmöglichst in konkrete Handlungen um und lerne dann aus Deinen Erfahrungen.

• Sei Deines eigenen Glückes Schmied!

Übernimm Verantwortung für Dich und Dein Leben. Dein Leben ist ganz allein Dein Leben. Dein Leben ist ganz allein Deine Aufgabe. Es ist vielleicht Deine einzige Chance. Niemand kann Dein Leben für Dich leben. Kein Mensch kann das tun, was gerade Du in dieser Situation, in die Du hineingestellt bist, tun kannst.

Lerne von anderen Menschen, so viel Du kannst, aber erwarte nicht, dass Dein Leben irgend ein anderer für Dich leben kann oder Dir sagen kann, wie Du es leben sollst. Niemand kann es besser fühlen oder wissen als Du selbst. Delegiere die Verantwortung dafür nicht an die Vergangenheit, das Schicksal, die Sterne, Deine Kindheit, die Eltern, die Umstände, die Mitmenschen, irgendwelche äußeren oder inneren Autoritäten.

Nur selten ist jemand anderer Schuld daran, dass es Dir heute nicht so geht, wie Du es gerne möchtest. Auch wenn es Dir nicht so erscheinen mag: Das meiste, das Du heute bist und Dir heute begegnet, ist das Resultat Deiner eigenen bewussten, halbbewussten oder unbewussten Entscheidungen.

Du hast Dich nicht besser entschieden, weil Du den Preis des Aushaltens und Bewältigens von Angst, der Anstrengung, der Auseinandersetzung, des Risikos, des möglichen Misserfolgs, des intensiven Lernens nicht bezahlen und lieber den einfacheren, bequemeren Weg gehen wolltest. Aber immer noch hast Du jetzt – und nur Du selbst – die Möglichkeit, Dein Leben besser zu gestalten.

- **Was Du säst, das wirst Du ernten!**

Übernimm auch Verantwortung für Deine Gedanken und Gefühle. Wie auch immer sie aussehen: Sie entstehen in Dir und haben mit Dir und Deinem Wesen zu tun. Wenn Du Gefühle und Gedanken in Dir wahrnimmst, die Dir nicht gefallen, frage Dich, wie Du mit ihnen am Besten umgehen möchtest und welchen Stellenwert sie in Deinem Leben haben sollen. Es ist natürlich, wenn sich positive und negative, optimistische und pessimistische Stimmungen immer wieder abwechseln. Wenn aber negative, belastende, depressive oder ärgerliche Stimmungslagen das Übergewicht bekommen, ist das in der Regel ein deutliches Zeichen dafür, dass etwas nicht in Ordnung ist, dass Innen oder Außen etwas aus dem Gleichgewicht geraten ist. Überprüfe, welche Möglichkeiten es für Dich gibt, Dich wieder in Gleichgewicht zu bringen. Überlege, mit welchen Vorstellungen Du Dein Leben verbringen willst und mit welchen Gedanken zu Deine Zukunft aufbauen willst. Die Gedanken und Fantasien, die Du häufig und wiederholt in Dir trägst, beeinflussen Deine weiteren Stimmungen und Dein weiteres Verhalten. So kannst Du leicht in einen Kreislauf negativer sich selbsterfüllender Erwartungen hineingeraten.

„Wer heute einen Gedanken sät, erntet morgen die Tat, übermorgen die Gewohnheit, danach den Charakter und endlich sein Schicksal" sagt Gottfried Keller. Nutze also die Chance, die in der Kraft Deiner Vorstellungen ruht. Versuche, konstruktiv, kreativ und optimistisch zu denken und zu fantasieren. Glaube an Dich und Deine Ziele.

Du brauchst dabei die Realität, so wie sie ist, nicht zu verleugnen, aber aus einer pessimistischen Einstellung heraus kommen selten positive Entwicklungen. „Der einzige Mist, auf dem nichts wächst, ist der Pessi-Mist" meinte Theodor Heuss. Nimm das Gute, Schöne, Authentische, Lebendige, Kreative, das Dir begegnet, wahr, bestätige es, bewundere es, und es wird immer mehr ein Teil Deines Wesens und Deiner inneren Realität. „Wie Innen so Außen, wie Außen so Innen" wussten schon die alten Weisen.

„Was Du säst, das wirst Du ernten": Dieses Paulus-Wort gilt nicht nur für Deine Gedanken, sondern auch für Deine Taten. Deine Gedanken sind die Saat, Deine Taten sind das Säen und das Pflegen des Ackers, der Rest wird durch die Weisheit der Natur und die innere Entwicklungslogik, die im Wesen der Sache liegt, getan. Wenn Du mit anderen Menschen eher kritisch und abwertend umgehst, wird Dir Kritik und Abwertung zurückgegeben, wenn Du Anerkennung und Bestätigung schenkst, wirst Du entsprechende Gefühlszustände von Innen und von Außen erfahren.

Dahinter steht das wichtige Gesetz von Ursache und Wirkung, das auch im psychischen Bereich wirkt. Alles, was Du heute bist, ist meist die konsequente Auswirkung dessen, was Du früher gedacht und getan hast. Von daher ist es so wichtig, Dir klar zu machen, welche Saat Du im gegenwärtigen Augenblick für die Zukunft ausbringst.

- **Tu' es einfach, beginne jetzt!**

„Just do it" lautet ein amerikanischer Slogan, zu deutsch: „Was immer Du tun kannst oder erträumst zu können, beginne es. Kühnheit besitzt Genie, Macht und magische Kraft. Beginne es jetzt!" (Goethe). Selbst-Verwirklichung hat mit „wirken" zu tun: Wenn man etwas erreichen will, dann muss man danach fragen und sich dafür engagiert einsetzen.

Vermeide illusionäres Wunschdenken. Erwarte keine magischen Methoden und schnellen Wunder, z. B. dass Du Deine Ziele wie im Schlaf, allein durch Autosuggestion, durch positives Denken oder durch die Kraft der Hypnose erreichst. Alle diese Dinge können zusätzliche Hilfsmittel sein, aber kein erfolgreicher Mensch hat sich je darauf verlassen. Er musste sich das, was er wollte, nicht extra einsuggerieren, sondern seine Vision entsprang mit eigener Kraft aus der Mitte seines Herzens und seiner Sehnsucht. Das, was wirklich hilft, ist die Wirklichkeit und das ganz konkrete, ausdauernde, geduldige Lernen, Üben, Üben und nochmals Üben im Leben. „Übung macht den Meister“ sagt das Sprichwort und: „Es ist noch kein Meister vom Himmel gefallen“.

Erwarte nicht, dass Du es leichter haben wirst als andere Menschen, die erfolgreich in ihrer Selbst- und Lebensverwirklichung geworden sind. Wenn es etwas gibt, dass alle bedeutenden Menschen gemeinsam haben, dann ist es ihre Bereitschaft, viel Begeisterung, Energie, Geduld und Beharrlichkeit – meist viel mehr als der Durchschnitt – für ihre Ziele einzusetzen und sich auch von vielen Rückschlägen nicht davon abbringen zu lassen.

Es gibt eine Erfolgslogik, die wir alle meist sehr gut kennen und die wir bei vielen Dingen, an denen uns gelegen ist, auch meist instinktiv anwenden: Sich unentwegt und leidenschaftlich mit den Themen und Dingen auf alle möglichen Weisen beschäftigen, z. B. in dem wir über sie fantasieren, sie schriftlich fixieren und planen, Bücher und elektronische Medien nutzen, Schulen, Fortbildungsveranstaltungen und Seminare besuchen, uns an Vorbildern orientieren, mit Lehrern und Mentoren arbeiten, mit Partner, Freunden und anderen Menschen über unsere Projekte und Ziele sprechen.

Es ist alles weniger eine Frage einer speziellen Technik, sondern eine Frage der inneren Motivation und des Einsatzes, den wir bereit sind zu bringen. Nur durch Experimentieren und Handeln kommt man zu Erfahrung und Einsicht. Nicht lange diskutieren, sondern einfach tun, beobachten, was passiert und aus Versuch und Irrtum lernen.

- **Wage das Neue! Wolle die Wandlung!**

Riskiere das Neue, Ungewohnte, denn auch Dein dauernd sich wandelndes Selbst ist immer neu und anders. „Wolle die Wandlung. O sei für die Flamme begeistert [...]“ dichtet Rainer Maria Rilke und weiter: „Jeder glückliche Raum ist Kind oder Enkel von Trennung, den sie staunend durchgehn.“

Alles fließt. Leben ist Bewegung und Veränderung, von Sekunde zu Sekunde. Altes endet, Neues beginnt. Versuche immer wieder einmal spontan aus der Situation heraus zu handeln, indem Du Dich von Deinen inneren Impulsen leiten lässt und beobachte, was passiert. Wage es, unvertraute Situationen auszuprobieren, mit Dir zu experimentieren, Dich anders als üblich und erwartet zu verhalten.

Lerne Angst, Unsicherheit, Hilflosigkeit und auch Einsamkeit auszuhalten. Genieße die abenteuerliche Angst-Lust. Das Leben ist kurz und es ist nicht sicher, ob Du noch einmal die Chance zu einer gleichen Erfahrung haben wirst. Wenig verändert sich, wenn Du es nicht tust. Kalkuliere Irrtümer, Fehler, Kritik, Rückschläge, Widerstände, Auseinandersetzungen als unvermeidbare Lernerfahrungen mit ein. Wer nicht wagt zu irren, der kann auch nichts lernen.

Übe Dich darin, konstruktiv aggressiv (im Sinne von aggredi = lat. anpacken, angreifen, in Angriff nehmen) zu sein, um Deine Wünsche und Ziele nachdrücklich voranzubringen, Dich selbst behaupten und destruktive Aggression Anderer abwehren zu können. Streiten trennt nicht nur, sondern kann auch verbinden, klären und überraschend neue Perspektiven eröffnen.

- **Bemühe Dich um Integrität und innere Stärke!**

Bemühe Dich um Authentizität, Aufrichtigkeit, Zuverlässigkeit, Loyalität, Toleranz, Gelassenheit und Humor. Genieße es, „ritterlich", fair, duldsam und gütig mit anderen Menschen umzugehen. Übe Zielstrebigkeit, Ausdauer, Geduld und Beharrlichkeit und lerne, Widerstände, Ängste, Frustrationen, Spannungen und Konflikte auszuhalten.

Probleme und Widerstände sind natürliche Ereignisse des Lebens, nimm sie als eine interessante Herausforderung, als Chance zum Lernen und Wachsen, als Möglichkeit, etwas Neues zu erfahren. Tue immer wieder einmal Dinge, die Du am liebsten aufschieben würdest oder zu denen Du gerade keine Lust hast. Diskutiere nicht lange innerlich mit Dir, sondern tue es einfach. Sag: „Ich will!"

Freue dich, wenn Du einen kleinen Sieg über Deine inneren Widerstände und Deine Trägheit gewonnen hast.

- **Lebe Dein Bestes, strebe nach dem Höchsten!**

Den bedeutenden Menschen der Geschichte war meist bewusst, dass ihr Leben nicht nur ihnen gehörte, sondern dass sie auch eine Aufgabe für die Menschheit zu übernehmen hatten, die nur sie zu dem jeweils gegebenen Zeitpunkt übernehmen konnten. Was ist Deine Aufgabe für die Menschheit, die nur Du an diesem Ort zu dieser Zeit übernehmen kannst? Was ist Dein Bestmögliches?

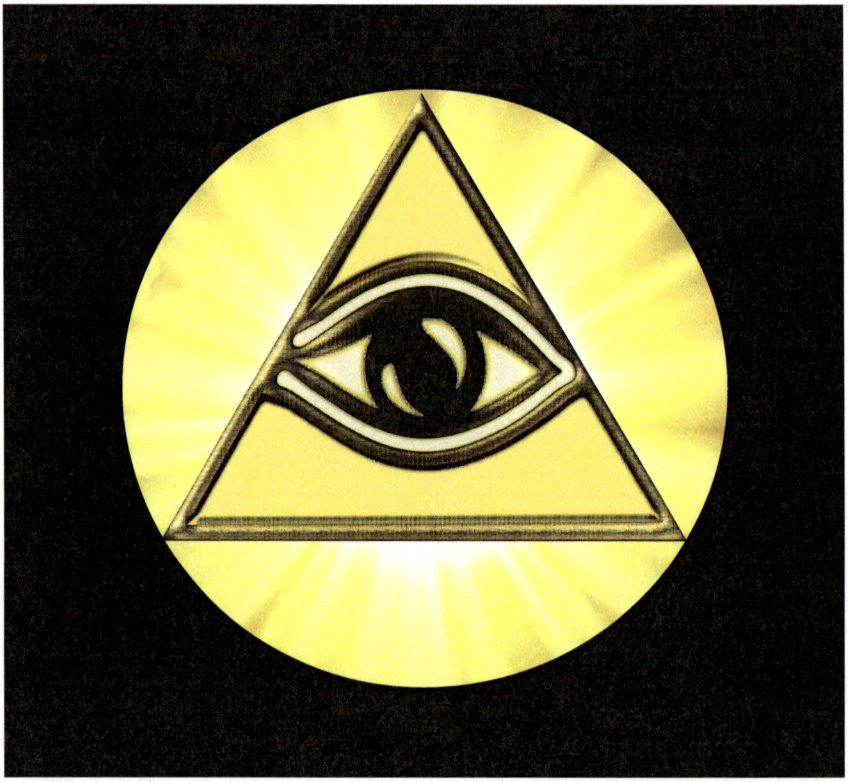

Abb. 25: Das *allsehende Auge Gottes* vor dem Sonnenstrahlenkranz ist nicht nur ein Symbol für die dauernde Präsenz des Göttlichen, sondern auch für die höchste Einsicht, die dem Menschen möglich ist. In der mystischen Tradition ist das Auge, mit dem man Gott zu schauen sucht, das gleiche Auge mit dem Gott den Menschen und sich selbst zu schauen sucht. Im Bewusstsein des Menschen wird sich die Evolution ihrer selbst bewusst.

Das LOGOS-Prinzip: Das Licht leuchte in Dir!

Wär' nicht das Auge sonnenhaft,
Die Sonne könnt es nie erblicken;
Läg' nicht in uns des Gottes eigne Kraft,
Wie könnt' uns Göttliches entzücken?
J. W. v. Goethe[27]

Ein klares, freies Bewusstsein zu haben, bewusst wahrnehmen, fühlen, fantasieren, denken und wollen zu können, ist die höchste und differenzierteste Fähigkeit, die das uns bisher bekannte Universum hervorgebracht hat. Durch unser individuelles Bewusstsein wie durch das vieler anderer individuellen Menschen und Lebewesen wird sich die schöpferische Intelligenz des Lebens ihrer selbst bewusst!

Die Evolution kann sich mit Hilfe unseres Bewusstseins in seiner ganzen Größe und unbeschreiblichen Schönheit selbst erkennen und verwirklichen. Es ist das Ziel der Individuation und Lebenskunst, diesen Prozess der bewussten Erkenntnis zu fördern, indem wir offen, achtsam und lernbereit sind und uns um Verständnis, Objektivität, Wahrheit, Gerechtigkeit und Weisheit und bemühen.

- Bist Du Dir bewusst, dass Dein alltägliches Bewusstsein eines der größten Wunder der Evolution ist und dass sich das Universum durch Dich selbst zu erkennen vermag?
- Kannst Du Dir erlauben, ganz frei alles zu denken, zu fühlen und zu fantasieren, was in Dir ist und was Du willst?
- Bist Du bereit, Deine Vorstellungen und Werte immer wieder neu zu überprüfen und nach dem zu leben, was Dich wirklich überzeugt?
- Kannst Du es genießen, Dein Leben lang offen und neugierig und immer weiter zu lernen?
- Bist Du daran interessiert, zu erfahren, wie die Dinge „wirklich" sind?
- Hast Du Lust auf das große Abenteuer der Entdeckung und Erkenntnis des Mysteriums, das Du selber bist?

Das LOGOS-Prinzip

Symbole

Sonne, Himmel, Licht, Kopf, Auge; Luft, Atem, Hauch, das Oben, der Tag, Flügel, Fliegendes, Vögel; Berg, Turm, Wolkenkratzer; Schwert, Zepter; klare Strukturen, Sprache, Zahlen, Zeichen, Formeln, Worte, Schemata, Buch, Datenbank; Messgeräte, Uhr, Erkenntnis-Instrumente, wie z. B. Brille, Lupe, Fernglas, Mikroskop, Röntgengerät, Radar; Fotoapparat, Kamera, „intelligente“ technische Geräte wie Rechenmaschinen, Computer, Laptops, Handys, Tablets; Zugang zum World Wide Web des Internet

Aspekte

Logos, Geist, Bewusstsein, Sinn, Intelligenz, Vernunft, Erkenntnis, Objektivität, Wahrheit, Denken, Systematik; Wort, Zahl, Sprache; Experimentieren, Beobachten, Messen, Berechnen, Klären, Analysieren, Unterscheiden, Reduzieren; Distanz, Struktur, Ordnung, Gesetz; Übersicht, Überpersönliches, Über-Ich, Ethik, Moral, Strenge; die Stimme des Gewissens

Schattenseiten

Kälte, unpersönliche Distanz, Lebensferne, Lebensfeindlichkeit, autoritäre Persönlichkeit, Strenge, Prinzipienreiterei, Formalismus, Wahrheitsfanatismus, geistige Gefangenschaft in Theorien, Normen und Idealvorstellungen, Bewusstseinskrampf, Bitterkeit, Verachtung, Einsamkeit, Nekrophilie, Selbstentfremdung, schizoide und zwanghafte Aspekte

Transpersonale Aspekte

Befreiung durch Einsicht, Erleuchtung, Wahrheit, Weisheit, Meditation, Kontemplation, philosophische Betrachtung, der „Innere Zeuge“, das „reine Bewusstsein“

Aspekte und Symbole des LOGOS-Prinzips

Unter LOGOS (griechisch: Wort, Vernunft, Begriff) wollen wir hier den ganzen Bereich des Geistigen, des Bewusstseins, des Erkennens und Verstehens, des Sinnes und der Weisheit verstehen. Als weitere Prinzipien und Begriffe gehören zu ihm: die Struktur, das Gesetz, die Ordnung, Objektivität, Gerechtigkeit, Vernunft, Wahrheit, Unterscheidung, Distanz. Die höchste Einsicht und Erfahrung des Menschen, wird oft als „Erleuchtung" bezeichnet, in der der Mensch sein wahres universales Wesen in seiner Einheit mit dem Universum erkennt.

In der antiken und mittelalterlichen Philosophie und Theologie bezeichnete der Logos die göttliche Vernunft, die dem Universum als Ordnungsprinzip zugrunde liegt. Der griechische Denker Heraklit (6. Jahrhundert v. Chr.) sprach von einem feuerähnlichen Logos, der die Welt regiere. Diese göttliche Kraft forme die im Fluss der Natur wahrnehmbare Ordnung und Struktur. Die menschliche Vernunft nahm seiner Vorstellung nach an diesem göttlichen Logos teil.

Bei den Stoikern, dessen wichtigste Vertreter Zenon von Kition, Seneca, Marc Aurel waren, war der Logos allgegenwärtig und wirkte als göttlicher Geist oder als göttlicher Atem durch Raum und Zeit. Er legte die Weltordnung fest, die die einzelnen Möglichkeits-, Energie- und Wachstumszentren, die „Samenkörner des Logos" (logoi spermatikoi), enthielt.

Die Stoiker hatten den Grundsatz „Gehe, wohin die Vernunft (Logos) Dich führt" als oberstes ethisches Leitprinzip formuliert. Ihre vier Kardinaltugenden waren Weisheit, Mut, Gerechtigkeit und Mäßigung, und sie empfahlen, sich nicht von den Affekten, Emotionen und Leidenschaften wie Liebe, Hass, Angst, Schmerz oder Freude bestimmen zu lassen. Ihr Ideal war es, in Übereinstimmung mit der göttlichen Ordnung des Universums zu leben.

Im Johannesevangelium wird Jesus Christus mit dem fleischgewordenen Logos gleichgesetzt, wobei die griechische Übersetzung für Logos im deutschen Text „Wort" lautet. So heißt es: „Im Anfang war das Wort, und das Wort war bei Gott, und Gott war das Wort [...] Und das Wort ward Fleisch und wohnte unter uns [...] " (Johannes 1, 1-3. 14).

Aus dem Logos leitet sich auch der Begriff Logik ab, die Lehre von den Prinzipien des richtigen, d. h. schlüssigen Denkens und Beweisführens.

Besonders hervorzuheben an den antiken Auffassungen vom schöpferischen Logos-Geist ist die Einsicht, dass diese Intelligenz eben nicht nur

– wie wir heute vielleicht geneigt sind zu denken – in der menschlichen Vernunft und im Denken zu finden ist, sondern im ganzen Kosmos, in der Natur und seinen Gesetzmäßigkeiten, im Körper und der Seele des Menschen. Das kommt der modernen tiefenpsychologischen und evolutionären Auffassung sehr nahe, nach der das menschliche Bewusstsein nicht von seinen unbewussten biologischen und physiologischen Grundlagen getrennt werden kann, sondern sich in Jahrtausenden allmählich gemeinsam mit ihnen entwickelt hat.

Im Bereich des LOGOS finden sich viel weniger anschauliche Symbole als bei den Faktoren BIOS, HEROS und EROS, was damit zusammenhängt, dass er eben auf etwas ungreifbar Geistiges hinweist, das keine äußere konkrete Gestalt hat und durch unsere Sinne nicht unmittelbar wahrnehmbar ist. Wie die Luft oder der Wind kann der LOGOS zwar erlebt werden und sehr vieles bewegen, aber er ist unsichtbar („Der Geist weht, wo er will").

Ohne dass wir uns wahrscheinlich darüber recht im klaren sind, befinden wir uns bereits die ganze Zeit im Bereich des LOGOS. Wir sitzen entspannt an einem ruhigen Ort, an dem wir ungestört von äußeren und inneren ablenkenden Reizen in einem Buch lesen können. Das Buch enthält Buchstaben, Worte, Zahlen, Symbole, Abbildungen, die in einer logischen Weise angeordnet sind, so dass wir einen bestimmten Sinn und eine bestimmte Bedeutung erfassen können.

Was wir da tun und was uns vielleicht jetzt so selbstverständlich erscheinen mag, das wir es nicht einmal mehr merken, ist im Grunde ein unglaubliches Wunder, vor dem wir, wenn es uns nur recht bewusst würde, erschüttert auf die Knie fallen müssten. Aus einer kleinen Anzahl von Zeichen und Symbolen auf dem Papier entstehen in unserem Bewusstsein unendliche geistige Welten. Diese erstaunliche Möglichkeit, auf diese Weise Informationen, Wissen und Weisheit zu vermitteln und unser Bewusstsein zu verändern, hat heute durch die modernen vernetzten Kommunikationsmedien eine bis vor kurzem noch unvorstellbare Dimension erreicht.

Dies ist das Ergebnis eines Lernvorganges, den wir sowohl als einzelner Mensch als auch in unserer Kultur sehr langsam und mühevoll vollzogen haben. Wir haben von frühester Kindheit an ganz intensiv und unentwegt Denken, Sprechen, Lesen, Schreiben, Rechnen geübt, wir haben unzählige Begriffe in unzähligen Nuancen in unser Gedächtnis aufgenommen. Jetzt erinnern wir uns unbewusst daran, was diese merkwürdigen Zeichen alles bedeuten und geben ihnen einen Sinn. Wir können auf diese Weise aus einem „toten“ Text für das praktische Leben von früheren und gegenwärtigen Menschen unendlich viel lernen.

Es hat einer Jahrtausende umfassenden kulturellen Entwicklung bedurft, die zur Entwicklung der Sprache, der Schrift, des Buches und der allgemeinen Schulbildung geführt hat. Neben dieser intellektuellen Grundlage können wir in dem Buch aber nur lesen, weil wir Augen haben, die die Worte sehen können und weil wir genügend Licht haben, das uns die Seiten des Buches erhellt.

Damit sind im Lesen eines Buches bereits einige der zentralen Symbole bzw. Aspekte des LOGOS zusammengefasst: Das Licht, das Auge, das Wort, die Sprache, die Schrift, die Zahlen, das Buch, der Bildschirm, das erkennende, verstehende Bewusstsein und der Sinn.

Neben diesen Aspekten werden dem LOGOS seit Urzeiten weiter die Symbole der Sonne, des Himmels, der Zahlen und der Übersicht und Ordnung schaffenden Strukturen und Instrumente des Erkennens zugeordnet.

Weitere Aspekte sind: Tag (die Helle des Tages wird oft mit Bewusstsein, die Dunkelheit der Nacht mit Unbewusstsein assoziiert), Oben und Höhe, Berg und Turm (der distanzierte Abstand von der Welt des Alltäglichen, der die geistige Betrachtung erleichtert, die Weite und den Überblick ermöglicht), Flügel (die Beweglichkeit und Leichtigkeit des Geistigen, das Erhebende, Beflügelnde), Schwert (die geistige Kraft der Unterscheidung z. B. von Recht und Unrecht, Wahrheit und Täuschung). Typische Personifikationen des Logos sind der alte Weise und die alte Weise, König und Königin, Wissenschaftler (Faust), Gelehrte und Lehrer, Forscher, Philosophen, Theologen, Dichter und Schriftsteller.

Abb. 26: Der griechische Sonnengott Helios entsteigt am Morgen dem Meer, um sich mit seinem Sonnenwagen, gezogen von vier Pferden, auf die Reise über den Himmel zu machen. Eos (Morgenröte) geht ihm voraus, Selene (Mondgöttin) folgt ihm.

Die Strahlen der Sonne vertreiben die Nacht...

Das Licht – und eng natürlich mit diesem verbunden die Sonne und der Himmel, von denen das Licht herkommt – wurde von den Menschen schon immer als unmittelbarer Ausdruck der göttlichen Energie und des göttlichen, alles durchflutenden Geistes erlebt. Die Sonne wurde dabei allerdings nicht nur als geistiger Logos gesehen, sondern auch als die schöpferische, wärmespendende und wachstumsfördernde Lebenskraft schlechthin. Die Sonne hatte väterliche wie mütterliche Qualitäten zugleich. Allerdings wurde das Mütterliche (BIOS) im eher empfangenden Sinne mehr mit Erde und Mond verbunden, die die Sonnenstrahlen als befruchtendes väterliches Prinzip in sich aufnahmen und mit ihnen alles zum Wachsen brachte.

Das Licht der Sonne schenkt unserem Körper und unserer Seele Feurigkeit, Wärme, Lebendigkeit, Intensität, Emotionalität, Lust, Leidenschaft, Freude, Güte, Liebe, aber auch Einsicht, Übersicht, Klarheit und Freiheit. Wir leben in und durch die Sonne, wir sind buchstäblich und konkret Sonne, auch im seelischen, gefühlsmäßigen und geistigen Bereich.

Aufgrund dieser umfassenden Bedeutung der Sonne für uns wird verständlich, dass sie durch alle Kulturen hindurch mit den höchsten Werten und den wesentlichsten Erfahrungen, zu denen der Mensch fähig ist, verbunden wurde. Die Sonne wurde erlebt als göttliche Urkraft, als göttliches Urlicht, das in allem Existierenden lebt und wirkt. Sie wurde zum Sinnbild befreiender Erkenntnis aus der Dunkelheit des Unwissens und damit zum Symbol des Bewusstseins wie der höchsten menschlichen Bewusstseinserfahrungen überhaupt, in der sich der Mensch seines wahren, „göttlichen", sonnenhaften Wesens als Licht, Leben und Liebe bewusst wird.

Unsere Seele scheint tief in ihrem Inneren die Erinnerung an ihren Ursprung aus der Ur-Energie, dem Ur-Feuer bewahrt zu haben und erkennt im Licht der Sonne etwas Wesensgemäßes. Das zeigt sich in vielen Visionen, Träumen und religiösen Offenbarungen der Menschheit.

Der folgende Traumbericht einer 45-jährigen Frau lässt in einfachen Naturbildern die umfassende Bedeutung des Sonnenlichtes erahnen:

Ich bin irgendwie oben auf einem großen Feld, einem Plateau, eine ganz große Weite, keine Häuser. Eine Art Uranfangslandschaft mit einer tiefen Ruhe, eine tönende Stille. Darüber ein hoher, blauer Himmel, tiefblau aber nicht dunkelblau, so intensiv, und eine Wärme. Und dann strahlt die Sonne. Ihre Strahlen, ihr Licht erfassen mich, so als würden sie auf mich zeigen, wie ein Scheinwerfer, der einen in Licht taucht, aber eben ein himmlisches Licht, nicht kalt und hell, sondern warm, ohne verbrennend zu sein, gleißend, ohne zu blenden. Überirdisch und zugleich irdisch, unbeschreiblich und zugleich in jeder meiner Zellen spürbar.

Ich fühle mich wie ein Kind, weil ich so intensiv aufnehmen kann und bin so glücklich über diese Offenheit: mit allen Poren nehme ich das Licht, den Himmel auf, habe das Bedürfnis, meine Arme nach oben zu strecken, empfangend, und spüre zugleich, wie ich barfuß auf der Erde stehe. Während ich aufnehme, mich in der Sonne bade, suche ich zugleich, mir dieses außergewöhnliche Erlebnis bewusst zu machen und dabei fällt mir noch im Traum als treffende Beschreibung ein: „Die güldene Sonne, bringt Freude und Wonne".

Nach dem Aufwachen bin ich noch lange voller Empfinden, Gefühle, Gedanken, vor allem einem warmen hellen Glück und Dankbarkeit. Ich habe einen Anflug von jenem Gefühl, das ich früher hatte, wenn in der Kirche Dankeslieder gesungen wurden. Etwas Erhebendes, zugleich etwas wie Scham, so kindlich und überschwänglich zu sein. Ich spüre, da ist ein Bedürfnis in meinem Herzen, zugleich aber auch die Angst: Das ist doch alles nur ein Rausch, ein Strohfeuer.

Aufgrund unserer inneren Sonnennatur sind wir alle zutiefst Licht-Sucher. Alles in uns strebt zum Licht, sucht das Licht, möchte im Licht sichtbar und offenbar werden. Und wenn wir nur geduldig und tiefer weiterfragen, was sich denn da zeigen und offenbaren will, was denn da so vehement ans Licht drängt, dann entdecken wir, dass es unsere tiefste Wahrheit und Wirklichkeit ist, die ihrer selbst bewusst werden will: die Schöpfung, die Gottheit, das Leben selber.

Wär' nicht das Auge sonnenhaft...

Das Erkennen und Ein-Sehen wird symbolisch oft mit dem Auge verknüpft, offenbar deswegen, weil uns unser Auge von allen Sinnen die meisten klar unterscheidbaren Informationen über die Welt und die Menschen vermittelt. Etwa 80% unserer Sinnesreize werden von den Augen aufgenommen, etwa ein Drittel und mehr als 40 Teilbereiche unseres Gehirns sind mit der – weitgehend unbewussten – Verarbeitung der damit verbundenen Signale beschäftigt. Nichts hat für uns deshalb eine so überzeugende Kraft, wie das, was wir „mit eigenen Augen" gesehen haben. Viele Begriffe weisen auf diesen engen Zusammenhang hin, z. B. Einblick, Durchblick, Einsicht.

Die Bedeutung des Bewusstseins in der Menschheitsgeschichte

Im christlichen Schöpfungsmythos ist es der göttliche Geist, der über den Wassern schwebt. Darunter war die Erde wüst und leer und Finsternis lag über der Urflut. Dann sprach Gott: „Es werde Licht!" (Fiat lux) Und es ward Licht. Dieser Lichtzeugungsakt durch den Geist ermöglicht die weitere Gestaltwerdung der Welt wie des Bewusstseins.

Licht und Finsternis werden getrennt, es entstehen Tag und Nacht, Morgen und Abend, das Helle und das Dunkle, das Obere und das Untere. Hiermit wird, wie in vielen anderen Mythen auch, deutlich gezeigt, wie mit der Entwicklung des Bewusstseins zugleich auch eine Trennung in die Polaritäten stattfindet – mit einer zunächst wahrscheinlich notwendigen Aufwertung des lichten Bewusstseins und einer Abwertung des dunklen Unbewusstseins.

Das Ich-Bewusstsein ist, wenn wir eine einfache Definition nehmen wollen, der sich selbst bewusst werdende Aspekt des Universums, des schöpferischen Mysteriums. In dem Moment, in dem jenes geheimnisvolle Wesen, das wir sind, beginnt, sich selbst bewusst zu erfassen und zu benennen, sagt es dazu: „Das bin ich und das erlebe ich".

Das Erleben aber von Selbst-Bewusstsein, wie wir es als erwachsene Menschen kennen, scheint immer mit dem deutlichen Erleben eines individuellen Ichs, eines Subjekts, das bewusst ist, gekoppelt zu sein. Deshalb ist es sinnvoll, beide Begriffe miteinander zu verbinden und von Ich-Bewusstsein zu sprechen, denn sie treten offenbar immer gemeinsam auf.

Ob es überhaupt eine Art von Bewusstsein gibt, das nicht – und sei es nur in ganz schwacher, rudimentärer, kaum wahrnehmbarer Form –

mit einer Art Subjekt-Erleben verbunden ist, können wir schwer sagen. Denn Bewusstsein scheint irgendwie auf Unterscheidung angewiesen zu sein, insbesondere auf die Unterscheidung zwischen Innen und Außen, zwischen Subjekt und Objekt. Wenn ich etwas erkennen will, scheint es auch ein Subjekt geben zu müssen, das erkennen kann und die Erfahrung auf sich bezieht.

Um aber gleich auf ein häufiges Missverständnis, das uns später noch im MYSTOS-Kapitel beschäftigen wird, hinzuweisen: Auch wenn wir ein deutliches, bewusstes und starkes Ich-Erleben haben, heißt dies nicht, dass es dieses „Ich" sei, das alle psychischen Phänomene hervorbringe. Das Ich-Erleben scheint nur der notwendige Beobachter des Ganzen zu sein, aber nicht der mit einem „freien Willen" ausgestattete Verursacher des Psychischen.

Wie aber auch immer: Unser Ich-Bewusstsein scheint das größte Wunder von allen zu sein, das die Schöpfung bisher hervorgebracht hat. Das Ich-Bewusstsein ist, wenn wir genauer hinschauen und es von falschen Zuschreibungen befreien, nicht ein hässliches, dunkles, böses „Ego", sondern im Gegenteil etwas unendlich Lichtes, Reines, Zartes, Kostbares, ein Juwel, das aus der Dunkelheit des Unbewussten emporgestiegen ist und Licht, Glanz, Staunen in diese Welt gebracht hat.

Aber es hat in unserer Gesellschaft wie auch in vielen spirituellen Traditionen noch lange nicht jene Würdigung erhalten, die ihm zusteht. Es ist mit ihm wie mit dem Leben überhaupt: Es scheint uns wie selbstverständlich gegeben und von daher fast nicht achtenswert. Erst wenn das Licht des Geistes getrübt, verwirrt wird, spüren wir seine Kostbarkeit.

Die Entwicklung des Ich-Bewusstseins ist für die Evolution ein gigantischer Quanten-Sprung gewesen. Auf diese Weise wird sich die Evolution des Universums ihrer selbst bewusst! Erst das Zusammenspiel zwischen Organismus und Ich-Bewusstsein konnte alle die Kulturwerke, die Philosophie, die Religionen und Künste, die Wissenschaft und Technik hervorbringen. Durch das Ich-Bewusstsein als seinem Auge und Erkenntnisorgan kann der Organismus intelligente Leistungen reflektieren, durchführen und in ungeahntem Ausmaß kreativ werden.

Dabei haben sich Technik und Geist in hohem Maße gegenseitig gefördert. Die Wichtigkeit von technischen Entdeckungen und Entwicklungen für die menschliche Bewusstseinsentwicklung ist unabsehbar. Feuermachen, das Rad, Waffen, Werkzeuge und Haushaltsgeräte, der Pflug, die Schrift, das Buch, das Mikroskop, die Elektrizität, die chemische Analyse, der Computer, das Internet: Ohne diese hätten wir niemals eine einigermaßen adäquate Vorstellung von uns selbst, unserem Körper und den inneren Prozessen finden können. Beispielsweise bliebe ohne diese Entwicklungen die Funktion unserer Organe oder die Rolle unseres Nervensystems und des Gehirns absolut unverständlich. Psychologie und Hirnforschung sind deswegen sehr junge Wissenschaften, bei denen wir fast noch am Anfang stehen.

Am Anfang war das Staunen

Mit dem Staunen fängt alles Philosophieren an. Die klassischen Denker der griechischen Antike, Plato und Aristoteles, sahen im Staunen, im Sich-Wundern den Anfang aller Philosophie. Während der alltägliche Mensch alles einfach so hinnimmt, wie es ist, wundert sich der philosophische Mensch bereits darüber, dass überhaupt etwas ist (und nicht nichts ist) oder wie es überhaupt möglich ist, dass so etwas wie Selbst-Bewusstsein überhaupt entstehen konnte.

Wir sind uns paradoxerweise des Wunders unserer Bewusstheit und unserer damit verbundenen Fähigkeit, Einsicht und Erkenntnis über uns selbst und die Dinge der Welt zu gewinnen, meist sehr unbewusst. Wir interessieren uns für alles Möglichen auf der Welt, aber ganz selten nur für jene wundersame Fähigkeit, die alles sonnengleich mit dem Licht des Bewusstsein erleuchtet. Das hängt mit der eigentümlichen Selbstverborgenheit des Bewusstseins zusammen, die uns noch im MYSTOS-Kapitel weiter beschäftigen wird.

Was wir als normales, waches, klares Bewusstsein erleben, ist eine mit nichts sonst auf der Welt vergleichbare Höchstleistung unseres Nervensystems. Wenn schon alles, was die Evolution hervorgebracht hat, erstaunlich genug ist, so ist doch diese Fähigkeit des Organismus, sich seiner selbst bewusst zu werden, das erstaunlichste Phänomen überhaupt. Man muss sich nur vorstellen, dass jahrmillionenlang alles Leben und alle Entwicklung in einem unbewussten, vielleicht schlafähnlichen, vielleicht traumhaften, instinktiv gesteuerten Zustand ablief, dass die ganze Vielfalt und Schönheit des Lebens vorhanden war, ohne dass dies jemand wirklich wach und bewusst erkannte.

Und dann kam irgendwann dieser ungeheure Entwicklungssprung, dass sich die Atome, Moleküle und Zellen unseres Organismus so anordneten, dass sie miteinander kommunizierten, so dass Sprache, Denken und Selbst-Bewusstsein entstehen konnten! Bis heute wissen wir nicht, was Bewusstsein eigentlich, aber die Wissenschaft beginnt zu erkennen, dass das sich selbst bewusst werdende Ich den differenziertesten Aspekt der bisherigen evolutionären Entwicklung darstellt. Der amerikanische Astrophysiker Brian Swimme beispielsweise schreibt:

> *Das Universum ist ununterbrochen dabei, sich zu entfalten, und fährt stetig fort, sich durch das menschliche Bewusstsein seiner selbst offenbar zu werden [...] Der Mensch bietet den Raum, in dem das Universum seine überwältigende Schönheit empfinden kann [...] Denk Dir das folgendermaßen: Vor der Ankunft des Menschen waren die Erde und das Universum schon grandiose Wirklichkeit. Es gab jedoch noch nichts, was diese Herrlichkeit in all ihrer Tiefe empfinden und würdigen konnte. Durch uns ist einiges im Universum imstande, sich erleben zu lassen [...] Im Innersten des Menschen erbebt das Universum vor Staunen über all diese Wunder [...]*
>
> Brian Swimme[28]

Die Stufen der Bewusstseins-Entwicklung

Verschiedene Philosophen und Psychologen – z. B. Jean Gebser[29], Erich Neumann[30], Willy Obrist[31], Ken Wilber[32] – haben versucht, unter Berücksichtigung der Erkenntnisse der Ethnologie, der vergleichenden Religionswissenschaft, der Entwicklungspsychologie, der Psychologie und der Tiefenpsychologie bestimmte Aspekte des menschlichen Bewusstseins und die Stadien seiner Entwicklung zu beschreiben.

Diese Entwicklung lässt sich nicht nur aufgrund konkreter klinischer Beobachtungen und Forschungen am Menschen von seiner Geburt bis zu seinem Tode, sondern in gewissem Rahmen auch anhand der Bilder und Symbole der Religionen und der Kulturentwicklung rekonstruieren.

Meist geht man heute davon aus, dass sich die großen Stadien der menschlichen Bewusstseinsentwicklung im individuellen Leben wiederholen, d. h. jeder Mensch durchschreitet von seiner Geburt bis zu seiner Reife in relativ gesetzmäßiger Abfolge und bis zu bestimmten individuellen Grenzen die gleichen Stufen, die die Menschheit als Ganzes durchschritten hat. Dabei kann man für eine bestimmte Gesellschaft und Kultur zwar den gegenwärtigen allgemeinen Bewusstseinsstand angeben – wie er sich in der Art der politischen Organisation, dem durchschnittlichen Lebensstil, den geistigen und religiösen Werten spiegelt – aber innerhalb jeder Gesellschaft gibt es darin eine große Spannbreite.

Für eine grobe Orientierung lassen sich dabei drei bis fünf Phasen der Bewusstseinsentwicklung unterscheiden. Auf eine relativ unbewusste, archaische, undifferenzierte Phase (undifferenziert-präpersonale Phase) folgt eine Differenzierung des Bewusstseins in verschiedene Polaritäten (differenziert-personale Phase). In der dritten Phase (integrative, transpersonale Phase) finden diese Polaritäten schließlich ihre Synthese. Hierbei gilt, dass die nachfolgende Phase die vorangegangene transzendiert und integriert, was heißt, dass zwar jeweils eine neue weitere Bewusstseinsdimension, ein vertieftes Welt- und Selbstverständnis gewonnen wird, die Zustände und Erfahrungsdimensionen der unteren Phasen aber natürlich erhalten und wirksam bleiben.

Die folgende kurze Übersicht über die Entwicklung des Bewusstseins in der Menschheitsgeschichte folgt – mit geringfügigen Abweichungen – vor allem der Zusammenschau aller bisher vorliegenden Erkenntnisse, die Ken Wilber auf der Basis vieler anderer Forscher in seinen Werken herausgearbeitet hat.

Die undifferenziert-präpersonale Phase der Bewusstseinsentwicklung

Diese Phase wird auch als archaisch, pleromatisch-uroborisch, vegetativ-animalisch bezeichnet. Auf der Ebene eines präpersonalen Welt- und Selbsterlebens gibt es noch keine klar bewusste Unterscheidungen zwischen Ich und Welt, Ich und Du, Innen und Außen. Die Dimensionen von Zeit und Raum spielen eine geringe Rolle. Es besteht keine deutliche Vorstellung vom Leben und Sterben, es gibt nur unmittelbare Seins-Erfahrung, keine vorausgenommenen existentiellen Ängste, alles ereignet sich überwiegend in einem dauernden gegenwärtigen Strömen und Kreisen des Lebens. Dementsprechend gibt es auch kein ausreichend abgegrenztes Erleben, das sich einem anderen Objekt gegenüber als deutlich abgegrenztes „Ich" empfinden könnte, vielmehr besteht eine Art vorbewusstes Einheits- und Ganzheitserleben, das in der psychologischen Literatur als Symbiose oder Dualunion beschrieben wird.

Auch wenn auf dieser Ebene ein gewisses Bewusstsein (Wachbewusstsein, Körperbewusstsein, Empfindungsbewusstsein, Gefühlsbewusstsein) durchaus vorhanden sein kann, wie es auch bei höheren Säugetieren sehr wahrscheinlich ist, gibt es hier noch kein ganz klares Ich-Bewusstsein, nur allererste Ich-Bewusstseins-Ansätze und „Keime", aus denen sich später das Ich-Bewusstsein differenziert. Wir können über solche Zustände nur relativ wenig aussagen, weil sie „präpersonal" wie auch „präverbal" sind und sich einer sprachlichen Formulierung, die immer auf unterscheidbaren Polaritäten beruht, entziehen. Früh-Kulturen haben darüber auch keine künstlerischen oder schriftlichen Zeugnisse hinterlassen, aus denen wir entsprechende Rückschlüsse ziehen könnten.

Erst später, nachdem der Mensch ein ausreichend stabiles, integrationsfähiges Bewusstsein erworben hat, ist es ihm möglich, sich auf regressive Weise diesem frühen Bewusstseinszustand zu nähern, ohne von ihm aufgelöst zu werden und damit seine Bewusstseinsfähigkeit zu verlieren. Eine solche Regression wird in manchen Therapieformen (z. B. Psychoanalyse, Hypnosetherapie oder holotrophes Atmen) angestrebt. Dabei bleibt aber immer fraglich, ob das, was in solchen Zuständen erfahren wird, tatsächlich dem ursprünglichen Zustand entspricht, weil es ja vor dem Hintergrund der Erfahrung eines erwachsenen Menschen und eines entsprechend geübten und differenzierten Gehirns erfahren wird.

Dieser Phase wird von Erich Neumann das Symbol des Uroborus, der Kreisschlange, die sich selbst in den Schwanz beißt, zugeordnet. Es ist das große Runde und Eine, die ursprüngliche Einheitswirklichkeit, die fortwährend in sich kreist und sich durch die Äonen hindurch bewegt, ohne von sich selbst zu wissen. Es ist der Zustand des Bewusstseins vor dem biblischen „Sündenfall". Die Gegensätze sind noch nicht bewusst getrennt. Diese Phase und auch noch die nächsten stehen symbolisch weitgehend unter der Dominanz des BIOS, der Erde, Natur, der Körper- Trieb- und Instinktwelt. Es lässt sich vermuten, dass dies der bewusstseinsmäßige Zustand des Urmenschen bis etwa 200000 Jahre vor Christus war und in mancherlei Hinsicht dem Zustand des Kindes bis vielleicht ins erste Lebensjahr hinein entspricht.

Die differenziert-personale Phase der Bewusstseinsentwicklung

Diese Phase ist bisher wohl am besten erforscht, und sie entspricht weitgehend den Erfahrungen des durchschnittlichen Menschen heute. Es lassen sich drei Unterphasen deutlicher voneinander abgrenzen:

- Die magische Phase
- Die mythische Phase
- Die rationale Phase

Diese Abgrenzung ist aber vor allem eine logische. Im alltäglichen Leben und in der Bewusstseinsentwicklung treten diese Bewusstseinszustände häufig sehr vermischt, vielfältig wechselnd und auch gleichzeitig nebeneinander auf. Diese Phasen haben gemeinsam, dass sie mit einer zunehmenden Differenzierung, Unterscheidung der Polaritäten wie Innen und Außen, Subjekt und Objekt verbunden sind. Erst in der dritten großen Phase – der integrativen, transpersonalen Phase –, in der sich das Bewusstsein selbst zu reflektieren und seine Abwehrvorgänge zu durchschauen beginnt, kommt es wieder zu einer Integration der getrennten Aspekte und zu einer ganzheitlichen Erlebensweise, die schließlich in der mystischen Einheitserfahrung gipfelt.

Die magische Phase der Bewusstseinsentwicklung

Auf der magischen Bewusstseinsebene beginnen die ersten deutlichen polarisierenden Differenzierungen, z. B. zwischen Subjekt und Objekt, zwischen Ich und Welt. Allerdings wird diese Unterscheidung durch zahlreiche Überlagerungen erschwert, durch die das Erleben der Innen- und Außenwelt immer wieder miteinander verschmelzen.

Zum einen gelingt es dem magisch erlebenden Menschen nicht, bestimmte Seiten seines Wesens als zu sich gehörig zu erkennen. Dabei kann es sich um tabuisierte, angstbesetzte Eigenschaften von ihm handeln oder auch um starke Affekte und Triebe, die so autonom sind, dass er sie nicht genügend kontrollieren kann. Diese (noch) nicht integrierten oder abgespaltenen Seiten erscheinen ihm als Wesenheiten, Dämonen, Geister, die sich seiner bemächtigen.

Zum anderen aber erlebt er bestimmte Vorgänge seiner Umwelt nicht als von ihm unabhängig und autonom, sondern als auf ihn bezogen. Er verfällt immer wieder in einen „egozentrischen" Standpunkt, er glaubt, alles drehe sich um ihn – was in gewisser Hinsicht ja auch stimmt, aber eben nur für ihn und nicht grundsätzlich. Er glaubt, alle möglichen Leute würden dauernd an ihn denken und sich mit ihm beschäftigen und er könne die Welt mit der Kraft seiner Vorstellungen und Gedanken direkt beeinflussen.

Auch der moderne Mensch lebt noch in weit größerem Ausmaß in magischen Vorstellungen und Beziehungen, als ihm bewusst ist. Es lässt sich leicht zeigen, dass wir überall dort, wo wir unbekannten, unverständlichen oder auch besonders emotional belastenden, bedrohlichen Situationen gegenüber stehen, wo unsere wunden Punkte (Komplexe) berührt werden und wir uns hilflos fühlen, sehr schnell auf magische Bewältigungsstrategien zurückgreifen.

Wir denken und erleben meist nur in unseren ruhigsten, entspanntesten und klarsten Momenten rational, „vernünftig“ und „reif“. Sobald wir in Spannung, Stress und Angst geraten, greifen wir in mehr oder weniger starkem Ausmaß auf magisch-symbolisches Denken zurück und verwenden magische Techniken der Daseinsbewältigung. Wir fühlen uns dann schnell vom bösen Schicksal oder den bösen Gedanken anderen Menschen „verfolgt“. Wir erflehen uns himmlischen Beistand oder zelebrieren magische Rituale, wir wollen Kontakt mit Verstorbenen und höheren Geistern aufnehmen, lassen uns ein Horoskop erstellen, überprüfen die aktuelle Gestirnkonstellation, gehen zu Handlesern, Wahrsagern und befragen Orakel.

Die mythische Phase der Bewusstseinsentwicklung
Während auf der magischen Bewusstseinsebene immer noch eine recht ausgeprägte Verschmelzung zwischen Innen und Außen, Mensch und Umwelt vorherrscht, geht der Differenzierungsprozess auf der mythischen Stufe weiter, indem der Mensch zunehmend seine begrenzte Macht und seine Hilflosigkeit erfährt und seine Omnipotenzfantasien zurücknehmen muss, aber auch neue selbstgestalterische Fähigkeiten entdeckt.

Er beginnt Sprache und Zeitgefühl zu entwickeln und sich in differenzierter Weise Vorstellungen und Gedanken über den Ursprung der Dinge, des Universums, des Menschen und der Tiere, über die Naturvorgänge, seinen Körper, die Nahrung, die Sexualität, über Mann und Frau und die Bedeutung seines Lebens und Sterbens zu machen. Auch hier projiziert er natürlich noch vieles aus seiner eigenen Innenwelt auf die Außenwelt, aber es ist nicht mehr er selbst, der das alles gemacht hat, sondern er erkennt zunehmend die Autonomie und Eigengesetzlichkeit der Vorgänge sowohl in ihm als auch in der Außenwelt. Er erinnert sich an Vergangenes und nimmt Zukünftiges vorweg. Er wird sich seiner Sterblichkeit deutlicher bewusst und sucht auf vielerlei Weise, dem Tod zu entgehen, bzw. den Bereich des Todes zu ergründen (Einbalsamierung, Vorstellungen eines Totenreiches, eines Gerichtes, das die Taten seines Lebens beurteilt etc.) Er ist nicht mehr vollständig von seinen Trieb- und Instinktbedürfnissen bestimmt, kann sie aufschieben und kultivieren.

Wenn er sich fragt, woher er eigentlich kommt, realisiert er, dass er sich in der Welt vorfindet, ohne dass er weiß, warum und zu welchem Zweck. Er stellt sich vor, dass er von einem göttlichen Ur-Elternpaar oder einer Ur-Mutter ebenso hervorgebracht wurde, wie seine eigenen Kinder von ihm hervorgebracht werden. Er stellt sich vor, dass die Welt ebenso gemacht wurde, wie er die Dinge zu machen imstande ist: durch eine bestimmte Absicht, einen Plan, einen schöpferischen Willensimpuls und konkrete Handlungen.

Er vermutet, dass es hinter oder über allem noch ein unbekanntes Jenseits, einen Himmel, eine Hölle, eine Überwelt und eine Unterwelt geben müsse, in denen sich alle diese verursachenden inneren und äußeren Kräfte, Gottheiten und Teufel, aber auch seine ihn eigentümlich bewegende Seele befinden. Durch Rituale, Opferhandlungen und Gebete versucht er, die vielen Kräfte und Gottheiten, von denen sein Leben abhängt, günstig zu stimmen. In der Auseinandersetzung mit diesen unbekannten Naturkräften außen und den unbewussten Kräften innen – die oft noch im Außen vermutet werden – lernt er deren Charakteristika und Eigenarten immer besser kennen und unterscheiden.

Im Götterhimmel und Menschenleben der griechischen Mythologie wie auch in vielen anderen Mythologien sind derart differenzierte Lebenserfahrungen zusammengefasst, dass sie auch für den modernen Menschen noch eine schier unerschöpfliche Quelle der Weisheit und Inspiration sein können, vorausgesetzt, er versteht sie symbolisch.

Der mythische Mensch ist nicht mehr überwiegend egozentrisch, sondern soziozentrisch orientiert, d. h. seine Gruppe und das eigene Gesellschafts- und Glaubenssystem mit den entsprechenden Führungspersönlichkeiten stehen im Mittelpunkt. Er identifiziert sich mit ihnen und den kollektiven Werten. Gruppenfremde Menschen werden als bedrohlich und feindselig empfunden. In kollektiven Massenbewegungen (großen Sportveranstaltungen, Demonstrationen, Kundgebungen), die in Bezug auf den individuellen Menschen oft eine stark gleichmachende Wirkung haben, lassen sich die Elemente des mythologischen Bewusstseins (z. B. starke Emotionalisierung, hohe Identifizierung mit der eigenen Gruppe, dagegen Bekämpfung und Verteufelung der anderen, fremden) immer wieder beobachten.

Wie schwierig und mühsam es auch für uns noch ist, die mythische Bewusstseinsebene zu überwinden, erfährt jeder, der versucht, seine eigenen religiösen Glaubensüberzeugungen zu hinterfragen, die in der Regel einem magisch-mythischen Vorstellungssystem entstammen. Die tradierten Gottesvorstellungen, die Autorität und Unfehlbarkeit des Papstes oder den Offenbarungs- und Wahrheitscharakter der Heiligen Schrift zu bezweifeln, ist für viele ein Sakrileg, das mit schweren Ängsten und Schuldgefühlen bezahlt werden muss. Obwohl Papst und Heilige Schrift als symbolische Größen des LOGOS zu sehen sind, ist doch die vorherrschende Bewusstseinslage ihnen gegenüber mythisch. Der LOGOS wird auf eine gottähnliche Gestalt oder eine Jahrtausende zurückliegende Offenbarung projiziert und nicht als eine eigene geistige Kraft, die man selber nutzen kann, gesehen.

Der Beginn der mythischen Phase wird in der Menschheitsgeschichte etwa mit dem Beginn des Ackerbaus auf 7000-5000 vor Christus datiert. Symbolisch-mythologisch dominieren die Symbole des BIOS und des EROS. Das Leben ordnet sich in der Gemeinschaft nach dem zyklischen Verlauf der Jahreszeiten, es werden Blutopfer gebracht, um die Fruchtbarkeit der Erde und den Fortbestand des Lebens zu sichern. In den Mythen treten aber auch erste Heldengestalten auf, die sich aus dem Bereich des Mutterarchetyps und der Situation des kollektiv Eingebundenen herauslösen und Mut zur individuellen Entwicklung haben.

Die rationale Phase der Bewusstseinsentwicklung

Die Phase des rationalen Bewusstseins setzte etwa 2500 vor Christus ein, gekennzeichnet vom Beginn der abendländischen Philosophie und der patriarchalen Kultur. Sie steht zunächst unter dem Symbol des HEROS, des Heldenkampfes. Der Mensch und sein Bewusstsein versuchen sich immer mehr aus der Abhängigkeit von den äußeren Naturmächten und den inneren Kräften der Triebe und Affekte zu lösen. Es kommt zu einer zunehmenden Konstanz und Stabilität des Ich-Bewusstseins, damit verbunden ist eine vermehrte Fähigkeit zur Weltbemächtigung. Das Ich-Bewusstsein orientiert sich zunehmend am LOGOS mit seinen Grundsymbolen des Himmels, der Sonne und des Lichtes.

Historisch und entwicklungsmäßig gesehen war es zunächst ein immenser Fortschritt für die Menschheit, sich aus dem magischen und mythischen Denken mit all seinen Vorurteilen, dem Aberglauben, der Machtausübung und Gewalttätigkeit, der Angst und dem Zwang zu befreien und sich an den Prinzipien der Vernunft, Logik und der wissenschaftlichen Überprüfbarkeit zu orientieren. Erst die Fähigkeit, einen relativ unpersönlichen, unparteiischen, auch über eigene Gruppengrenzen hinweg reichenden Standpunkt einnehmen zu können, ermöglichte letztlich die Konstituierung der Menschenrechte, dem höchsten verbindlichen moralischen Wertesystem, über das wir heute verfügen. Ebenso wurde die Demokratie auf diesem Boden möglich und die Entwicklung der Wissenschaft, einer in vielerlei Hinsicht idealen Institution, weil sie international und methodisch wertneutral angelegt ist und sich der Freiheit und Unabhängigkeit des Denkens und dem Wohl der Menschheit verpflichtet fühlt.

Die Entwicklung des rationalen und damit von subjektiven, emotionalen Einflüssen relativ unabhängigen Denkens ist eine evolutionäre Errungenschaft, die den Menschen erst wirklich zum Menschen macht. Diese Fähigkeit ist die Grundlage von Weisheit, Gerechtigkeit und Toleranz und eines beginnenden globalen Denkens, das über seine eigenen Grenzen hinauszuschauen vermag. Überall dort, wo sie nicht vorhanden ist, herrschen Angst, Zwang, Gewalt.

Die Prozesse der Bewusstseinsdifferenzierung (Unterscheidung, Polarisierung, Abwehr der unbewussten und emotionalen Komponenten, Reduktion von Komplexität und Vielfalt auf deutlich abgrenzbare Muster und Schemata) haben aber in dieser Phase eine starke Neigung, sich zu verselbständigen und zu verabsolutieren. Zu sehr noch ist man fasziniert von den enormen Möglichkeiten, die das freie Denken verspricht. Man glaubt, den Schlüssel zu allen Geheimnissen des Lebens und dessen Kontrolle in der Hand zu haben. Sehr komplexe und vielschichtige Phänomene des menschlichen Lebens, die sich nicht auf einen einfachen logischen Nenner bringen lassen, werden auf einige wenige Faktoren reduziert.

In der Psychologie kennt man den Begriff der Rationalisierung als Bezeichnung für einen sehr häufig angewendeten Abwehrmechanismus, mit dem unbequeme, peinliche, angsterzeugende Aspekte der Persönlichkeit so erklärt werden, dass sie ihren irritierenden, das Selbstwertgefühl störenden Charakter verlieren. Man interpretiert sich die Ereignisse so, dass sie ins eigene System passen. Das geschieht nicht nur im Kleinen, sondern auch im Großen der religiösen, politischen und wissenschaftlichen Systeme: Das Unpassende, das das System aus dem Gleichgewicht bringen könnte, wird als nicht vorhanden weg erklärt.

Ein klassisches Beispiel dafür ist das Verhalten der akademischen Psychologie während der zwanziger und dreißiger bis in die siebziger Jahre des letzten Jahrhunderts hinein. Sie verleugnete unbewusste seelische Vorgänge, weil sie sich einer direkten quantifizierenden Beobachtung entzogen und ließ als einzigen Gegenstand psychologischer Forschung nur all jene menschlichen Eigenschaften und Verhaltensweisen gelten, die man unmittelbar und objektiv von außen erfassen konnte. Auch das Bewusstsein war dementsprechend kein Gegenstand der Forschung. Eine solche Haltung entspricht aber noch nicht einer im besten Sinne wissenschaftlichen Haltung, sondern eher einem magischen Abwehrzauber, der sich mit einem wissenschaftlichen Gebaren tarnt.

Ein wirklich wissenschaftliches Denken dagegen ist bestimmt von dem Bemühen um ein Erkennen und Verstehen des Menschen und der Welt in allen ihren Facetten und in ihrer Ganzheit. Dazu gehört die dauernde Bereitschaft, Einstellungen und Vorstellungen in Frage zu stellen, sie mit den Erfahrungen anderer Menschen zu vergleichen, zu überprüfen, sie zu modifizieren und zu erweitern. Wissenschaftliches Denken muss alles einbeziehen können, es müssen gerade auch Prozesse, die sich im Inneren des Menschen abspielen, seine inneren Erfahrungen, seine Gefühle und Fantasien, seine Kreativität und seine religiös-transpersonalen Seiten, die ja für den Menschen oft von entscheidender Bedeutung sind, mit jeweils adäquaten Methoden untersucht werden.

Um die negativen Wirkungen des rationalen Denkens zu verstehen, muss man sich klarmachen, was seine ursprüngliche Funktion in der Bewusstseinsentwicklung des Menschen gewesen ist. Der Prozess des Unterscheidens von Polaritäten ist ja auf der Ebene des magisch-mythischen Welt- und Selbsterlebens erst in seinen Anfängen. Immer noch hat der Mensch aufgrund der projektiven Verschmelzung von Innen und Außen keinen wirklichen Standpunkt gefunden, um sich und die Welt so verstehen zu können, dass er seinen konkreten äußeren wie inneren Gefährdungen – durch Naturkatastrophen, Nahrungsknappheit, Krankheit etc. – wirksam begegnen könnte.

Der erste Schritt der Projektionsrücknahme ist aber der, dass das äußere Objekt immer „objektiver“ als das erkannt wird, was es ist, während der auf das Objekt ursprünglich projizierte seelische Inhalt weiterhin unbewusst bleibt. Erkenntnis beginnt immer erst außen, was mit der immensen Schwierigkeit zu tun hat, sich selbst und seine eigenen seelischen Voraussetzungen zu verstehen.

Wie schwierig und mühsam es ist, sich selbst und die eigenen projizierten Anteile zu erkennen, erfährt jeder, der beispielsweise eine Selbst-Erfahrung macht oder in einer Partnerschaftskrise versucht herauszufinden, was denn sein eigener Beitrag daran ist. Ganz zwingend haben wir immer den Eindruck, dass es im Grunde am Anderen läge. Die unbewusste Überzeugung „Wenn alle Menschen so wären wie ich, dann wäre die Welt in Ordnung“ bleibt bei uns hartnäckig bestehen. Das Außen und das Innen werden als unabhängige Größen voneinander erlebt, wobei der eigene Standpunkt als der gute und der des Anderen als der schlechte oder zumindest der problematische empfunden wird. Man sieht hier deutlich, wie der egozentrische Standpunkt der magischen Ebene noch durchscheint.

Die integral-transpersonale Phase der Bewusstseinsentwicklung
Die Ich-Bewusstseinsentwicklung führt also mit einer gewissen Notwendigkeit zunächst zu Differenzierungs, Polarisierungs- und Verdrängungsprozessen, in deren Verlauf es in mancherlei Hinsicht zu einer immer besseren Erkenntnis, gleichzeitig aber auch zu einer Abwehr, Distanzierung und „Entfremdung" von einem ursprünglichen, einheitlichen und ganzheitlichen Ausgangszustand kommt.

In der nächsten Phase wird der Einseitigkeits- und Abwehrcharakter der rationalen Phase überwunden. Das Denken kann sich selbst betrachten, in Frage stellen und seine eigenen typischen Begrenzungen erkennen (Erkenntnis- und Wissenschaftskritik). Das Denken wird nunmehr zu einer von mehreren bewusst eingesetzten Funktionen und Hilfsmitteln auf dem Wege zu einem vertieften oder erweiterten Bewusstsein.

Ein solches Bewusstsein vermag das wissenschaftliche Denken und den LOGOS mit den anderen Prinzipien, dem BIOS, HEROS, EROS und MYSTOS zu versöhnen. Natur- und Geisteswissenschaften, Philosophie, Psychologie, Kunst, Religion, Liebe und alltägliches Leben sind nicht mehr sich ausschließende oder anfeindende Bereiche, sondern werden als zur Erlebensgesamtheit des Menschen zugehörig verstanden und gefördert.

Im integralen Bewusstsein werden die verschiedenen Polaritäten des Daseins wieder in ihrer inneren Abhängigkeit voneinander und als Einheit gesehen. Die Spannung der im Bewusstsein als unterschiedlich erlebten Polaritäten kann aus dieser Einsicht heraus positiv ausgehalten werden, ja als Lebensmotor und Grundlage schöpferischen Tuns sogar genossen werden. Unterschiedliche Aspekte des Lebens können gleichzeitig und gleichberechtigt nebeneinander bestehen und zugleich kann das Verbindende und Übergreifende erahnt werden. Die Komplexität des Lebens wird zugelassen. Es kann zu einer neuen Harmonie der Polaritäten kommen, nicht einer Harmonie des Gleichen und Gleichartigen, sondern einer Kontrast-Harmonie.

In diesem Zulassen des Komplexen und Vielschichtigen des Daseins wird auch der egozentrische Standpunkt des Menschen notwendigerweise relativiert. Der Mensch kann sich immer mehr mit dem Gesamt des

Lebens, das er ist und repräsentiert und das in ihm zum Ausdruck kommt, identifizieren. Körper, Seele und Geist werden als Einheit erlebt und diese wiederum werden auch als Ausdruck überpersönlicher, transpersonaler Aspekte empfunden.

Ken Wilber rechnet das integrale Bewusstsein aus systematischen Gründen noch nicht ganz zur transpersonalen Phase, sieht es aber auch als einen Übergang dorthin. Er beschreibt weitere transpersonale Phasen der Bewusstseinsentwicklung, die aber zunehmend unanschaulich werden und deren Gemeinsamkeit in einer immer subtiler und schwerer fassbaren werdenden Erfahrung einer non-dualen Einheitswirklichkeit liegt. Diese Phasen entsprechen in etwa dem, was C. G. Jung versuchte, mit dem Begriff des „unus mundus", der „einen Welt" zu fassen.

Schattenaspekte des LOGOS-Prinzips

Die wesentlichen Schattenseiten des Logos sind seine Neigung zur Vereinfachung und Reduktion von komplexen Zusammenhängen, die Ablehnung und Abspaltung des Emotionalen und des „Unteren", der Erde und der Materie (vgl. Ausführungen im BIOS-Kapitel) und des EROS.

Daraus entstehen häufig idealisierte Schemata und Ordnungs-Hierarchien, die logisch und theoretisch einleuchtend erscheinen, aber praktisch wenig lebbar sind. Menschen orientieren sich dann nach Glaubenssätzen, Dogmen, Modellen und Methoden, die sie in ein geistiges Gefängnis sperren und den natürlichen lebendigen Zugang zu ihrer Körper-Seele-Geist-Ganzheit zerstören. Die verschiedenen Religionen und Philosophien legen von der Gewalt, die damit verbunden sein kann, erschütterndes Zeugnis ab.

Das Leben ist hochkomplex, spielt sich auf vielen Ebenen gleichzeitig ab, nicht nur auf der geistigen. Die besten Einsichten und die höchsten Formen des Bewusstseins lassen sich meist nur kurzfristig und in sonstigen günstigen Situationen aufrecht erhalten (Rückzug, Ruhe, guter Gesundheitszustand, Ausgeschlafensein, sichere Lebens-Grundsituation, förderlicher gesellschaftlicher Hintergrund).

Viele sogenannte geistige Führer, Lehrer, Meister und Gurus predigen ihren Schülern eine illusionäre Lebensform, die sie nur deshalb vorleben können, weil ihre Schüler und Förderer sie finanziell unterstützen und ihnen die Anstrengungen und Konflikte des normalen Berufs-, Partnerschafts- und Elterndaseins abnehmen. Auf diese Weise lässt sich natürlich leicht so tun, als sei ihre Lebensform tatsächlich realisierbar.

Entsprechend der dem LOGOS typischen Eigenheit, sich selbst als das Höchste zu betrachten, werden die geistigen Aspekte der Individuation häufig überbewertet und ihre konkrete Verwirklichung vernachlässigt. Das erkennende Bewusstsein ist als Vorreiter und Motivator für unsere Entwicklung natürlich von großer Bedeutung, weil uns durch dieses erst die Ganzheit und das Wunder des Lebens bewusst wird. Die wichtigsten Fortschritte der Menschheit wurden aber von Menschen, die mitten im Leben standen, geleistet und nicht von weltabgewandten, dem rein Geistigen meditativ zugewandten Einsiedlern. Die geistige Einsicht in die All-Einheit und All-Verbundenheit muss sich verwirklichen in den anderen Aspekten, in der Liebe (EROS), in der alltäglichen Lebendigkeit (BIOS), in der schöpferischen Tat (HEROS).

Abb. 27: *Versuchung der hlg. Antonius,* Matthias Grünewald, Ausschnitt aus dem Isenheimer Altar, 1506 bis 1515, Colmar. Der hlg. Antonius (* vielleicht um 251; † 356) war ein christlicher Mönch und Einsiedler. „Satan" schickte ihm verführerische Trugbilder, die ihn einerseits an die durch seinen streng asketischen Lebenswandel entgangenen Lebensfreuden erinnerten, aber auch Dämonen und Ungeheuer, die ihn peinigten. Tiefenpsychologisch gesehen werden diese Dämonen nicht vom Teufel geschickt, sondern sind Ausdruck des vitalen ungelebten, verdrängten Potenzials, das einen Menschen, der sein natürliches Leben unterdrückt, in Form von Trieb- und Bedürfnisspannungen quält.

Der LOGOS-orientierte Persönlichkeits- und Lebensstil

Menschen, die dem LOGOS-Prinzip nahestehen, lieben es, das Leben aus einer ruhigen, neutralen Distanz heraus zu betrachten, es nach logischen Prinzipien zu ordnen, zu analysieren und zu verstehen. Da es ihnen vor allem darauf ankommt, einen „kühlen Kopf" zu bewahren, findet man sie bevorzugt an kühlen und schattigen Orten, an denen es wenig ablenkende oder erhitzende Reize gibt.

Sie gehen gerne mit Daten, Skizzen, Formeln und Modellen um, sie planen Abläufe und einzelne Schritte für ein Projekt und bevorzugen ein systematisches Herangehen an ihre Aufgaben. An den von ihnen mitgeführten typischen Arbeitsmitteln: Bücher, Tabellen, Manuskripte, Fachzeitschriften, Bleistift und Papier, Diktiergeräte, Laptops, Handys und Tablets sind sie leicht zu erkennen.

Mit ihrer Aufmerksamkeit sind sie selten im „Hier und Jetzt" anzutreffen, sondern sie arbeiten innerlich an zu lösenden Fragestellungen und Problemen. Von ungeklärten geistigen Problemen und Konflikten scheinen sie wie magisch angezogen zu sein. Und wenn es keine Probleme gibt, suchen sie solange danach, bis sie eines gefunden haben. Eine Welt ohne Probleme ist für sie langweilig.

„Wo ist das Problem und wie ist die Lösung?" könnten ihre Grundfragen sein, wobei es sich in der Regel um allgemeinere praktische, technische, wissenschaftliche oder philosophische Problemstellungen handelt, weniger um persönliche Beziehungs- und Gefühlsprobleme, die ihnen wegen ihrer Komplexität, emotionalen Diffusität und Hitze und persönlichen Nähe eher unangenehm sind. Sie sind zwar umfassend lern- und wissbegierig, aber Denksysteme, Theorien und Fakten interessieren sie meistens mehr als einzelne Menschen und allzu konkrete Situationen. Wenn man ihnen mit sehr persönlichen, emotionalen Fragen „auf den Leib" rückt, reagieren sie irritiert, verstummen und ziehen sich schnell zurück.

Sie lassen sich vor allem durch vernünftige Argumente überzeugen, rein emotionale Begründungen oder gefühlsmäßig getroffene Entscheidungen finden sie wenig akzeptabel. Naturgemäß sind sie häufig eher introvertiert, wirken neutral bis ernst, reserviert, nachdenklich oder grüblerisch und können von ihren Gedanken so absorbiert sein, dass sie ihre Außenwelt nicht mehr richtig wahrnehmen („der zerstreute Professor").

Typische Berufsgruppen sind: Geisteswissenschaftler, Naturwissenschaftler, Physiker, Mathematiker, Architekten, Ingenieure, Informatiker, Philosophen, Psychologen (Diagnostiker), Juristen, Theologen, Bibliothekare, Buchhalter, Kritiker, Kontrolleure.

Wenn die Beziehung zum EROS-Prinzip gut ist, können sie gesellige Menschen sein, die mit Geist und Witz, elegant und charmant, schnell und leicht Kontakt herstellen können. Sie können sich leicht in Wort und Schrift ausdrücken, wobei die Leichtigkeit etwas Inspiratives, manchmal aber auch etwas zu Rasches, Oberflächliches und Sprunghaftes mit sich bringen kann.

Ein fehlender EROS kann sich bei ihnen als Unbezogenheit, Misstrauen und Vorsicht gegenüber der Welt, den Menschen und ihren Motiven äußern. Sie beobachten kritisch und nehmen sensibel wahr, was sie von Anderen hören und sehen. Sie analysieren es sofort detektivisch auf ihre verborgenen, problematischen oder negativen Aspekte hin. Sie sind kontaktunsicher und es dauert lange, bis man mit ihnen in einen warmen, herzlichen Kontakt treten kann. Sie haben an sich selbst hohe Ansprüche und erwarten diese indirekt auch bei anderen. Sie strahlen Kontrolle, Beherrschung, aber auch Perfektionismus und Souveränität aus und verursachen bei anderen Menschen oft Minderwertigkeitsgefühle und Hemmungen. Man fühlt sich von ihnen intensiv beobachtet und im Hinblick auf eigene Schwächen gnadenlos „durchschaut". In ihrer schlimmsten Ausprägung führt die fehlende emotionale Beziehung zur Kälte, Sadismus, Hartherzigkeit, kalter Berechnung.

Wenn die Beziehung zum HEROS-Prinzip positiv ist, können sie revolutionäre Neu-Denker sein, die mit ihrer Logik immer tiefere und weitere Bereich durchdringen und erschließen wollen.

Wenn eine förderliche Beziehung zum HEROS-Prinzip fehlt, fehlt ihnen die progressive, Grenzen überschreitende und ins Neuland vordringende Energie. Ihr Denken hat dann vielleicht etwas Gehemmtes, Zaghaftes, Zauderndes und Zögerndes, es fehlt ihnen die Entschlusskraft und sie können grüblerisch die immer gleichen Gedanken denken, umkreisen, vertiefen, ohne zu einem definitiven Ergebnis zu kommen. Sie bevorzugen vielleicht traditionelle Gedankengebäude und Glaubenssysteme, die sie weiter differenzieren und ausbauen, die aber ihr grundsätzliches Sicherheitsbestreben nicht gefährden, sondern festigen. Sie werden zu gewissenhaften, strengen Hütern etablierter Werte und Tugenden wie Ordnung und Sauberkeit.

Wenn ihr Denken durch BIOS gut geerdet ist, erhält es einen lebensnahen, pragmatischen Bezug. Die konkrete, praktische Anwendung wird dann nicht aus dem Auge verloren.

Die fehlende förderliche Beziehung zum BIOS-Prinzip zeigt sich vor allem in ihrer Schwierigkeit, mit dem alltäglichen Leben und den körperlichen Bedürfnissen in gutem Kontakt zu sein. Wenn sie zudem intuitiv sind, neigen sie leicht dazu, „abzuheben", nur noch „im Kopf" oder der Fantasie zu sein und den „Boden unter den Füßen zu verlieren" – „bodenloser Leichtsinn" kann die Folge sein. Sie sind dann vielleicht idealistische Träumer und Visionäre, die Zukunft bedeutet ihnen mehr als die Gegenwart. Sie denken dauernd darüber nach, wie man die Dinge verbessern oder verändern könnte, scheitern aber an den vielen notwendigen kleinen Schritten und vergessen dabei noch ihre unmittelbarsten Bedürfnisse wie Hunger, Schlaf und Sexualität.

Wir finden hier auch körper- und lebensfeindliche Asketen und Theoretiker, denen alles Materielle und Körperliche nur eine lästige Pflicht und Last ist und deshalb so gut wie möglich „abgetötet" werden muss. Das Schicksal der Erde und der Menschheit ist ihnen relativ gleichgültig, wichtig sind die universalen Ideen und ewigen Wahrheiten. Die Luft aber ist ein leicht bewegtes Element. So kann der nicht geerdete Geist unstet und rastlos suchend sein, alles betrachtend, alles beobachtend, aber niemals zufrieden und erfüllt. Das luftig-dünne Element und die Höhe machen einsam und kalt. Hier begegnen wir Eigenbrötlern und Sonderlingen.

Eine gute Beziehung zum MYSTOS kann ihrem Denken schöpferische Kraft und visionäre Intuitionen schenken. Dann sind sie oft an den letzten Fragen und Dingen der Existenz brennend interessiert und können viel Zeit der philosophischen Betrachtung und der Meditation widmen. Manche von ihnen streben die höchsten Stufen des menschlichen Bewusstsein an.

Fehlt der Bezug zum MYSTOS dann kann ihre Vorliebe für das „Objektive", die Wahrheit, Gerechtigkeit und Ordnung leicht zwanghafte Züge annehmen. Sie wirken dann sehr trocken, ernst und nüchtern. Allem Spontanen, Emotionalen, Fantasievollen setzen sie Regeln, Vorschriften, Gebote und Verbote entgegen. Der Begeisterung und Leidenschaft begegnen sie mit Pflicht und Verantwortung, der Freude mit Sachlichkeit, dem Humor mit Sarkasmus und Zynismus, dem Geheimnisvollen und Rätselhaften mit Vernünftigkeit. Sie werden dann leicht zu rechthaberischen Prinzipienreitern und moralisierenden, besserwissenden Wahrheitsfanatikern.

Abb. 28: Die weiße Tara (zeitgenössische Darstellung von Otgo Otgonbayar Ershuu, 2004, www.wikimedia.org) ist eine der 21 Taras. Als Tara wird im Buddhismus und anderen indischen Religionen eine weibliche, friedvolle Manifestation erleuchteter Weisheit bezeichnet. Ihre sieben Augen (3. Auge, Auge in Handflächen und Fußflächen) symbolisieren höchstes Bewusstsein und ihre Fähigkeit, jegliches Leid schauen zu können.

Das LOGOS-Prinzip in Selbst-Erfahrung und Therapie

Der Logos ist die Grundlage fast aller psychotherapeutischen Verfahren und Selbst-Erfahrungsmethoden. Heilung und Selbstentfaltung sollen durch Einsicht, Erkenntnis, durch Verstehen und Bewusstmachen gefördert werden. Ganz speziell findet es Anwendung in den analytischen und tiefenpsychologischen Verfahren, in den verschiedenen Ansätzen der kognitiven Verhaltenstherapie und auch in der Logotherapie.

Bewusst gemacht werden sollen – allerdings nicht nur verstandesmäßig, sondern vor allem auch mit den damit verbundenen Gefühlen und Affekten – unbewusste Konflikte, Komplexe, traumatische Erfahrungen, seelische Entwicklungsprozesse, unbewusste Denkgewohnheiten, verdrängte Gefühle und Affekte, hemmende Einstellungen, Werte und Glaubensüberzeugungen, schattenhafte Persönlichkeitsanteile, natürlich auch Begabungen, unentwickelte Potenziale und positive Eigenschaften, die bisher nicht wahrgenommen und realisiert werden konnten.

Da alle diese Bereiche in der Regel aus dem bisherigen bewussten Erleben ausgeschlossen waren, wird ihrem Bewusstwerden natürlicherweise Misstrauen, Angst, auch Schuld und Scham entgegengesetzt. Die Psychoanalyse hat eine Vielzahl von Abwehrmechanismen beschrieben, mit deren Hilfe wir versuchen, solche Aspekte unseres Lebens fernzuhalten und die mit ihnen verbundene Angst und Scham besser zu bewältigen. Einige von ihnen sind in die Umgangssprache eingegangen und zum allgemeinen Erkenntnisgut geworden, wie z. B. Unterdrückung, Verdrängung, Projektion und Rationalisierung.

Die unbewussten Seiten unseres Wesens sind uns nicht direkt zugänglich, auch wenn wir uns sehr darum bemühen. Wir haben an den betreffenden Stellen einfach einen blinden Fleck. Sie können deshalb nur indirekt erfahren werden, z. B. in unseren Symptomen und Fehlleistungen, unseren Träumen und Fantasien, in spontanen, „verrückten“ Einfällen, in unseren Lieblingsgeschichten, -filmen und -witzen. Da andere Menschen, die mit uns näher zusammenleben und uns besser kennen, ihren blinden Fleck in der Regel nicht an der gleichen Stelle haben, können sie uns auch einige deutliche Hinweise geben. Je mehr ehrliche Reaktionen wir von unserer Umwelt bekommen, desto besser können wir uns adäquat einschätzen. Hierin liegt auch einer der großen Vorteile der Selbsterfahrungsgruppen.

Therapeuten, deren Modell überwiegend vom LOGOS geprägt ist, haben häufig die Einstellung oder Fantasie eines Forschers, eines Wissenschaftlers, eines Archäologen oder eines Seelen-Chirurgen, der präzise und sauber in der Lage ist, den neurotischen Krankheitsherd aus dem Gesamtorganismus der Psyche heraus zu präparieren und zu entfernen. Ihre Haltung ist dann häufig durch Struktursetzung, Distanz, Neutralität und Abstinenz gekennzeichnet. Das Behandlungssetting muss möglichst klar und eindeutig sein, damit keine Störvariablen subjektiver und emotionaler Art von seiten des Helfers die („wissenschaftliche") Untersuchung des vorliegenden Phänomens erschweren.

Die angewendeten Interventionen sind meist verbaler Art: Fragen stellen, Sachverhalte klären, präzisieren, sichten, ordnen, unbewusste Zusammenhänge und Hintergründe analysieren, deuten, erklären, rekonstruieren. Der Behandlungsraum wird oft reizarm, neutral, sachlich, nüchtern, übersichtlich eingerichtet sein, schwarze, weiße oder graue Farbtöne, Glas, Metall und andere kühle Materialien werden vorherrschen. Der Therapeut wird formelle Kleidung bevorzugen (Anzug, Arztkittel). Komponenten, die auf Emotionen, Sinnlichkeit, Erotik und Persönliches hinweisen, werden nur sehr vorsichtig vertreten sein oder streng gemieden.

Ein anderes Modell innerhalb des LOGOS ist beispielsweise das des Mentors, Gurus und des „Alten Weisen". Er hilft dem Klienten durch sein Wissen um menschheitsgeschichtliche und übergeordnete Zusammenhänge, seine Situation und sein Leiden unter einer erweiterten Perspektive zu sehen und dabei Entlastung zu erfahren. Wir erleben, dass wir mit unseren wesentlichen Geheimnissen, Fantasien, Gefühlen, Bedürfnissen und Konflikten nicht allein auf der Welt sind und dass es trotz so vieler trennender Unterschiede zwischen den Menschen auf einer tieferen Ebene doch auch erstaunlich viele Gemeinsamkeiten gibt.

An diesen beiden Aspekten des LOGOS-orientierten Helfers (dem Wissenschaftler und dem „Alten Weisen") wird noch einmal deutlich, dass jedes der fünf Prinzipien aus einem Bündel sehr verschiedener Facetten mit ihren jeweiligen Vorzügen und Schattenseiten besteht, die alle ihre spezifische Bedeutung in Therapie und Selbst-Erfahrung haben können.

So gibt es nicht nur den guten oder bösen Vater, sondern es gibt eben das LOGOS-Prinzip, das sich manchmal als Vater, manchmal aber auch als Wissenschaftler, als Philosoph, als Pfarrer, als Polizist, als Richter, als Lehrer, als Chirurg, als Politiker, als „Alter Weiser" in den menschlichen Beziehungen wie auch in den unbewussten Vorgängen, den Träumen und

Übertragungsfantasien manifestiert und symbolisiert. Alle diese Facetten haben ihre jeweils spezifischen Interaktions- und Beziehungsmuster und ihre spezifischen Möglichkeiten, bei Problemen Hilfestellung zu leisten.

Die Schattenseiten des LOGOS liegen u. a. in einer lebensfernen, unpersönlichen, rollenhaften therapeutischen Beziehung, die die Klienten emotional und beziehungsmäßig verhungern lassen. Methoden, Regeln, Prinzipien und Abstraktionen werden dann über das Leben und das einzelne Individuum gestellt. Aus psychischem Leben werden – wie man aus der entsprechenden theoretischen Literatur leicht entnehmen kann – Objekte, Apparate, Behälter, Mechanismen und messbare physikalische Vorgänge. Dadurch werden sadistisch-masochistische, paranoide und selbstentfremdende Interaktionen gefördert.

Eine weitere spezifische Problematik dieses helfenden Beziehungsmusters ist der Umgang mit den „unteren“ oder „niederen“ Bereichen der Persönlichkeit (z. B. Sexualität, Oralität, Aggression, Besitzstreben und narzisstischen Bedürfnissen) oder mit dem „profanen“ Alltag. Es besteht die Gefahr, dass damit verbundene Probleme und Bedürfnisse nicht ausreichend wahrgenommen und bearbeitet werden, weil sie als unwesentlich oder sogar als hinderlich und störend eingestuft werden.

Auch das Umgekehrte kann der Fall sein: Helfer, die z. B. ihre eigenen Trieb- und Instinktseiten nicht leben, können versuchen, dies indirekt über ihre Klienten zu tun, indem sie sich mit deren diesbezüglichen Problemen ausgiebigst voyeuristisch beschäftigen. Damit können sie sich selber ihrer „reinen“ Geistigkeit weiter erfreuen, sich überlegen fühlen, den Klienten zum kleinen, ewigen Sünder und Normalmenschen stempeln und dennoch am „Sündhaften“ und Allgemeinmenschlichen partizipieren.

Hier findet sich auch der Heuchler-Schatten. Weil sie sich ihre eigenen Schwächen und Fehler nicht zugestehen können, zeigen sie statt weiser Menschlichkeit fassadenhafte Übermenschlichkeit, hinter der sich heimliche Aggression, rigider Dogmatismus, Menschenverachtung und Intoleranz verbergen. Dies mag sich beispielsweise in einer gnadenlosen „Entlarvungstendenz“ oder einem harten Wahrheitsfanatismus äußern. Um sich in ihrer Menschlich-Allzumenschlichkeit nicht zeigen zu müssen, verbergen sie sich hinter einem Regelwerk der Abstinenz (Enthaltsamkeit von persönlichen Bedürfnissen).

Heilende „Abstinenz“ ist eine Kunst, ein äußerst feiner und zuweilen sehr schwieriger Balanceakt zwischen toleranter Nicht-Einmischung und persönlicher, dialogischer Beziehung. Therapeutische Abstinenz ist nicht hauptsächlich eine äußerlich angenommene Haltung, die sich in einzuhaltenden Regeln, Schweigegeboten, bestimmten Settings o. ä. zeigt, sondern vielmehr eine innere Einstellung der Toleranz, Akzeptanz und Liebe, durch die die Freiheit, Selbstbestimmung und Würde der Klienten gewahrt und der Prozess der Individuation gefördert wird.

Auch wenn die LOGOS-orientierten Richtungen in den letzten Jahren vielfältige Kritik – insbesondere wegen ihrer dogmatischen Einseitigkeit – erfahren haben, so bleibt die Selbsterkenntnis, die Bewusstmachung bislang unbewusster Persönlichkeitsaspekte, doch einer der wesentlichen Heil- und Wirkfaktoren. Jeder Mensch hat ein spontanes, natürliches Interesse, sich selbst in seiner Eigenart und als Resultat einer Entwicklung besser zu verstehen. Einsichtsfähigkeit und Bewusstheit sind sehr wahrscheinlich die höchsten psychischen Funktionen, die der evolutionäre Prozess bisher hervorgebracht hat, und sie verhelfen uns wie keine andere Fähigkeit zur Freiheit und schöpferischen Verwirklichung unseres Potenzials. Wir müssen uns nur bewusst halten, dass alle unsere Erkenntnisse beschränkt sind, dass wir uns niemals vollständig analysieren und verstehen können, dass wir selbst ständig im Fluss sind und immer wieder Neues über uns erfahren können.

Quintessenz

- **Sei Dir selbst ein Licht!**

Es wird überliefert, dass Gautama Buddhas letzte Worte auf seinem Sterbebett waren: „Sei Dir selbst ein Licht!" Damit betont er, wie entscheidend für Dein Leben die gute Entfaltung des Logos ist. Es geht also darum, dass Du Deiner eigenen Erkenntnisfähigkeit trauen lernst. Natürlich kannst Du nicht alles aus Dir heraus alleine lernen. Du bist angewiesen auf die Kenntnisse und Erfahrungen vieler anderer Menschen, und es macht viel Freude, von ihnen zu lernen. Deine Aufgabe aber ist, alles immer wieder mit Deinen eigenen Erfahrungen zu überprüfen und nicht blindlings irgendeinem Glaubenssystem zu folgen.

Die Haltung oder die Einstellung, die der Buddha Dir hier nahelegt, ist wissenschaftlich im besten Sinne. Gehe davon aus, dass alles, was Du weißt und was andere Menschen wissen, Hypothesen, Denkmodelle, vorläufige subjektiv gefärbte Annahmen sind. Lass Dich niemals von Theorien und Modellen versklaven, sie können immer nur einen allerkleinsten Teil des Lebens verständlich machen.

Verwechsle nicht die Landkarte mit der Landschaft. Das Leben ist immer komplexer und vielschichtiger als wir ahnen. Immer gibt es einen Bedeutungsüberschuss. Wenn eine Theorie nichts Neues mehr bringt und Dein Bewusstsein einzuengen beginnt, dann musst Du Dich davon lösen, damit sie Dein Bewusstsein nicht unnötig beschränkt und Du Deine Freiheit und Deine Lebensräume beständig erweitern kannst. Habe Mut, Dich Deines eigenen Verstandes zu bedienen und wirf den geistigen Ballast von überholten Ansichten, Glaubenssystemen, Dogmen, Modellen über Bord.

- **Achtsamkeit: Entdecke das Kleinod in der Lotosblüte!**

Warte nicht auf die große Erleuchtung oder die letzte höchste Einsicht. Erkenne, dass Dein jetziges klares Bewusstsein von Dir selbst und der Welt bereits ein Juwel in höchster Vollendung ist. Freue Dich daran und genieße es, so oft Du nur kannst. Halte immer wieder einmal inne und nimm bewusst wahr, was Du im gegenwärtigen Augenblick erlebst, nicht, um irgend etwas damit zu tun oder zu erreichen, sondern einfach nur, um das Licht des Bewusstseins, das Dir den Tag und die Welt erhellt, möglichst dankbar auszukosten.

Sei einfach ohne Absicht offen und achtsam. Versuche, Dich unmittelbar mit dem, was ist, in Berührung zu bringen, ohne es irgendwie einzuordnen, zu vergleichen oder zu bewerten. Schau einfach hin, beobachte einfach, was ist und wie es ist. Streng Dich nicht an und verkrampfe Dich nicht, weil Du etwas Besonderes erreichen willst. Befreie Dich von dem Druck, jetzt gleich irgend etwas damit tun zu müssen. Genau das, was jetzt ist, was Du wahrnimmt, fühlst, denkst, fantasierst, ist bereits ein unbeschreibliches Wunder, die Fülle des Lebens, die sich Dir bedingungslos schenkt.

Das ist auch das Wesen der Achtsamkeits-Meditation. Meditation mag sich für Dich vielleicht schwierig oder kompliziert anhören und es gibt tatsächlich auch eine Vielzahl von Meditationsmethoden, die Dir nicht weiterhelfen. Sie sind zeit- und kulturabhängig und nur für wenige Menschen in unserer heutigen Zeit geeignet. Wohlwollende Achtsamkeit hingegen ist einfach und unmittelbar, bedarf keiner Körperhaltungen, keiner Exerzitien, keiner Einschränkungen, ist überall möglich. Man kann nichts falsch machen. Tiere können es, Kinder können es. Gönne Dir nur immer wieder einmal, dort wo Du bist, einfach mit allen Deinen Sinnen und Deinem Bewusstsein anwesend zu sein, um das Wunder des gegenwärtigen Augenblicks zu würdigen. Wenn Deine Aufmerksamkeit woanders hin schweift, ist das kein Problem: Die Weisheit der inneren Selbstregulation muss möglicherweise gerade etwas anderes vor Augen bzw. ins Bewusstsein führen, damit es die damit verbundenen kleineren oder größeren Entscheidungen besser tätigen kann.

Wenn Du zur Achtsamkeit eine kleine Hilfe brauchst: Lass Dir Zeit, entspanne Dich und gehe in aller Ruhe Deine vier psychischen Orientierungsfunktionen durch.

Wahrnehmung: Nimm bewusst wahr, was Dir Deine Sinne vermitteln, was Du siehst, hörst, riechst, schmeckst, tastest, was Du körperlich erlebst. Beobachte, wie Dein Körper spricht: wie Du gerade atmest, wie sich die Bauchregion anfühlt, wie Dein Herzschlag ist, wie Deine Haltung, Deine Gestik, Deine Gesichtsmimik ist, welche körperlichen Impulse Du spürst, wie Dein ganzes körperliches Befinden ist.

Fühlen: Fühle Deine Gefühle, wie es Dir stimmungsmäßig geht, ob Dir der gegenwärtige Zustand angenehm oder unangenehm ist, wie sich Deine Gefühle in Deinem Körper zeigen.

Denken: Nimm Deine Gedanken wahr, das, womit Du gedanklich gerade beschäftigt bist.

Intuition: Lass Deiner Fantasie freien Lauf und versuche zu erspüren, was sich hinter den äußeren Erscheinungsformen verbirgt. Achte auf symbolische Ereignisse und merkwürdige Zusammenhänge.

Mit Hilfe Deiner vier Orientierungsfunktionen bekommt Du einen gesamtheitlichen Eindruck dessen, was jetzt gerade ist.

- **Gewinne inneren Abstand!**

Durch das Bemühen, Deine körperliche Befindlichkeit, Deine Wahrnehmungen, Gefühle, Ängste, Fantasien und Wünsche wahrzunehmen, zu fühlen, auszudrücken und zu formulieren, also zu „objektivieren", entwickelst Du allmählich die zur Lebensbewältigung so ungemein wichtige Fähigkeit der Distanzierung und Relativierung.

Diese Fähigkeit, durch Selbstbeobachtung von sich selbst etwas Abstand zu gewinnen, darf aber nicht mit solchen krankmachenden Distanzierungen von sich selbst verwechselt werden, die durch Abspaltung und Verdrängung wesentlicher Gefühle zustande kommen und die zu einer Selbstbetäubung und Abstumpfung führen. Die reife Distanzierungsfähigkeit zeichnet sich dadurch aus, dass Du die Eigenart Deines Wesens immer mehr und deutlicher wahrnehmen kannst und dass Du – gerade durch eine tiefgreifende Akzeptanz – innerlich ein wenig mehr Abstand davon gewinnst. Du kannst Dich in Deiner Relativität gelassener, gewährender, humorvoller nehmen und brauchst Dich nicht so verbissen und ernsthaft zu verteidigen.

- **Der „Innere Zeuge": Erschließe Dir den Zugang zum reinen Bewusstsein!**

Durch Deine Achtsamkeit kannst Du auch leicht beobachten, dass es einen Bewusstseinssustand in Dir gibt, der sich immer gleichzubleiben und von den verschiedensten Inhalten des Wahrnehmens, Fühlens, Denkens, Ahnens und Fantasierens nicht berührt zu werden scheint. Psychische Vorgänge erscheinen in ihm wie die vorüberziehende Wolken am blauen Himmel. Das ist der „Innere Zeuge", Dein ungetrübtes, klares Bewusstsein, Dein Bewusstsein „an sich". Es ist wie ein reiner Spiegel, der nichts ausschließt, der nichts festhält. Je mehr Du empfindest, das dies auch ein Zustand Deines Wesens ist, desto freier und entspannter fühlst Du dich. Die Erfahrung des „Inneren Zeugen" ist ein wesentlicher Zugang zu einem gelassenen, freien und transpersonalen Bewusstsein.

• Erkenne Dich selbst, erkenne Dein wahres Selbst!

Erkenne Dich selbst und entdecke Dein wahres Selbst, die Einheit und Ganzheit, die Du in jedem Augenblick bereits bist. Tu das nicht aus einem Pflichtgefühl heraus, sondern aus Freude und Neugier an dem unbekannten Wesen, das Du bist. Das geht aber nur, wenn Du Dich grundsätzlich annimmst und Dich frei machst von Selbstvorwürfen und destruktiver Selbstkritik. Das Allerwenigste was Du bist und was in Dir ist, hast Du selber bewusst und absichtlich erzeugt, das Meiste ist Ausdruck der autonomen Entfaltung Deiner angeborenen Natur, die sich fortwährend selbst reguliert, verändert und entfaltet, ohne dass Dein Bewusstsein eingreifen kann. Beobachte mit wohlwollender Achtsamkeit Deine inneren Vorgänge, Deine Motive, Deine Bedürfnisse und frage Dich immer wieder: „Wer bin ich eigentlich wirklich? Was fühle ich eigentlich wirklich? Was will ich eigentlich wirklich?"

Du kannst dies für Dich alleine tun, vielleicht mit Hilfe von Büchern, in denen Dir systematisch Fragen gestellt werden, vielleicht mit Hilfe eines Tagebuchs oder durch Beobachtung Deiner Träume, in denen sich auch oft Deine Wünsche, Ängste, Konflikte, Sehnsüchte und Begabungen spiegeln. Nutze vor allem aber auch die Möglichkeiten, die Dir durch den Kontakt mit anderen Menschen gegeben sind.

Überwinde Deine Scheu, über Deine inneren Vorgänge mit anderen Menschen, mit Partnern und Freunden zu sprechen. Du kannst sicher sein: Je ehrlicher und offener Du bist, desto mehr entdeckst Du, dass auch andere zu Dir ehrlich und offen sind und häufig ähnlich empfinden wie Du. Das Allerpersönlichste ist oft auch das Allgemeinste. Unsere tiefsten Bedürfnisse und Ängste sind die gleichen wie bei allen anderen Menschen, auch wenn sie sich an der Oberfläche in den eigenartigsten Formen und Gestaltungen zeigen.

• Nutze die vielen Möglichkeiten der Selbst-Erfahrung!

Eine sehr gute Möglichkeit der Selbsterkenntnis bieten Selbsthilfe- und Selbst-Erfahrungsgruppen und tiefenpsychologische Therapien. Was Du hier vor allem lernst ist Introspektionsfähigkeit, die Achtsamkeit auf Deine seelischen Vorgänge, die Fähigkeit, Dich in Deinen hintergründigen Wünschen und Motiven, in Deinen unbewussten Reaktionen zu spüren und besser kennen zu lernen.

Zu dieser differenzierten Achtsamkeit findest Du aber nicht nur oder hauptsächlich durch ein Analysieren, Erklären und Deuten von unbewussten Zusammenhängen, sondern schon allein dadurch, dass Du in einer zwischenmenschlichen Situation ermutigt wirst, Dich in Deiner Wahrheit und Wirklichkeit zum Ausdruck zu bringen.

Es gibt einfach keine bessere Möglichkeit, um Bewusstheit zu gewinnen und zu differenzieren, als die Formulierung von eigenen Wünschen, Fantasien, Gefühlen, Empfindungen und deren Mitteilung an einen anderen Menschen, der versucht, sich einzufühlen, zu verstehen, der nachfragt, vertieft. Das hängt damit zusammen, dass andere Äußerungsformen wie z. B. nonverbales, körpersprachliches, mimisches Verhalten nicht klar und eindeutig genug sind.

Du kennst das ja auch aus Deinen sonstigen Beziehungen: Es reicht Dir nicht aus, wenn Dir ein Mensch freundlich, zärtlich zugewandt ist, Du willst auch gesagt bekommen, wie er zu Dir steht, dass er Dich mag oder liebt. Das konkrete Aussprechen wirkt klärend, erlösend, befreiend.

- **Die Wahrheit macht Dich frei!**

Bemühe Dich um innere Wahrhaftigkeit, Aufrichtigkeit, Ehrlichkeit in jeder Hinsicht, vor allem natürlich vor Dir selbst. Mach' Dir selber nichts vor. Sei, wie Du wirklich bist und ermutige andere Menschen, auch die zu sein, die sie sind.

Es ist in vielen Fällen aber nicht möglich und auch nicht gut, anderen Menschen gegenüber in jeder Hinsicht offen und ehrlich zu sein, zumal sich Deine Stimmungen, Meinungen, Einstellungen und Überzeugungen immer wieder ändern. Du musst deshalb sorgfältig abwägen, wie viel Du von Deiner momentanen Wahrheit und Wirklichkeit anderen Menschen mitteilst. Morgen kann sie sich ganz anders anfühlen. Vorsichtig abwarten und schweigen ist oft weiser als zu schnell zu reden. Diplomatie ist eine hohe Kunst.

Aber für Dich selbst bleibe bei der Wahrheit und versuche immer tiefer, Deine Wahrheit kennen zu lernen. Sie wird Dich frei machen. Wenn Du auf dem Boden Deiner Wahrheit angekommen bist, wirst Du feststellen, dass sie mit Liebe, Lebendigkeit, Stärke und dem schöpferischen Mysterium untrennbar verbunden ist und dass es Dir ein tiefes Bedürfnis ist, immer mehr danach zu leben.

- **Stehe zu Deinem Nicht-Wissen!**

Gestehe Dir ein, dass Du von den meisten Dingen so gut wie nichts wirklich weißt. Das Wissen der Menschheit verdoppelt sich alle fünf bis zehn Jahre. Es gibt kein einzelnes Wissensgebiet mehr, dass Du vollständig erfassen könntest. Über die meisten Dinge des Lebens hast Du nur oberflächliche Meinungen und Vorurteile.

Die Weisheit des Sokrates „Ich weiß, dass ich nichts weiß" ist im Grunde eine einfache Tatsache, die auf jeden Menschen zutrifft, auch auf dich. Dies sollte Dich aber nicht resignieren lassen, sondern Dich von der drückenden Last des Rechthabens und Besserwissens, mit der Du Dir und anderen Menschen das Leben schwer machst, befreien. Aus der Einsicht in Deine Unwissenheit heraus kannst Du naiv und neugierig an alle Dinge der Welt herangehen und bist bereit, ein Leben lang zu lernen.

Stehe auch zu Deinen Fehlern und Irrtümern und mache Dir klar, dass alle Menschen durch Versuch und Irrtum lernen und Du oft erst hinterher wissen kannst, was das Richtige gewesen wäre. Auch wenn andere Menschen vielleicht so tun, als seien sie fehlerlos und als wüssten sie etwas ganz genau, kannst Du sicher sein, dass diese nur so „tun, als ob" und dies nur vordergründig so aussieht. Das Leben, die Natur und alles Lebendige in ihr sind ein einziges großes schöpferisches Mysterium. Wir kennen nur kleine Ausschnitte vom Ganzen. Alles ist ein ständiger Prozess der Entwicklung und des Wandels. Was heute gültig ist, ist morgen überholt. Niemand ist in der Lage, ganz sicher zu wissen, was in einem bestimmten Augenblick das Richtige und das Beste ist. Sicherheit existiert nirgends. Mit dieser Offenheit und Freiheit musst Du leben lernen.

- **Die Gedanken sind frei: Schenke Deinen Gedanken schöpferischen Frei- und Spielraum!**

Du kannst in Deinen Gedanken und Fantasien ganz frei sein. In Deinem Verhalten bist Du vielfältig eingeschränkt, nicht aber in Deinen Gedanken. Du hast vielleicht gelernt, dass Du bestimmte Gedanken, Empfindungen, Gefühle und Fantasien nicht haben solltest, dass sie schlecht und verboten sind. Sie sind aber unbewusst doch vorhanden, und es kostet Dich viel Energie, sie dauernd zu verdrängen. Mach Dich in dieser Hinsicht frei von allen Ängsten, von allen Schuldgefühlen, von aller Scham, von allen Verboten und Geboten. Lass Dir von niemandem mehr bestimmen, was Du denken, fühlen und fantasieren sollst und was nicht. Befreie Dich auch von Deinen eigenen inneren Fesseln, die Du Dir auferlegt hast, Deinen Meinungen und Urteilen, Deinen heiligen Überzeugungen, Deinen Prinzipien, Deinen inneren Autoritäten. Es gibt nichts auf der Welt, was Du nicht denken, nicht wissen und nicht fantasieren darfst. Genieße das wundervolle Gefühl der inneren Freiheit und lass es Dir niemals mehr nehmen.

• Lerne die Kreativität und Weisheit der Symbole kennen!

Lerne, die Welt auch unter symbolischer Perspektive zu sehen. Es gibt zwei Arten des Denkens, die beide notwendig sind und sich ergänzen: die rationale und die symbolische. Das rationale Denken ist Dir meist vertraut, das symbolische weniger, zumindest hast Du wahrscheinlich kein Bewusstsein dafür entwickelt.

Die symbolische Betrachtung ist ganzheitlicher, vieldeutiger und intuitiver. Du kannst mit ihrer Hilfe Dinge wahrnehmen, die sich nicht unmittelbar logisch ableiten lassen, Du kannst „ins Herz der Dinge lauschen". Sie macht Dein Leben vielfarbiger, lebendiger, kreativer.

Du kannst überall damit anfangen. Du brauchst Dich nur zu fragen: „Was könnte das symbolisch, d. h. bildhaft oder im übertragenen, weiteren Sinn heißen?" „Was drücke ich beispielsweise damit aus, dass ich heute diese Kleiderfarbe gewählt oder diese Körperhaltung eingenommen habe?" „Was sagen meine Träume, Hobbies, meine Lieblingswitze, meine Lieblingsgeschichten über mich, wenn ich sie symbolisch sehe?"

Die symbolische Betrachtungsweise bedarf allerdings einer gewissen Lockerheit und auch des Humors, denn es gibt immer viele Möglichkeiten, die gleiche Sache zu betrachten, und Du kannst nie sicher sein, ob Deine Deutung die richtige ist.

• Lerne begeistert solange Du lebst!

Lernen ist vielleicht für Dich durch Deine Kindheit und die Schule mit unangenehmen Assoziationen verknüpft. Du musstest vieles lernen, was Du nicht wirklich verstehen konntest oder was Dich nicht interessiert hat, und Du wurdest dauernd kritisch bewertet. Jetzt bist Du in einer neuen Situation.

Du kannst alles lernen, wozu Du Lust hast: Neue Sprachen, ein Musikinstrument, schöne Gedichte, ein neues Spiel. Lernen ist kein Zeichen von Ungenügen und Dummheit, sondern Ausdruck von Intelligenz und Lebensfreude. Es hält Dich jung. Von den meisten Dingen kennst Du nur die Oberfläche. Du wirst erstaunt sein, was es alles gibt und was Du alles nicht weißt, wenn Du etwas tiefer gehst.

Wage es, viele Fragen zu stellen, auch wenn Du befürchtest, Du könntest „dumm“ wirken. Oft wirst Du die Erfahrung machen, dass andere Leute sich nur nicht getraut haben, das Gleiche zu fragen. Jeder der hier in diesem Buch beschriebenen Prinzipien, jeder einzelne Begriff und jedes einzelne Symbol können Dir neue Welten eröffnen. Wenn Du nicht weißt, was Du Neues lernen kannst, dann kannst Du beispielsweise mit Symbolen, Mythen und Märchen anfangen. Sie sind eine ständig sprudelnde unerschöpfliche Quelle von Weisheit und Inspiration.

- **Lebe nach den Tugenden, die Dich wirklich überzeugen!**

Tugend und ethische Werte scheinen langweilig zu sein und das Leben einzuschränken. Du verbindest sie meist mit Einschränkung, Druck, Last und schlechtem Gewissen. Es kann aber auch sehr befriedigend und erfüllend sein, „ein guter Mensch“ zu sein, der sich trotz seiner Schattenseiten bemüht, etwas zum Wohlergehen seiner Mitmenschen und seiner Umwelt beizutragen.

Lerne von Menschen, die Du bewunderst, weil sie sich ethisch so verhalten, wie es Dir gefällt. Mut, Gerechtigkeit, Toleranz, das rechte Maß, Loyalität, Vertrauenswürdigkeit, Zuverlässigkeit, Integrität, Solidarität, Mitgefühl, Offenheit, Freiheit, Güte, Dankbarkeit etwa sind Tugenden, die nicht viel kosten und doch viel Positives bewirken können.

Überprüfe Deine moralischen Werte daraufhin, ob sie Dich überzeugen und Dir entsprechen. Entwickele Deine eigene Lebensethik, an die Du Dich dann auch zu halten bemühst. Überprüfe Deine Einstellung an allgemein anerkannten Maßstäben wie z. B. den demokratischen Grund- und Menschenrechten.

Abb. 29: Mandala eines buddhistischen Rollbildes (Thangka, ca. 19. Jh.), unbekannter Künstler.

Das MYSTOS-Prinzip: Das bist auch DU!

Müsset im Naturbetrachten
Immer eins wie alles achten;
Nichts ist drinnen, nichts ist draußen:
Denn was innen, das ist außen.
So ergreifet ohne Säumnis
Heilig öffentlich Geheimnis.

Johann Wolfgang von Goethe[33]

- Bist Du Dir bewusst, dass Du selber das Mysterium bist, das Du Dein Leben lang suchst?
- Weißt Du, dass das Universum und Deine Seele von solch unendlicher Tiefe und Komplexität sind, dass es Dir niemals gelingen wird, sie vollständig zu erfassen und zu verstehen?
- Bist Du bereit, Dich für die mystische, geheimnisvolle und paradoxe Seite des Lebens zu öffnen?
- Bist Du bereit, Deinem inneren Selbst, das Dir verborgen ist, aber Dich schon immer getragen und geführt hat, wirklich zu vertrauen?
- Kannst Du die Gnade erfassen, die mit dem Vorrecht verbunden ist, ein bewusster, freier Mensch auf dieser Erde und in diesem Universum zu sein?
- Kannst Du spüren, dass Du Teil und Ausdruck der Evolution und des schöpferischen Universums bist?
- Kannst Du erahnen, was es bedeuten könnte, wenn Du und die Menschheit zum kosmischen Bewusstsein, zum Bewusstsein ihrer Verbundenheit mit Allem, erwachten?

Das MYSTOS-Prinzip

Symbole
Mandala, Zentrum und Umfang, Schloss, Park/Garten, göttliche Gestalten, Daimones, Gott-Teufel, der Anthropos, die innere Stimme, Stein der Weisen, Gold, Diamant, Gral, Ring, Edelstein, Perle, Blüte, schwer erreichbare Kostbarkeit; Wasser des Lebens, Unsterblichkeitskraut; gegensatzvereinigende polare Symbole, mystische Hochzeit; Magisches, Zauberhaftes, Sich-Verwandelndes

Aspekte
Mysterium, Wunder, Zentrum, Einheit, Ganzheit; das Eine, das Absolute, das Allumfassende, der Kosmos, das Universum, Mikro-Makro-Kosmos, Schöpfung, Energie, höchste Intelligenz, Ursprung und Ziel; das Schöpferische, Grenzen überschreiten, Vermittlung, Vereinigung von Gegensätzen, transzendente Funktion; Fülle, Vielfältigkeit, Chaos; Ambivalenz, Paradoxität; Spontanität, Offenheit; parapsychologische Phänomene, Synchronizität

Schattenseiten
Unverbindlichkeit, Unzuverlässigkeit, Widersprüchlichkeit, vieldeutige Begrifflichkeit, Oberflächlichkeit, Täuschung, Realitätsverlust, Verwechslung von Innen und Außen, von Symbolischem und Konkretem, Aberglauben, Wundergläubigkeit, magisches Denken, Dissoziation, Borderline, Größenwahn, Manie, Psychose; Dogmatismus, Radikalität, Totalitarismus, Absolutismus

Transpersonale Aspekte
Erleben von Ganzheit, Einheit, Inspiration, Kreativität, Synchronizität, Befreiung, Freiheit, Frieden, Ekstase, Erleuchtung, kosmisches Bewusstsein

Aspekte und Symbole des MYSTOS-Prinzips

Es ist wichtig, dass wir ein Geheimnis haben und die Ahnung von etwas nicht Wissbarem. Es erfüllt das Leben mit etwas Unpersönlichem, einem Numinosum. (numen = göttliches Wesen ohne konkrete Gestalt aber mit Wirkkraft, Anm d. Verf.) Wer das nie erfahren hat, hat Wichtiges verpasst. Der Mensch muss spüren, dass er in einer Welt lebt, die in einer gewissen Hinsicht geheimnisvoll ist, dass in ihr Dinge geschehen und erfahren werden können, die unerklärbar bleiben, und nicht nur solche, die sich innerhalb der Erwartung ereignen. Das Unerwartete und das Unerhörte gehören in diese Welt.

C. G. Jung[34]

MYSTOS, das fünfte Prinzip, bezeichnet die Essenz, den Ursprung, die Mitte und das Ziel, die Einheit und Ganzheit des schöpferischen Mysteriums, aus dem alle anderen Prinzipien hervorgehen, sich differenzieren und in das sie sich wieder integrieren.

Das Wort MYSTOS steht hier als Kurzbezeichnung für das „schöpferische Mysterium". Für die letzte, unerkennbare Wirklichkeit wurden schon immer passende Bezeichnungen gesucht, z. B. das Eine, das Absolute, das Transzendente, das Göttliche usw. Hier wird sie „schöpferisches Mysterium" genannt, weil diese Bezeichnung zwei Hauptmerkmale des letzten Einen zusammenfasst, nämlich, dass es sich hierbei offensichtlich um einen überaus schöpferischen Prozess handelt und dass dieser Prozess uns in seinem letzten Wesen ein Geheimnis bleibt.

Obwohl dieses höchste Sein, wie wir noch näher erläutern werden, unfassbar und unnennbar ist, ist kann es doch auch hilfreich sein, wenn man sich um eine möglichst passende Benennung bemüht. Der uns stimmig erscheinende Name kann unsere religiöse Einstellung in positiver Weise unterstützen, wie der unpassende Name unsere Spiritualität auch in unglücklicher Weise einschränken, wenn nicht sogar verhindern kann.

Den jeweils uns stimmig erscheinenden Namen für das verborgene Absolute zu finden, ist nicht einfach, denn alle diesbezüglichen Begriffe sind durch unsere Erziehung und Kultur mit den verschiedensten Assoziation bereits vorbesetzt. Sie lassen uns in die eine oder andere Richtung fühlen und denken, so dass ein anderer, entgegengesetzter Aspekt, der aber zu dem Absoluten ebenso dazugehört, nicht so passend ausgedrückt wird.

So haben beispielsweise die Begriffe „Kraft“ oder „Energie“ oder „Evolution“ überwiegend einen physikalischen oder biologischen und damit eher einen äußeren, unpersönlichen Charakter. Das schöpferische Mysterium offenbart sich uns aber nicht nur in der äußeren Erscheinungswelt, sondern vor allem durch die Vermittlung unserer lebendigen Seele, die immer nur in individueller, persönlicher Form existiert und oft feinste und überaus zarte emotionale Zustände und Bilder hervorbringt.

Wenn wir „Göttin“ oder „Gott“ dazu sagen, dann entstehen in uns meist Vorstellungen von einem großen Wesen entweder weiblichen oder männlichen Geschlechts, eine Art gute Mutter oder guter Vater, das uns als ein von uns getrenntes allmächtiges Gegenüber erscheint, das wir aber selbst nicht sind. Wenn wir „Geist“ oder „Höchstes Bewusstsein“ dazu sagen, legt das Assoziationen nahe, die im Gegensatz zur konkreten Welt und Natur, zur körperlichen und materiellen Basis unserer Existenz stehen. Wenn wir „Transzendenz“ sagen, dann erzeugt das leicht die Vorstellung, es würde sich um vor allem um etwas handeln, das sich irgendwie über oder außerhalb unseres alltäglichen Lebens befindet.

Wenn wir „Selbst“ dazu sagen, dann wird zwar deutlich, dass es direkt uns in unserer Ganzheit als Menschen und unseren innersten Wesenskern betrifft, es vermittelt aber auch etwas Selbstbezogenes, Egozentrisches und schließt von seinem assoziativen Umfeld her den anderen Menschen, die die Welt und das Universum eher aus.

Wenn wir es das „Unbewusste“ nennen, dann fließen Assoziationen mit ein, die mit der Vorsilbe „Un“ verbunden sind. Das „Un“ hat für uns einen verneinenden, meist negativen Charakter, wie wir an den Worten Unfall, Unglück, Unperson oder Unwert sehen. So ist fraglich, ob das, woraus wir leben, wirklich gut bezeichnet ist mit einem Wort, das mit „Un“ beginnt und eine Verneinung darstellt?

Möglicherweise noch nicht allzusehr festgelegt erscheinen Begriffe wie das „Absolute“, „Geist-Energie“, „Sein“, „Schöpfung“, „Das“, „Es“, „Nicht dies – Nicht das“ oder eben auch der von uns hier verwendete Begriff des „Schöpferischen Mysteriums“.

Diese letztere Bezeichnung hat einen religiösen Beiklang, den sie auch haben soll, sie widerspricht aber auch nicht einem wissenschaftlichen, psychologischen oder künstlerischem Denken und Erleben. Auch die hartgesottensten „Materialisten“, „Reduktionisten“ und „Realisten“ geben zu, dass ihnen die letzte Wirklichkeit, sie es im Bereich des Mikrokosmos, sei es im Bereich des Makrokosmos, sei es im Bereich der komplexen Interaktion aller aufeinander einwirkender Systemeinflüsse des Lebens, unfassbar und geheimnisvoll ist und dass es überall Grenzen des Erkennens und Verstehens gibt.

Was ist der religiöse Hintergrund des Begriffes „Mysterium"? Die antiken Mysterien waren religiöse Rituale in denen der Einzelne mit den Geheimnissen des Lebens, des Sterbens, der Wiedergeburt und der Transzendenz in Berührung kam. Der Eingeweihte (griechisch mystés) wurde zum Schweigen und zur Geheimhaltung verpflichtet. Dies hatte verschiedene Gründe: Die Besonderheit der Erfahrung sollte nicht profaniert, sondern als „heilig", als etwas ganz Außerordentliches bewahrt werden. Gleichzeitig wurde dadurch natürlich die Zusammengehörigkeit der Gruppe verstärkt und die Attraktivität des Kultes nach außen erhöht.

In einigen sogenannten „Geheimorganisationen" diente das Schweigen auch dem Schutz vor Verfolgung. Darüber hinaus gibt es noch wichtigere Aspekte des Schweigens. Das Schließen von Lippen und Augen (griech. myein: sich schließen) hat in den mystischen Traditionen vor allem den Sinn der Introversion und Introspektion. Dem Mysterium, dem verborgenden Geheimnis der Seele, des inneren Selbst und des Göttlichen kann man nur gewahr werden, wenn man „in sich geht", die Aufmerksamkeit nach Innen richtet und die üblichen nach Außen, auf die Bewältigung des Alltags gerichteten Gedanken und Fantasien zum Schweigen kommen.

Darüber hinaus lassen sich Erfahrungen, die in die Nähe des schöpferischen Mysteriums führen, ohnehin nicht angemessen oder vollständig in Worten, Begriffen oder Symbolen zum Ausdruck bringen und nicht mitteilen, so dass sein Geheimnis aufgrund seiner Natur immer ein Geheimnis bleiben wird. Sprache und Denken sind trennend, unterscheidend, sehr vereinfachend und können die unfassbare Komplexität und Paradoxität des Seins niemals fassen. Das staunende, ergriffene Schweigen ist der einzig adäquate Ausdruck, den wir angesichts des Mysteriums haben. Gleichzeitig müssen wir immer nach Symbolen und Begriffen suchen, wenn wir uns miteinander verständigen wollen.

Das Entscheidende am MYSTOS-Prinzip ist seine Paradoxität als offenbares, „heilig-öffentliches" (wie Goethe es nennt) Geheimnis: Einerseits ist das, worauf er sich bezieht, das eigentlich Wirkliche und Wesentliche, das, was wir immer schon in jedem Augenblick wirklich sind und woraus wir unmittelbar leben, das, was in jedem Moment so ist, wie es ist.

Andererseits ist und bleibt es uns, gerade weil wir es sind, in gewisser Weise immer verborgen, es ist damit ein offenbares und zugleich unzugängliches schöpferisches Mysterium. Warum aber ist dies so?

Das schöpferische Mysterium: ein offenbares Geheimnis

Es gibt eine alte indische Parabel, die anschaulich unsere Schwierigkeiten beschreibt, das Ganze unseres Seins zu erfassen. Der nach Erkenntnis strebende Mensch wird darin mit fünf Blinden verglichen, die einen Elefanten (das Mysterium) betasten und sagen sollen, was das Wesen des Elefanten sei. Der eine, der ein Ohr des Elefanten betastet, sagt: „Der Elefant ist wie eine Schaufel". „Nein, der Elefant ist wie eine Schlange", meint der, der den Rüssel in der Hand hält. „Wie ein Baum ist der Elefant!" sagt der nächste, der mit beiden Händen ein Bein des Tieres umfasst. „Wie ein Besen ist er" sagt der, der das Schwanzende zwischen den Fingern hat. „Unsinn, wie ein spitzer Speer ist der Elefant!" sagt der letzte, der sich gerade am Stoßzahn des Elefanten einen blauen Fleck geholt hat. Und sie geraten in einen heftigen Streit über den Elefanten. Jeder will Recht haben und hört nicht, zu welchen Ergebnissender Andere gelangt ist. Und weil sie einander nicht zuhören, sich die Erfahrungen des anderen nicht sagen lassen und sie nicht überprüfen, vermögen sie niemals auch nur annähernd zu erfahren, wie ein Elefant in seiner ganzen Gestalt und Wahrheit sein könnte.

Mit unseren fünf Prinzipien wird ja der Versuch gemacht, einige wesentliche Aspekte der Ganzheit symbolisch zu erkunden und einige der Seiten des „Elefanten" bewusster zu machen. An dieser Stelle soll aber etwas genauer dargestellt werden, weshalb das schöpferische Mysterium ein Mysterium für uns ist und aller Wahrscheinlichkeit nach immer bleiben wird, weshalb wir dem Mysterium gegenüber wie blind sind.

Die an sich einfachen Tatsachen, die wir relativ leicht bei uns beobachten können, wenn wie wir einmal darauf hingewiesen werden, laufen allerdings unserem üblichen Denken und unserem gewohnten Selbst- und Weltmodell zunächst so sehr zuwider, dass wir sie entweder nicht glauben oder sofort wieder ignorieren wollen. Aber wenn wir uns doch darauf einlassen, wird sich nach einer stärkeren anfänglichen Verwirrung zeigen, dass wir durch einen heilsamen Prozess hindurchgegangen sind, der uns mit vielem versöhnt, was wir zuvor abgewehrt haben und was uns unverständlich geblieben ist. Wir werden etliche leidvolle, unrealistische Vorstellungen und überhöhte Forderungen an uns selbst aufgegeben können, und auch etwas ganz Entscheidendes gewinnen, nämlich ein Staunen und Wundern darüber, an welch einem geheimnisvollen und wundersamen Prozess wir als Menschen beteiligt sind, ohne in der Regel davon zu wissen.

Der Mensch ist ein überaus komplexes System

Obwohl wir Menschen in vieler Hinsicht sehr ähnlich sind – wir haben einen ähnlichen Körper, ähnliche Bedürfnisse und vermutlich ähnliche Gefühle, Gedanken, Empfindungen und auch Erfahrungen –, sind wir gleichzeitig doch auch einzigartig und einmalig. Es gibt kein Wesen auf dieser Welt, das eine identische genetische Ausstattung hat, die gleichen Erlebnisse hatte und sich in der gleichen Situation befindet wie wir.

In jedem Augenblick sind wir einzigartig, sind wir anders als alle anderen Menschen, sind wir etwas anders, als wir selbst kurz vorher noch waren. Jede aktuelle Situation ist einmalig und wird in dieser Weise niemals wiederkehren. Die Welt, die wir in diesem Augenblick erleben, ist eine grandiose einmalige Inszenierung unserer Psyche, die in dieser Weise nur für uns und für jetzt gültig ist und in dieser Weise nur von uns so wahrgenommen wird!

Wenn wir ganz verstehen wollten – was faktisch aber niemals möglich ist –, wer wir sind und warum wir uns in einer aktuellen Situation so erleben und verhalten, wie wir es tun, müssten wir eine riesige Menge an Daten kennen und miteinander in Verbindung setzen können. Wir müssten uns beispielsweise fragen:

- Wie ist meine genetische, evolutionäre Ausstattung? Was hat sich im Laufe der Jahrmillionen an allgemeinen körperlichen und psychischen Eigenschaften herausgebildet und in meinem Organismus genetisch verankert?
- Welche Rolle spielt das speziellere Erbe, die einzigartige Kombination von Genen, die ich von meinen Eltern mitbekommen habe?
- Wie war meine Entwicklung im Mutterleib, welchen förderlichen, welchen schwierigen Einflüssen war ich dort ausgesetzt? War ich erwünscht? Wie war der Geburtsprozess? Wie war die Beziehungs- und Umweltsituation kurz nach der Geburt?
- Was bedeutet es, dass ich einen männlichen oder weiblichen Körper hineingeboren wurde? Welchen Einfluss hat meine körperliche Eigenart und Konstitution auf mein Leben?

- Wie sieht der soziokulturelle Hintergrund, in den ich hineingeboren wurde, aus? Was bedeutet es für meine Identität, in welches Land, in welche Nation und Gesellschaft mit welcher politischen, religiösen und kulturellen Geschichte, Sprache und Einstellung ich mit meiner Eigenart hinein geboren wurde, was für eine Landschaft und was für ein Klima ich vorfinde und welche Bedeutung und Aufgabenverteilung Mann und Frau darin haben?
- Wie ist meine persönliche Lebens- und Lerngeschichte gewesen? Wie waren meine frühkindlichen Erfahrungen und meine spätere Entwicklung? Wie war die Familiendynamik? Welche Erlebnisse und Traumata hatte ich und wie habe ich sie verarbeitet? Welchen Charakter, welche Einstellungen, Verhaltensschemata, welchen Lebensstil, welche Strategien und Gewohnheiten habe ich aus all diesen Erfahrungen mit mir und der Umwelt entwickelt? Über welche Begabungen und Ressourcen verfüge ich?
- Wie ist meine aktuelle Lebenssituation? Inwieweit bestimmen meine gegenwärtigen beruflichen, partnerschaftlichen und sonstigen allgemeinen Verhältnisse mein Erleben und Verhalten? Mit welchen Männern und Frauen mit welchen Eigenarten komme ich zusammen? Wie beeinflussen wir uns gegenseitig? Wie ist die aktuelle Familien- und Beziehungsdynamik? In welcher Alters- und Lebensphase stehe ich? Wie ist mein körperlicher und psychischer Gesundheitszustand? Welche Bedeutung haben aktuelle Trends und aktuelle Zeitströmungen für mich?
- Über welches kreative Entwicklungspotenzial verfüge ich? Was möchte ich in meinem Leben noch verwirklichen? Wohin geht meine Sehnsucht? Welche Motivation, welches Interesse habe ich an Neuem, am Lernen und daran, mich weiter zu entwickeln?

Diese kurze Auflistung deutet an, dass wir zu jedem Zeitpunkt eine überaus komplexe Mischung aus Genetik, Prägungen, Lernerfahrungen, aktuellen Umwelt- und Systemeinflüssen und einem nicht einzuschätzenden Wachstumspotenzial sind. So wird schon an dieser Stelle überdeutlich, wie oberflächlich viele Theorien über den Menschen, sein Erleben und Verhalten sein müssen, wenn sie nur den einen oder anderen Aspekt hervorheben.

Auch wenn man natürlich berücksichtigen muss, dass eine gewisse Reduzierung auf einige zentrale Faktoren – auf ein paar typologische

Merkmale, auf ein paar zentrale Triebe, Bedürfnisse und Konflikte, auf einige Eltern- und Familienkonstellationen oder auf einzelne traumatische Erfahrungen – häufig sinnvoll und notwendig ist, um sich überhaupt orientieren zu können, so ist doch unverständlich, wieso sich die verschiedenen wissenschaftlichen, medizinischen, therapeutischen Schulen und Richtungen angesichts dieser komplexen Tatsachen heute noch bekämpfen und abwerten müssen und ihre eigenen Positionen als die einzig wahren herauszustellen bemüht sind.

> *Neurose ist das Leiden einer menschlichen Seele mit ihrer ganzen, weltweiten Kompliziertheit, die so ungeheuerlich ist, dass man jede Neurosentheorie schon von vornherein ruhig als beinahe wertloses Aperçu (geistreiche Bemerkung, Anm. des Verf.) bezeichnen kann [...]*
>
> C. G. Jung[35]

In vielen Prozessen der Selbst-Erfahrung und Psychotherapie bemühen wir uns, unsere Biografie und Vergangenheit besser zu verstehen und aufzuhellen. Wir haben oft ein starkes Bedürfnis zu wissen, wer wir sind, woher wir kommen, wie und wieso wir so, wie wir sind, geworden sind. Wir suchen nach einer Erklärung, die uns hilft, unsere Eigenart zu akzeptieren, unsere Geschichte anzunehmen, Schuld- und Schamgefühle zu entlasten. Wir möchten verdrängte Erinnerungen und Gefühle bewusst machen und hoffen, dadurch mit unserem Leben besser zurecht zu kommen.

So wichtig eine Erhellung unserer Vergangenheit und unserer traumatischen Erfahrungen auch sein mag: Wir können auf diesem Wege niemals zu einer letzten endgültigen Wahrheit finden, auch wenn wir ein Leben lang Analyse machen. Die Komplexität unserer Existenz ist viel zu groß für jede Analyse. Außerdem sehen wir alles aus unserer persönlichen Sicht und unseren persönlichen Erinnerungen, die immer subjektiv gefärbt sind.

Wir blenden zudem unsere eigene aktive Beteiligung an problematisch verlaufenen Situationen schnell aus, da wir es vorziehen, uns in solchen Zusammenhängen lieber als Opfer zu sehen. Wenn wir uns zu lange mit der Vergangenheit beschäftigen, besteht darüber hinaus die Gefahr, dass wir entscheidende Schritte in der Gegenwart versäumen. Vor allem versäumen wir aber möglicherweise, den Blick zu heben und ein „kosmisches Bewusstsein“ (davon später mehr) zu entwickeln, unser Dasein aus der Perspektive der Evolution des Universums zu sehen und unsere Existenz auch als Ausdruck des schöpferischen Mysteriums zu verstehen.

Die unbewusste Selbstregulation des Organismus

Die Unmöglichkeit, diese Komplexität des Menschen im Einzelfall auch nur annähernd erfassen und analysieren zu können, wird nun noch weiter erhöht durch die Tatsache, dass der Organismus sich selbst steuert und dies zum größten Teil auf unbewusste Weise tut. Die Gesamtheit der körperlichen, chemischen und psychischen Prozesse unseres Organismus wird – daran ist nach den Ergebnissen der Psychologie, Biologie und der Hirnforschung heute kein Zweifel mehr möglich – überwiegend unbewusst organisiert.

Diese Tatsache erscheint uns im Hinblick auf die körperlichen Vorgänge einigermaßen plausibel. Üblicherweise kommen wir nicht auf die Idee, wir würden unsere inneren Zellvorgänge, die Immunabwehr, unser Wachstum, unsere Verdauungsprozesse, den Stoffwechsel oder die Funktion unserer Organe bewusst steuern. Wir wären damit auch – wenn dies überhaupt möglich wäre – hoffnungslos überfordert.

Dass sich auch bestimmte elementare Triebbedürfnisse – wie z. B. Schlaf, Hunger, Durst, Sexualität – relativ autonom ohne unser bewusstes Zutun melden und uns zwingen, ihnen zu folgen – können wir vielleicht auch gerade noch akzeptieren.

Wir brauchen aber nur ein wenig weiter zu denken, um zu erkennen, dass diese Autonomie fast ebenso für viele andere psychische Abläufe in uns gilt. Wir müssen uns nur fragen: Steuern wir bewusst unsere Hirnvorgänge, steuern wir die Aktivität unserer Neuronen oder den Einsatz bestimmter Transmitterstoffe? Schalten wir bewusst ganz bestimmte Hirnzentren ein, weil wir ganz bestimmte Gedanken oder Gefühle empfinden wollen? Machen wir das alles bewusst und absichtlich und haben wir darauf überhaupt einen Zugriff?

Und – so würden Hirnforscher heute weiter fragen – gibt es überhaupt „Jemanden" in uns, der da was steuert? Die Vorstellung, dass es da in unserem Gehirn Jemanden – einen zentralen Steuermann – gibt, der die ganzen unendlich komplexen Prozesse, die fortwährend in unserem Körper ablaufen, kontrolliert und organisiert, würde das Problem nur noch weiter komplizieren. Denn dann müsste man sich fragen: „Woher weiß diese Instanz dies alles und wie macht sie das?" Jedenfalls wurde eine solche zentrale Steuereinheit, gewissermaßen ein kleines Gehirn im großen Gehirn, bisher nicht gefunden und sie bringt auch keine verständnismäßige Erleichterung. Das Gehirn, das Nervensystem und der Körper gehören als Einheit zusammen, sie stehen in einer ständigen sich ausbalancierenden Wechselwirkung, sie zusammen machen die Ganzheit unseres Selbst aus, sie zusammen steuern alles und das meiste davon vollständig autonom und uns unbewusst.

Wir wissen heute, dass alle unsere Gefühle, Gedanken, Empfindungen, die wir haben, und unsere Entscheidungen, die wir dauernd treffen, bereits vorhanden und meist auch schon entschieden sind, bevor sie uns bewusst werden. Bevor wir irgend etwas bewusst wahrnehmen, fühlen, denken oder wollen, hat der Organismus bereits vorgearbeitet, was er ins Bewusstsein treten lässt und was nicht.

Es scheint so zu sein: Ob Gedanken, Gefühle, Fantasien, Willensimpulse – wir treffen mit unserem Ich-Bewusstsein keine Wahl, welche davon auftauchen oder nicht. Sie erscheinen nur in unserem Bewusstsein wie auf dem Bildschirm eines Computers, sie werden uns durch das Bewusstsein bewusst und reflektionsfähig, aber sie werden nicht vom Ich-Bewusstsein hervorgerufen und auch nicht von ihm gesteuert.

Das bewusste Erkennen ermöglicht dem Organismus zwar eine zusätzliche Kontrolle und Einschätzung, aber die letzte Entscheidung darüber, ob wir eine Sache, wenn sie uns bewusst geworden ist, machen oder nicht machen, wird wiederum nicht allein vom Bewusstsein gefällt, sondern ist das Ergebnis einer Vielzahl überwiegend unbewusster rationaler wie gefühlsmäßiger Bewertungsvorgänge, die vom Zustand des ganzen Organismus und seiner gegenwärtigen Situation abhängen. Es ist nicht das Ich-Bewusstsein, das letztlich entscheidet, sondern es ist immer der ganze Organismus, der gleichzeitig in einer unauflösbaren Wechselwirkung zur gegenwärtigen Um- und Mitwelt steht. Die Erfahrung, dass wir oft Entscheidungen treffen, die nicht mit unserer rationalen Logik und Vernunft übereinstimmen, haben sicher schon viele Menschen gemacht.

Systemtheoretiker und Hirnforscher vertreten heute die Auffassung, dass es eine wesentliche Funktion unseres Gehirns ist, die unfassbar große Menge an Reizen, die wir mit Hilfe unserer Sinne von unserer Innen- und Außenwelt aufnehmen, zu reduzieren, zu selektieren, auszufiltern, damit wir uns überhaupt zurechtfinden können. Ohne dass wir es bemerken, urteilt unser Gehirn bzw. unser Selbst – die Ganzheit unseres Organismus – selbstständig darüber, was wichtig oder unwichtig, bedrohlich oder weniger bedrohlich ist. Es hebt insbesondere das in unser Bewusstsein, was jetzt von besonderer Wichtigkeit und Bedeutsamkeit für uns sein könnte. Das, was wir als uns selbst und die Welt draußen erleben, was uns als relativ konstant, stabil und konsistent erscheint, ist das Ergebnis eines unglaublich rasch und effizient ablaufenden Verarbeitungsprozesses, von dem uns die allermeisten Vorgänge unbewusst bleiben.

Dass der Organismus auch ganz gut ohne eine allzu große Beteiligung des Ich-Bewusstseins auskommt, können wir bei manchen durchaus komplexen Leistungen ersehen, wie z. B. dem Autofahren. Wenn wir beim Autofahren ganz in ein Gespräch vertieft sind, kann es sein, dass wir nach zwei Stunden Fahrt am Ziel angekommen sind, ohne dass wir sehr viel vom Fahren selbst mitbekommen haben. Die ganze Zeit über hat unser Organismus die Umwelt, das Wetter, die Straßenverhältnisse, die Wegweiser, die anderen Autos und deren Fahrverhalten usw. registriert, die Informationen verarbeitet und das Auto bedient, gleichzeitig hat er alle Körpervorgänge aufrechterhalten und uns sogar noch ermöglicht, das Gespräch zu führen. Aber nur der kleinste Teil der erforderlichen Aktivitäten in den vergangenen zwei Stunden ist uns davon bewusst gewesen. Was uns beim Autofahren manchmal sehr deutlich werden kann, ist aber kein Sonderfall, sondern unser Standard-Zustand während der meisten Tätigkeiten während eines Tages. Die meisten unserer Verhaltensweisen laufen eher halb- vor- oder unbewusst ab. Wir befinden uns viel häufiger als wir selber mitbekommen, in einem halbbewussten Trancezustand. Das können wir auch sehen, wenn wir Menschen in einer Straßenbahn oder auf der Straße laufend beobachten. Sie erscheinen uns oft nur halb anwesend und ein wenig in Trance.

Wem auch an diesen Beispielen noch nicht recht einleuchtet, in welch umfassender Weise der Mensch unbewusst selbstreguliert wird, der mag daran denken, dass das Ich-Bewusstsein, wie wir es kennen, ein relativ junges Ereignis der Evolution, vielleicht nicht älter als 10000 bis 20000 Jahre ist. Der ganze menschliche Organismus hat sich ohne einen bewussten Eingriff durch das Individuum im Laufe von vielen Millionen Jahren selber herausgebildet. Das komplexeste Gebilde des ganzen Universums, dass wir bisher kennen, unser Gehirn, hat sich gebildet, ohne dass ein Ich-Bewusstsein in unserem Sinne beteiligt gewesen ist! Und daran hat sich bis heute wenig geändert. Zu keinem Zeitpunkt der bisherigen Menschheitsgeschichte wie unseres individuellen Lebens haben wir etwas getan, was nicht primär und überwiegend von dieser unbewussten Intelligenz hervorgebracht worden wäre.

In manchen modernen psychologischen Richtungen wird die illusionäre Hoffnung geweckt, der Mensch verfüge über ein grenzenloses Potenzial, er könne fast alles erreichen, er könne sich fast beliebig neu programmieren, wenn er nur wirklich wolle. Man müsse sich seine positiven Zielvorstellungen nur ausreichend lang und intensiv ausmalen und gestalten, entsprechende zielgerichtete Affirmationen suggerieren und dann dem Kosmos oder dem Unbewusste übersenden. Das Unbewusste wird dabei als eine Art Sklave, als ein zaubermächtiger dienstbarer Geist verstanden – wie der Geist aus Aladins Wunderlampe –, der nichts Besseres zu tun hat, als unsere – häufig banalen – Zielvorstellungen baldmöglichst auf wundersame Weise zu verwirklichen. Auch findet man in solchen Zusammenhängen oft den Hinweis auf die unerschöpflichen kreativen Möglichkeiten, die in uns schlummern, man hört davon, dass wir nur 10% unserer geistigen Kapazitäten ausschöpfen und wir endlich die restlichen 90% einsetzen sollten.

Das sind wohl eher naive Vorstellungen, die aus einer Fehleinschätzung und Überschätzung der Möglichkeiten unseres Ich-Bewusstseins herrühren. Das Unbewusste ist natürlich kein Sklave unter der meisterlichen Herrschaft unseres Ich-Bewusstseins, sondern es verhält sich genau umgekehrt. Außerdem verfügt unser Organismus keineswegs über unerschöpfliche Reserven. Für ihn ist bereits manches, was wir im alltäglichen Leben vollbringen, eine absolute Höchstleistung. Die kreative Leistung, die er erbringen muss, um sich in dem überaus komplexen alltäglichen Leben eines erwachsenen Menschen immer wieder neu zu orientieren, neu zu lernen und anzupassen, schöpfen einen großen Teil seiner Leistungsfähigkeit aus. Das Steuern eines Autos durch eine fremde Stadt während der Hauptverkehrszeit: das ist eine unfassbare Fähigkeit, die in gewisser Hinsicht viele andere Leistungen, wie z. B. eine meditative Versenkung, bei Weitem übersteigt.

Unter der Perspektive der unglaublich komplexen Leistung, die unser Organismus tagtäglich vollbringt, erscheinen auch viele unserer Einseitigkeiten, kleinen Schwächen, Fehler und Mängel ziemlich bedeutungslos. Die Aufgabe, die er jeden Tag und jede Nacht neu zu bewältigen hat, einfach, indem er unsere körperlichen Funktionen aufrecht erhält und bewusstes Erleben und Verhalten ermöglicht, ist so immens, dass Fehler, Irrtümer und Funktionsstörungen unvermeidlich sind.

Man muss sich eigentlich über alle Maßen wundern, dass unser Gehirn diese unglaublich komplexe Leistung so lange und konstant überhaupt durchhalten kann und nicht viel häufiger „abstürzt", so ähnlich wie ein Computersystem zusammenbricht, wenn es zu viele und teilweise widersprüchliche Informationen verarbeiten muss. Unsere dauernde Selbstkritik wegen aller möglichen kleinen Fehler und Schwächen, die wir alle täglich begehen, ist unter dieser Perspektive einfach nur kleinkariert.

Wir selber sind Teil des Mysteriums!
Neben der Komplexität und der weitgehenden Unbewusstheit unseres Wesens gibt es noch einen dritten, ganz wesentlichen Grund, weshalb wir das Mysterium unserer Seele und unseres Daseins nicht erfassen können.

Wir können das Wunder und Mysterium unseres Lebens nicht erfassen, weil wir selber Teil dieses Wunders und Mysteriums sind!

Erkenntnistheoretisch liegt dies daran, dass kein System die Funktion, die es ausführt, auf sich selbst anwenden kann. Gleichzeitig ist das System immer unfassender als die von ihm erzeugte Funktion. Das Auge kann sich selbst direkt nicht sehen, das Messer kann sich nicht selbst schneiden, eine Hand kann sich nicht selbst umfassen (man denke auch an das klassische Zen-Koan vom Klatschen der einen Hand!), die Psyche oder das Gehirn, das das Bewusstsein ermöglicht, kann sich selbst nicht unmittelbar erkennen. An der Stelle, an der sich unser Gehirn im Kopf befindet, empfinden wir nichts, als wäre da überhaupt nichts vorhanden.

Weiter: Alles, was wir jemals über uns selbst und das Universum erfahren können, sind lediglich neurologische Konstellationen und biochemische Reaktionen, sind Muster, Bilder, Symbole, Repräsentationen, Konstruktionen, die im Laufe eines langen, mühsamen Lernprozesses in uns entstehen. Und diese Vorstellungen sind nicht nur immer um viele Dimensionen einfacher als die Wirklichkeit, sondern sie sind dazu auch nur imaginäre, virtuelle Gebilde.

Auch unser Ich ist eine solche Konstruktion, eine Selbstmodell, eine Vorstellung, die wir über uns haben. Wer oder was wir „wirklich" sind, entzieht sich unserer Kenntnis. Wir haben keinen direkten Zugang zu einer Realität außerhalb unseres Gehirns, wir haben es niemals mit einer „objektiven" Wirklichkeit zu tun. Wir haben nur unsere sehr reduzierten und persönlichen Vorstellungen über uns und die Welt, die unter dem Einfluss einer anderen Zeit, einer anderen Sprache, einer anderen Gesellschaft und anderer Lebensumstände auch entsprechend anders gewesen wären.

Wie hoch und wie tief unsere Erfahrungen und Aussagen über die Natur des Universums und der Seele auch sein mögen, auch die allerhöchsten mystischen, transpersonalen Erfahrungen, so überzeugend sie uns als letzte Wahrheit erscheinen mögen, sind doch immer nur sehr vereinfachte Erlebenskonfigurationen, Symbole, Bilder, Vorstellungen und Modelle unserer Psyche. Wir scheinen diesen Beschränkungen auf keine Weise entgehen zu können. Sobald wir den letztmöglichen Grad an Innenschau erreicht haben, tritt uns eine eigentümliche Stille und Leere entgegen. Diese Stille und Leere gleicht dem weißen Rauschen des Fernsehers, wenn er keine Bild- und Tonsignale mehr empfängt. Sie zeigt uns an, dass an dieser Stelle unsere Erkenntnis- und Erfahrungsmöglichkeiten ein Ende haben und wir hier an der Schwelle zum Mysterium stehen, die wir aber niemals überschreiten können.

Wenn man alle diese Erkenntnisse eine Weile auf sich wirken lässt, kann man davon ganz merkwürdig berührt werden. Da gibt es einen unfassbar intelligenten evolutionären Schöpfungsprozess, der ein unfassbar komplexes Gebilde wie den menschlichen Organismus mit seinem Gehirn und dem Bewusstsein hervorgebracht hat, und es weiß nichts davon, beziehungsweise es kann diese seine eigene Natur niemals ganz erkennen. Alles, was existiert, erschuf sich, entfaltete sich, ohne dass ein wirkliches Verstehen der wirklichen Prozesse beteiligt war.

Vor diesem Hintergrund lässt sich möglicherweise verstehen, was die Fantasien der Menschen über die unbekannten fremden Wesen aus dem Universum, den „Aliens", noch bedeuten könnten. Wir selber sind in gewisser Hinsicht die Aliens, die Fremden aus dem Universum, die sich selbst unbekannt und damit auch bedrohlich erscheinen, die gerne ihren Ursprung erfahren würden, aber niemals erfahren werden, die sich zu ihrer Heimat zurücksehnen, aber diese Heimat niemals finden werden, weil sie an einem für unsere bewusste Erkenntnis unerreichbaren Ort ist. Selbst wenn wir als unsere Heimat das Universum angeben, so ist das doch nur ein Name, eine Vorstellung. Wir können nicht sagen, um was es sich beim Universum eigentlich wirklich handelt, was das alles wirklich ist, was wir Strahlung, Energie, Materie, Psyche und Geist nennen.

Es gibt aber einen kleinen Trost: Die systembedingte prinzipielle Unmöglichkeit, unseren Ursprung zu erkennen, ist nur die eine Seite der Medaille. Die andere Seite dagegen ist die doch auch ein wenig befreiende Einsicht, dass wir das Mysterium unseres Seins deswegen nicht erkennen können, weil wir dieses Mysterium immer schon auch selber ***sind***.

Das ist das große Paradoxon: das Mysterium unseres Selbst ist uns das fernste und das naheste zugleich. Fern ist es unserer bewussten Erkenntnis, nahe ist es, weil wir es eigentlich und wirklich sind. Damit stehen wir nicht außerhalb des Mysteriums und müssen nun verzweifelt versuchen, von unserem jetzigen alltäglichen und profanen Zustand in einen ganz besonderen und spirituellen zu transzendieren, sondern wir stehen bereits unmittelbar und unvermeidbar und in jedem Augenblick mitten im Mysterium. Wir ***sind*** das Mysterium, hier und jetzt!

Wir sind eine unmittelbare Manifestation, eine Offenbarung des großen Geheimnisses. Jeder Versuch, das Mysterium, die Transzendenz, den Stein der Weisen irgendwo anders zu finden, vielleicht in einer anderen Zeit, an einem anderen Ort, in einem anderen Bewusstseinszustand, verstärkt nur unser weiteres Nicht-Gewahrsein dessen, dass wir „ES" bereits sind. Dies zu erkennen ist das Ziel vieler mystischer Wege. Es mag veränderte Bewusstseinszustände geben, die uns diese Tatsache vielleicht besser einsehen lassen, aber dies sind meist nur flüchtige, vorübergehende Zustände, während unser alltägliches Bewusstsein die beste, stabilste und umfassendste bewusste Erfahrung des Mysteriums bietet. Unser waches Ich-Bewusstsein ist der Ort, in dem es sich selbst am Besten spiegeln kann.

> *Das Bewusstsein Gottes ist das Selbstbewusstsein des Menschen, die Erkenntnis Gottes die Selbsterkenntnis des Menschen. Gott ist das offenbare Innere, das ausgesprochene Selbst des Menschen; die Religion die feierliche Enthüllung der verborgenen Schätze des Menschen, das Eingeständnis seiner innersten Gedanken, das öffentliche Bekenntnis seiner Liebesgeheimnisse.*
>
> Ludwig Feuerbach[36]

Auch wenn wir dieses schöpferische Mysterium der Einheit und Ganzheit, das wir sind, in seiner Essenz paradoxerweise gerade deshalb nicht direkt erkennen, nicht sehen, nicht hören, nicht tasten und nicht schmecken können, weil wir es sind, so können wir es uns doch erschließen durch Selbstbeobachtung, durch Nachdenken, durch intuitives Erahnen und meditative Betrachtung.

Vielen manifestierten Aspekten dieses schöpferischen Mysteriums begegnen wir dauernd in unseren Erfahrungen, die wir machen, in unseren Gedanken, Fantasien, Gefühlen, Träume, Intuitionen, Impulsen und körperlichen Empfindungen, in unseren Trieben und in unserem alles begleitenden Bewusstsein. Sie alle sind unmittelbarer Ausdruck dieses Mysteriums, wenn auch, um uns überhaupt zugänglich zu sein, in psychisch repräsentierter, eingeschränkter und gefilterter Form. Alles, was wir sind, in diesem und in jedem anderen Augenblick. ist bereits ein Aspekt des Mysteriums.

Darüber hinaus hat das schöpferische Mysterium eine unablässige Tendenz, sich selbst immer mehr in seiner umfassenden Natur zu erkennen, sich seiner selbst bewusst werden zu wollen (vgl. LOGOS-Kapitel). Es offenbart sich unentwegt durch schöpferische Impulse, durch unsere Sehnsüchte und Hoffnungen, es entwirft und projiziert Bilder, Symbole und Modelle, in denen es sich wiedererkennen kann und die seinem Wesen so nahe wie möglich kommen.

Die höchsten Ideale und Werte

Die in uns wirkende Weisheit, Kraft und Ganzheit des schöpferischen Mysteriums zeigt sich aber besonders auch in den Symbolen und Begriffen unserer höchsten Werte, wie sie in den Mythen, Religionen und Philosophien dargestellt werden, z. B. als das unergründliche Geheimnis, Wunder und Mysterium, als göttliches Wesen, als das Universum, als die Ur-Energie, die kosmische Intelligenz, das Sein, das Eine ohne ein Zweites, die Schöpfung, das Leben, als alles durchflutendes oder inneres Licht, die goldene Blüte, das Atman, Tao, Alpha und Omega, das göttliche Prinzip, als Göttin und Gott, als das innere Licht, der göttliche Funken, die allumfassende Liebe, der innere Meister, der/die Alte Weise, als Sophia, Magier, göttlicher Heros oder als das Göttliche Kind. In den Märchen ist es die „schwer zu erreichende Kostbarkeit", der Schatz oder das Wasser des Lebens, in der Kabbala ist es das „En Soph", in der Astrologie ist es die Einheit der kosmischen und planetaren Energiefelder, in der Alchemie der „Stein der Weisen".

Die Summe der Paradoxien

Weil das schöpferische Mysterium die Summe aller Polaritäten und Paradoxien ist, eine Synthese aus Vergangenheit, Gegenwart und zukünftigen Entfaltungsmöglichkeiten, aus Hellem und Dunklem, Gutem und Bösem, aus „Männlichem" und „Weiblichem", stellt es sich auch in vereinigenden Symbolen dar, wie dem Mandala, dem chinesischen Yin/Yang-Symbol, dem TAO oder den vielen Darstellungen der sexuellen Vereinigung von Mann und Frau. Die diesen Symbolen entsprechende seelische Erfahrung wird meist in scheinbar widersprüchlichen Worten beschrieben: Sie ist die abgründige Leere und gleichzeitig die schöpferische Fülle, sie ist die tiefe Stille und die göttliche Musik, sie ist gleichgültige Ur-Natur und überquellende, allumfassende Liebe, sie ist Alles und Nichts, sie ist unendlich weich, mild und sanft, gleichzeitig unzerstörbar fest und tragfähig.

Der Schatz des All-Tags und des Da- und Lebendigseins

Schließlich kann sich das schöpferische Mysterium – da es im Grunde das Kostbarste ist, was es überhaupt gibt – auch in all dem symbolisieren, was uns im Alltäglichen als kostbar und wertvoll fasziniert: Geld und Gold, Diamanten und Perlen, Reichtum und Macht, Ruhm und Ehre, Schönheit und Attraktivität.

Letztlich könnte hinter allem, was uns irgendwie wichtig ist, auch hinter unseren Leidenschaften, Abhängigkeiten und Süchten und unserem so neurotisch erscheinenden Egoismus, unserem Narzissmus, unserem Bedürfnis nach Bedeutsamkeit und Großartigkeit, nichts anderes als die Sehnsucht des schöpferischen Mysteriums nach Selbst-Erfahrung stehen. Meist erkennen wir diesen drangvollen Sehn-Suchts-Charakter nicht als das, was er eigentlich ist. Aufgrund der eigentümlichen Selbstverborgenheit unseres Wesen können wir nicht spüren, dass das, was wir im Geld, im Besitz und in der Schönheit faszinierend finden und was wir auf diese Bereiche projizieren, zum großen Teil etwas ist, was wir in uns selbst tragen. Dieses ganz Besondere und Außerordentliche unserer Existenz wird im Äußeren gesehen, wo es zwar auch ist, aber eben nicht ausschließlich und nicht vor allem.

Unser größter Schatz ist nämlich die oft am wenigsten gewürdigte und am wenigsten bewusste Tatsache, dass wir überhaupt leben, lebendig sind, dass sich in unserer einzigartigen individuellen körperlichen Gestalt das schöpferische Mysterium manifestiert hat, dass wir Bewusstsein, Kraft und Freiheit haben, es zu verwirklichen und dass wir uns in Liebe mit unseren Mitlebewesen und der Schöpfung verbunden fühlen können.

Die Großartigkeit, der Glanz und die Schönheit unseres unbekannten Wesens sind unsere wahre Größe, unser wahrer Glanz und unsere wahre Schönheit. Dass wir dies nicht unmittelbar erkennen können, macht die tiefe Tragik des Menschseins aus. Denn wie anders könnte die Welt aussehen, könnte unser alltägliches Leben aussehen, wenn wir dieses Wunder besser spüren könnten, wenn wir wirklich begreifen würden, dass unsere Existenz auf diesem Planeten und dieses Bewusstsein, das wir haben, wahrscheinlich der größte Schatz und das umwälzendste Ereignis in dem uns bisher bekannten Universum sind. Die einzig wichtigen Fragen, die sich daraus ergeben, könnten eigentlich nur sein: Wie kann ich leben, um das Wunder unserer Existenz auf diesem erstaunlichen Planeten Erde richtig zu würdigen? Wie kann ich mich für dieses Geschenk dankbar erweisen? Wie kann ich andere Menschen und andere Lebewesen daran teilhaben lassen? Eine solche Einstellung, die uns bewusst sein lässt, dass wir Teil und unmittelbarer Ausdruck des Universums sind, dass sich in uns die Schöpfung selbst erfährt – und zwar immer nur in den unendlichen Formen und Facetten individueller Wesen – sollte nicht erst am Ende unserer seelischen Entwicklung stehen, sondern am Anfang. Sie sollte die Grundhaltung sein, aus der heraus wir leben, denn sie scheint die einzig adäquate. Sie sollte die Basis sein, mit der wir unsere Kinder auf dieser Erde begrüßen, mit der wir unsere Kinder erziehen und mit der wir leben und sterben.

Im Folgenden wollen wir nun noch einige spezielle Symbolgestaltungen besprechen, die sich besonders dazu eignen, das anzudeuten, was mit dem schöpferischen Mysterium gemeint ist. Dazu gehören das Mandala, die Vereinigung des Weiblichen mit dem Männlichen, das „Göttliche Kind" und Hermes-Mercurius.

Das Mandala, das Symbol für ein und alles

Das Mandala (sanskrit=heiliger Kreis) ist das große universale Symbol, das in vielen Kulturen auf das schöpferische Mysterium hinweist. Überall auf der Welt, wo Menschen versuchen, etwas Alles-Übergreifendes, Einheitliches und Ganzheitliches zu gestalten und in eine klar gegliederte Ordnung zu bringen, greifen sie spontan auf die Mandala-Form oder noch ganz einfacher: auf den Kreis oder die Kugel zurück. Wir finden Mandalas in unendlichen Variationen vor allem in den religiösen Traditionen, aber auch in der Kunst, der Architektur, der Wissenschaft, in der Gestaltung von Räumen, Fenstern, Gärten, Kirchen, in der Natur, z. B. in Blüten.

In den Religionen symbolisiert es das Göttliche und das Universum, seine Einheit, Polarität und Vielgestaltigkeit, sein Geheimnis und seine Offenbarung. In der Analytischen Psychologie C. G. Jungs wird das Mandala auch als ein Symbol der Ganzheit unseres Wesens, unseres Selbst verstanden. C. G. Jung hatte entdeckt, dass Mandalas spontan in unseren Träumen und Fantasien auftauchen können, insbesondere dann, wenn wir uns in kritischen Lebensphasen befinden oder einer Neuorientierung

bedürfen. Er hatte ihr Auftauchen als Selbstheilungs- und Selbstverwirklichungstendenzen der Psyche verstanden.
Jung hatte über viele Jahre selber Mandalas gemalt, ohne zunächst etwas von der großen Bedeutung der Mandalas als Meditationsgegenstand zu wissen, die sie z. B. in der östlichen Kultur seit Jahrtausenden haben. Er spürte intuitiv, dass das Mandalamalen ihm half, in die Fülle seiner Fantasien Ordnung und Orientierung zu bringen. Er hatte den Eindruck, dass seine Mandalazeichnungen seiner jeweiligen inneren Verfassung entsprachen.

> *Nur allmählich kam ich darauf, was das Mandala eigentlich ist: „Gestaltung – Umgestaltung, des ewigen Sinnes ewige Unterhaltung". Meine Mandala-Bilder waren Kryptogramme (von griechisch kryptos: Text mit geheimer Nebenbedeutung, Anm. des Verfassers) über den Zustand meines Selbst, die mir täglich zugestellt wurden. Ich sah, wie das Selbst, d. h. meine Ganzheit, am Werke war. Das konnte ich allerdings zuerst nur andeutungsweise verstehen; jedoch schienen mir die Zeichnungen schon damals hochbedeutsam, und ich hütete sie wie kostbare Perlen. Ich hatte das deutliche Gefühl von etwas Zentralem, und mit der Zeit gewann ich eine lebendige Vorstellung des Selbst. [...]*
>
> *Erst als ich die Mandalas zu malen anfing, sah ich, dass alles, alle Wege, die ich ging, und alle Schritte, die ich tat, wieder zu einem Punkte zurückführten, nämlich zur Mitte. Es wurde mir immer deutlicher: das Mandala ist das Zentrum. Es ist der Ausdruck für alle Wege. Es ist der Weg zur Mitte, zur Individuation.*
>
> C. G. Jung[37]

Die Häufigkeit, mit der Mandalas überall auf der Welt erscheinen, weist darauf hin, dass ihre Gestalt unserer Psyche in hohem Maße entspricht und auch unser ästhetisches Empfinden tief befriedigt. Philosophische und psychologische Anschauungsmodelle haben deshalb oft auch eine Mandalaform und meist nicht mehr als 3-5 Elemente. Mit drei bis fünf Elementen einer Theorie können wir relativ gut umgehen, sie prägen sich leicht ein. Alles andere wird zu unübersichtlich und zu komplex. Wir finden solche Anschauungsmodelle in den östlichen Religionen (eben z. B. als Mandala), aber auch in der abendländischen Antike und insbesondere auch in der Mystik des Mittelalters.

Ich weiß nicht, was ich bin,
ich bin nicht, was ich weiß;
Ein Ding und nit ein Ding,
ein Stüpfchen oder Kreis.

Angelus Silesius[38]

Das Mandala – und damit auch das Pentaolon-System, das sich ja an der klassischen Mandalastruktur orientiert – nimmt sowohl an der Symbolik der geometrischen Grundfiguren Punkt, Linie, Dreieck, Quadrat und Kreis, als auch an der Symbolik der Zahlen (insbesondere der ersten fünf) teil. Wesentliche Aspekte der Selbst-Verwirklichung und der Lebenskunst lassen sich somit bereits in der Zahlen- und Formsymbolik des Mandala finden, weshalb sie im folgenden kurz zusammengefasst werden soll.
Das Mandala hat folgende Grundelemente: einen äußeren Kreis, einen Mittelpunkt (das innere Zentrum) und eine den Mittelpunkt umgebende Vierer-Struktur, die oft als Kreuz oder Quadrat dargestellt wird. Die einfachste Form des Mandala ist ein Kreuz im Kreis. In den klassischen Mandaladarstellungen wird diese Grundstruktur vielfältig variiert. Viele Mandalas verwenden weitere Unterteilungen, die meist ein Vielfaches der Zahlen zwei und drei sind, also z. B. 6, 8, 12 und 16.
Die ersten fünf Zahlen und die ihnen zugeordneten geometrischen Grundformen erscheinen aber von ihrer symbolischen Bedeutung her als die wichtigsten. In den meisten Fällen variieren und differenzieren die nachfolgenden Zahlen lediglich die in den ersten fünf Zahlen enthaltenden Aspekte und bringen wenig essentiell Neues.

Null: Sein oder Nicht-Sein, das ist hier die Frage

Die Kreisform des Mandala, dem sich die Zahl Null zuordnen lässt, lässt sich in zweifacher Weise verstehen. Zum einen als uranfängliche, latente, nicht-duale Ganzheit, als das schöpferische Mysterium, bevor es ins Sein getreten ist. Zum anderen kann man den Kreis – insbesondere wenn man von seinem unsichtbaren Mittelpunkt als der latenten Ursprungseinheit ausgeht – als den im Leben verwirklichbaren und verwirklichten Teil der Ursprungseinheit und -ganzheit ansehen. Damit stoßen wir auf eine paradoxe Doppeldeutigkeit, die im Wesen der Symbole und der Einheitswirklichkeit liegt und mit der wir lernen müssen zu leben. Der Kreis ist Anfang und Ende zugleich.

Vor oder hinter unserem bewussten Erfahren und Wissen gibt es eine „Einheitswirklichkeit", in der die Dinge des Lebens in äußerst komplexer Form miteinander verbunden sind und sich in einem ständigen Prozess des Austausches befinden. Die letzte Wirklichkeitsdimension, aus der heraus wir leben, ist aber so komplex und paradox, dass kein Bild, kein Wort, kein Ausdruck gefunden werden kann, um sie zu bezeichnen. Das wurde ausführlich etwas weiter vorne erörtert.

Die indischen Upanishaden beschreiben diese Dimension mit einer doppelten Verneinung „Neti neti" (nicht nicht; es ist dies nicht, es ist jenes nicht). Die höchsten Symbole des Menschen sind deshalb auch die am wenigsten gestalt- und differenzierbaren, die unanschaulichsten, in gewisser Weise zugleich die einfachsten: der Kreis, die Kugel, die Leere, die zugleich die Fülle ist, das Nichts, das zugleich Alles ist, die Einheit ohne Zweiheit, das Sein, der Kosmos, die reine Energie, der Geist, das höchste Bewusstsein.

Aus der Sicht unseres auf Polaritäten angewiesenen Bewusstseins erscheint diese Dimension als negativ, als eigentlich gar nicht vorhanden, obwohl es das eigentlich positive, das eigentlich wirklich vorhandene ist, während unsere im Bewusstsein aufscheinenden Vorstellungen eher illusionären Charakter haben, weil in ihnen die Komplexität des Daseins auf einen minimalen Ausschnitt reduziert wird.

Der TAOTEKING beginnt mit seinen berühmten dunklen Worten, die sich genau auf dieses eigentliche Sein vor oder hinter der Welt der bewussten Erscheinungen beziehen:

Das Tao, das enthüllt werden kann,
ist nicht das ewige TAO.
Der Name, der genannt werden kann,
ist nicht der ewige Name.

Laotse[39]

Eins: Alles ist Eins und Eins ist Alles

Die Eins – im Mandala als Mittelpunkt dargestellt – symbolisiert dem Wesen nach das gleiche wie die Null: die unaussprechliche Einheit und Ganzheit all dessen, was ist. Sie symbolisiert damit auch den höchsten von uns gesuchten und erfahrbaren Wert. Diese höchste Bedeutung der Zahl Eins ist auch in unserem Alltagsdenken noch präsent. Der oder die Erste zu sein heißt für uns: der oder die Beste, Attraktivste zu sein, Macht, Bedeutung, Ruhm und Einfluss, Energie und Potenz zu besitzen.

Die Eins bezeichnet aber auch den Anfang einer Sache, den ersten Schritt ins Dasein, die Initiation. Sie verkörpert damit das aktive Prinzip im Vergleich zur Null, die mehr das passive Prinzip darstellt. So gesehen bezeichnet sie die erste Bewegung des schöpferischen Mysteriums, das sich nun zu manifestieren beginnt.

Die unoffenbare Ursprungseinheit lässt sich somit durch die Zahl Null symbolisieren, die sich offenbarende, manifestierende Ursprungseinheit mit der Zahl Eins. Über dieses Verhältnis von Null und Eins sagt der TAOTEKING im gleichen oben erwähnten ersten Text weiter:

Beides ist eins seinem Ursprung nach
und nur verschieden durch den Namen.
In seiner Einheit heißt es das Geheimnis.
Des Geheimnisses noch tieferes Geheimnis
ist das Tor, durch das alle Wunder hervortreten.

Laotse[40]

Zwei: Die Auseinandersetzung ist der Vater aller Dinge

Wie wir bei den Zahlen Null und Eins eben schon gesehen haben, ist es fast unmöglich, nicht in ein polares Denken zu verfallen, wenn wir beginnen, uns etwas bewusst machen zu wollen. Sobald das Absolute, das Eine, die Ursprungseinheit, also das, was vor aller Bewusstheit und Erfahrung ist, in Erscheinung tritt, manifestiert sie sich zugleich in Polaritäten. Alles Existierende scheint sich für uns in der Spannung und im Wechsel polarer Aspekte zu vollziehen. Wir können nie das eine ohne das andere denken. Ohne Polarisierung und Unterscheidung gibt es, soweit wir es beurteilen können, keine Orientierung in unserer Welt.

In den verschiedenen philosophischen, psychologischen und religiösen Systemen stoßen wir von daher immer wieder auf universale Polaritätspaare, die zum einen die Lebensdynamik ausmachen und zum anderen zu fortwährenden Konflikten führen. Einige dieser klassischen Polaritätspaare sind: Sein und Nicht-Sein, Materie und Energie, Leben und Tod, Dynamik und Stabilität, Ein und Aus, Ja und Nein, Innen und Außen, Introversion und Extraversion, Oben und Unten, Links und Rechts, Hinten und Vorne, Vor und Zurück, Aufstieg und Abstieg, Progression und Regression, Loslassen und Handeln, Vergangenheit und Zukunft, Jung und Alt, Körper und Geist, Weiblich und Männlich, Gut und Böse, Wahrheit und Täuschung, Schönheit und Hässlichkeit, Macht und Liebe, Bewusstes und Unbewusstes.

Drei: Aller guten Dinge sind drei

Die Zahl Drei wird verschiedentlich verwendet, beispielsweise als dreifache Ausdrucksform einer Sache (Dreieinigkeit), oder als dreifache Stufenfolge, die von der These über die Antithese zur Synthese führt und als dreifache Stufenfolge.

Es besagt in einer ihrer Formen, dass jede Entwicklung – und damit auch die psychische Entwicklung – in drei Phasen abläuft: aus einem Grundzustand – der ersten Phase – entwickelt sich ein gegensätzlicher, polarer Zustand, der mit dem ersten Zustand in Spannung steht – das ist die zweite Phase – und der dann in der dritten Phase zu einer Synthese, einer Vereinigung der Gegensätze auf einer höheren Ebene, führt.

Die Dreizahl findet in Mandalas meist in doppelter Hinsicht Verwendung. Oft symbolisiert sie die Vereinigung der Polaritäten in einem dritten Punkt nach dem Muster: These, Antithese, Synthese oder Mutter, Vater, Kind. Dieser Bedeutungsaspekt findet sich auch im Kreuz, wenn die beiden Balken als zwei sich durchdringende und vereinigende Polaritäten angesehen werden. Das Erreichen dieser Synthese ist aber häufig sehr schwierig und mit vielfältigen Leiden und Spannungen verbunden. In der Kreuzsymbolik des Christentums wurde insbesondere diese Konflikthaftigkeit dargestellt. Der gekreuzigte Jesus wurde zum Sinnbild des mit unserer Existenz verbundenen Leidens, die insbesondere durch die fast unüberwindliche Spannung zwischen dem Guten und Bösen, dem Geistigen und dem Triebhaften, dem Göttlichen und dem Menschlichen gekennzeichnet ist.

Sehr häufig werden aber auch Aspekte und Entwicklungsstufen in einer Dreierfolge aufgezählt: Anfang, Mitte, Ende; Vergangenheit, Gegenwart, Zukunft oder Unterwelt, Erde und Himmel.

Viele psychologische Modelle haben eine solche Aufteilung, z. B. Körper, Seele und Geist, oder Es, Ich und Über-Ich im Strukturmodell der Psychoanalyse, oder auch Kindheits-Ich, Erwachsenen-Ich und Eltern-Ich in der Transaktionsanalyse. Im LOGOS-Kapitel haben wir drei Stufen der Bewusstseinsentwicklung beschrieben: die undifferenziert-präpersonale, die differenziert-personale und die integrativ-transpersonale. Insgesamt ist die Drei eine aktive, dynamische Zahl, die vor dem Hintergrund polarer Spannung auf ein bestimmtes, vereinigendes Ziel hindeutet und hindrängt.

Vier: Die Quadratur des Kreises

Ein weiteres grundlegendes Element des Mandala ist die Vierzahl und damit verbunden das Quadrat. Die Vier ist im Vergleich mit der Drei nicht so dynamisch, dafür kompletter. Man könnte in ihr eine Ausdifferenzierung der in der Drei angestrebten Vereinigung der Polaritäten sehen. Sie ist eine Art „Quadratur des Kreises": das, was im Kreis latent als Möglichkeit der Entfaltung verborgen ist, findet im Quadrat seine konkrete Verwirklichung und Bewusstwerdung. „Vier Elemente, innig gesellt, bilden das Leben, bauen die Welt."[41] (Friedrich Schiller)

Die Quaternität ist ein „Ordnungsschema par excellence"[42] und ein wesentlicher Aspekt der Ganzheitssymbolik: „Die ideale Vollständigkeit ist das Runde, der Kreis, aber seine natürliche minimale Einteilung ist die Vierheit."[43]

Die Vier als Zahl, das Quadrat wie auch das Kreuz, ermöglichen den Aufbau eines grundlegenden Koordinatensystems für Zeit und Raum, für Welt und Kosmos. Sie bilden deshalb auch die Basis für viele logisch-geistige Modelle: die vier Himmelsrichtungen, die vier Winde, die vier Jahreszeiten, die vier Lebensalter, die vier Elemente, die vier Körpersäfte und die vier Temperamente, die vier Flüsse des Paradieses, die vier Evangelisten, das Pentaolon-System, das „Aqual" (Alle Quadranten, alle Level)-Modell von Ken Wilber.

In seinen religionspsychologischen Überlegungen setzt sich Jung mit dem Archetyp der Trinität auseinander und ist der Meinung, dass in der christlichen Trinitätsvorstellung Maria als Viertes fehlt und die christliche Religion deshalb Maria, das heißt das Weibliche oder das Weiblich-Geistige als Viertes zur Ganzheit wieder hinzunehmen (vgl. Himmelfahrt Marias) müsse. Wo man in mythologischen und religiösen Bildern und Symbolen, hermetischen Symbolsystemen (etwa der Alchemie) oder auch in der Philosophie auf die Vierheit stoße, gehe es darum, eine chaotische Vielfalt numinoser Bilder und Eindrücke zu ordnen. Die Quaternität oder Quaternio bedeute Beruhigung durch Ordnung.

Deswegen bedient sich Jung häufig selbst eines Quaternitätsmodells, um sich in der Fülle und Vielschichtigkeit universaler Motive, Gestalten, Ereignisse, aber auch der Träume, Fantasien und anderen unbewussten und symbolischen Gestaltungen seiner Patienten orientieren zu können.

Fünf: Die Quintessenz

Die vier Elemente, die sich im Quadrat polar gegenüberstehen, finden ihre Synthese – je nach Blickwinkel – im äußeren Kreis oder im Mittelpunkt. Der Ursprung und das Ziel fallen in eins. Das schöpferische Mysterium ist ständig vorhanden, am Anfang, in der Mitte, am Ende und immer und zu jeder Zeit dazwischen. Das fünfte Element bezeichnet damit die Summe, die Ganzheit, die Quintessenz, das alle vier Aspekte integrierende, transzendierende Eine. Es ist die Achse, um die sich alles dreht. Es ist das unerkennbare und doch dauernd sich selbst offenbarende Mysterium auf den verschiedenen Ebenen der Evolution und der Entwicklung. Es offenbart sich in unendlich vielen Aspekten, ohne darin jemals vollständig aufzuge-

Abb. 30: Sri Yantra (ca. 1700, Nepal). Yantras stellen im indischen Hinduismus und Tantrismus geometrische Repräsentationen von Gottheiten dar. Das Sri Yantra ist das wichtigste aller tantrischen Yantras und besteht aus neun ineinander liegenden Dreiecken. Die vier nach oben zulaufende Dreiecke symbolisieren männliche kosmische Kräfte, die in Shiva verkörpert sind; die fünf nach unten zulaufenden Dreiecke hingegen Kräfte der Shakti, der weiblichen Energie des Universums. Shiva und Shakti werden häufig auch als Gottheiten in sexueller Vereinigung dargestellt, denn aus ihrem gemeinsamen schöpferischen Zusammenspiel entsteht alles, was ist.

hen. Es bleiben immer noch weitere, nicht vorhersehbare Möglichkeiten (Mutationen, Quantensprünge), die für Überraschungen sorgen.

In die Mitte des Mandala als fünftem Punkt werden in der Tradition häufig Symbole des höchsten Wertes eingefügt: z. B. ein Diamant, eine goldene Blüte, eine Gottheit wie z. B. Jesus, Buddha, eine mythologische Gestalt wie z. B. Hermes-Mercurius, das Göttliche Kind oder das sich vereinigende göttliche Paar.

Mysterium coniunctionis: Die heilige Hochzeit

Die umfassende Bedeutung, die die sexuelle Vereinigung von Mann und Frau sowohl als konkrete Handlung als auch transzendentes Symbol für den Menschen hat, wird dadurch verständlich, dass aus ihr unser Dasein und Leben hervorgeht. Hinzu kommt, dass sie die wohl am dringlichsten und unmittelbarsten erlebte Gegensatzspannung, nämlich die zwischen Mann und Frau, überwindet. Aus diesen beiden Gründen ist sie das Hauptthema, das Männer wie Frauen bewegt, die einen wohl mehr auf der körperlichen Ebene, die anderen mehr auf der partnerschaftlichen.

Wenn man sich längere Zeit mit dieser Thematik beschäftigt, dann scheint es, als ob sich in allem und jedem, im Untersten und Obersten, im Höchsten und Tiefsten, im Heiligsten und Profansten, dieses ewige Thema spiegelt. So wundert es nicht, dass der Vorrat an diesbezüglichen eindeutigen Anspielungen unerschöpflich scheint und dass Sigmund Freud in allen Symbolen des Unbewussten immer nur das Gleiche zu erkennen glaubte. Auch wenn man zugesteht, dass es noch ein paar andere Sachen im Leben gibt, so muss man doch sehen, dass sich sehr vieles, das im Leben Freude macht, irgendwie aus dieser Quelle speist. Wenn der tapfere Held am Ende nicht seine Geliebte befreien kann, wenn der abstrakte Logos seinen Geist nicht in eine materielle Form ergießen kann, dann macht alles keinen rechten Sinn.

Das dies so ist, braucht uns nicht zu wundern, wenn uns klar wird, dass der so banal als „Urknall“ bezeichnete erste Schöpfungsakt gewissermaßen bereits der erste Orgasmus war und wir die Kinder dieses gewaltigen Ereignisses sind. Fast scheint es, als ob wir in unseren eigenen Orgasmen an jene ekstatische Schöpfungskraft, mit der sich das All und Eine in die Existenz brachte, erinnerten und als würden sie uns immer wieder dieses Ereignis wiederholen lassen, um uns das Wunder der Schöpfung eindringlich bewusst zu machen.

Ein zweiunddreißigjähriger Mann hat am Anfang einer sehr intensiven Liebesbeziehung den folgenden Traum:

> *Ich schlafe ganz leidenschaftlich und lustvoll mit meiner Partnerin. Nach und nach wird mir deutlich, dass wir beide in einer Kirche sind und mitten auf dem Altar liegen. Ich kann zwar nicht sehen, ob andere Leute anwesend sind, aber es ist mir peinlich, dass es hier so öffentlich ist, auch befürchte ich, dass der Pfarrer kommen könnte und uns des Sakrilegs beschuldigen könnte.*

Zum einen zeigt das Unbewusste dieses Träumers, dass die Sexualität eine religiöse und heilige Handlung ist. Das Unbewusste hat noch ein Wissen vom Mysterium der Sexualität: Der Mensch verbindet sich mit einem anderen Menschen ebenso wie mit seinem Körper und dem des anderen, damit mit dem Körperlich-Erdhaften und letztlich mit der Erde und dem Kosmos selbst. Die Sexualität stellt eine Verbindung zu seinen Wurzeln her, zur eigenen Tiefe, zum eigenen Unbewussten und dem der Menschheit. Insofern stellt die Kirche eigentlich genau den richtigen Ort dar, um den „Hieros-Gamos", die „Heilige Hochzeit" zu zelebrieren.

Die „Heilige Hochzeit" wurde in den unterschiedlichsten Mythologien als rituelle Vereinigung zwischen Gott und Göttin, König und Königin, Priester und Priesterin, zwischen göttlicher, priesterlicher oder königlicher Gestalt und Mensch oder zwischen zwei Menschen beschrieben.

Ihr Wesen ist, das zugleich ein konkreter sexueller Akt und ein symbolisches Ritual oder ein religiöser Ritus stattfinden. Die körperliche Vereinigung bekommt dadurch eine Tiefendimension als „mysterium coniunctionis", als Mysterium der Vereinigung und der Verbundenheit, nach der wir uns in der innigen körperlichen Vereinigung vermutlich immer sehnen. Das körperliche Um- und Ineinandersein kann deswegen zu einem seelischen, geistigen und mystischen Erleben führen, das sich sowohl wie eine allerpersönlichste Beziehung als auch wie eine Vereinigung mit dem Transzendenten, dem Universum oder Kosmos, dem Göttlichen, dem Ewig-Seienden anfühlt.

Zum anderen zeigt der Traum in der Reaktion der Peinlichkeit und der Angst auch unsere tiefe Gespaltenheit, die dadurch entsteht, dass diese heilige Handlung vom Über-Ich, von unserer Kultur und Religion aus der Kirche ausgeschlossen worden ist. Der Träumer hat somit teil an der Angst der meisten Menschen und der patriarchalen Religionen vor der immensen Kraft des EROS.

Jahrtausende lang haben weltliche und geistliche Mächte die Sexualität verteufelt und das hat seine Spuren in uns hinterlassen. Ungeheure menschliche Energien sind in das Bestreben geflossen, Sexualität, Körperlichkeit, Schönheit und Freude irgendwie zu entmachten. Religiöse Lehrer, Philosophen, Politiker, Richter, Asketen und viele mehr beschäftigten sich zu Tausenden mit dieser Aufgabe. EROS wurde zur Sünde des Fleisches und zur Eitelkeit der Welt. Im besten Fall wurde er bemäntelt, verschwiegen, in seiner göttlichen Kraft verharmlost und verdüstert oder er wurde herabgewürdigt und verteufelt. Im schlimmeren Fall wurden Menschen bestraft, die es wagten, dem EROS zu folgen, man denke etwa an die Steinigung der Ehebrecherin (Johannes 7, 53-8,11).

Die Angst vor Eros und Sexualität hat natürlich etwas Archetypisches, denn immerhin geht es in der Ekstase der Sexualität ja um Ich-Aufgabe und Ekstase, sie ist ein „fascinosum", also faszinierend und ein „tremendum", also erzittern lassend, zugleich. Das Ich-Bewusstsein stirbt in gewisser Weise, um das ekstatische, mysteriöse Wesen des Selbst zu erfahren und danach wieder neu zu erstehen. Würde diese Erfahrung tief genug reichen und im Bewusstsein dauerhaft verankert werden - wie das im Tantrismus durch regelmäßige Übung und Meditation angestrebt wird - würde im „Hieros-Gamos" der neue Mensch gezeugt und geboren werden, der Mensch, der sich seiner „göttlichen" Natur bewusst geworden ist.

Eine solche Vereinigung von Seele und Körper, von Bewusstem und Unbewusstem, von Weiblichem und Männlichen kann sich manchmal auch in der schwierigen, tabuisierten und anstößigen Symbolik des Inzestes symbolisieren.

Die eigenen Tiefenschichten, derer wir uns in einem Prozess der Analyse bewusst werden können, sind ja, wie bereits beschrieben, einerseits sehr fern und vermeintlich unbekannt, andererseits aber überaus nah und urvertraut. Das entspricht einer Gefühlslage von tiefster Sehnsucht, Faszination und beglückender „heiliger" Erfüllung zugleich.

Der unbewusste Vertrautheitsaspekt zwischen dem Ich-Bewusstsein und dem Selbst kann sich dann darin zeigen, dass sich die „unio mystica" in Fantasien und Bildern der sexuellen Vereinigung mit Eltern und Kindern, mit Brüdern und Schwestern darstellt. In intensiven Liebeserfahrungen werden Partner dementsprechend häufig auch als eine eigentümliche Mischung von Mann und Frau, Mutter und Vater, Tochter und Sohn, Geliebtem und

Abb. 31: *Maria und Jesuskind.* Bartolome Esteban Murillo (ca. 1650), Galleria Palatina, Florenz. Das Kind mit seiner Offenheit, seiner Spontanität, seinen Träumen und Fantasien, seiner Lebensfreude, Lust und Kreativität steht in einer so engen Beziehung zu unserem wirklichen Wesen, dass es in vielen Religionen zum Symbol des „wahren" inneren Selbst wurde.

Geliebter empfunden. Die Psyche scheint in ihrer Liebesfähigkeit und Sexualität - wie wir z. B. auch in Träumen sehen können - nur wenige moralische Grenzen zu kennen und sich bis ins Tierreich auszudehnen. Das wundert uns vielleicht weniger, wenn uns bewusst wird, dass wir unsere frühesten und prägendsten Liebeserfahrungen und Liebesbindungen eben mit Mutter und Vater, Großmutter und Großvater, Geschwistern und Verwandten und oft auch mit Haustieren erfahren. Diese frühen starken Liebesgefühle werden in der Sexualität oft neu belebt.

Das „Göttliche Kind“: Zum Lebendigsein begabt

Ein weiteres archetypisches Symbole für das lebendige schöpferische Mysterium und das „innigst Vertraute“ in uns ist das „Göttliche Kind“.

> *Es personifiziert Lebensmächte jenseits des beschränkten Bewusstseinsumfanges, Wege und Möglichkeiten, von denen das Bewusstsein in seiner Einseitigkeit nichts weiß, und eine Ganzheit, welche die Tiefen der Natur einschließt. Es stellt den stärksten und unvermeidlichsten Drang des Wesens dar, nämlich den, sich selber zu verwirklichen. [...] Der Drang und Zwang zur Selbst-Verwirklichung ist Naturgesetzlichkeit und daher von unüberwindlicher Kraft, auch wenn der Beginn ihrer Wirkung zunächst unansehnlich und unwahrscheinlich ist.*
>
> C. G. Jung[44]

In unseren Träumen finden wir recht häufig das Motiv des Kindes, nicht immer ist es lebendig, freudig und spontan, häufig ist es vernachlässigt und einsam. Dies weist darauf hin, dass wir unsere kindlichen Bedürfnisse und Möglichkeiten, die ja auch auf das schöpferische Mysterium und unsere Ganzheit hinweisen, nicht genügend wahrnehmen. Vielleicht verdrängen wir unsere Sehnsucht nach einfühlsamer Liebe, warmer Geborgenheit, hilfreicher Fürsorge und Unterstützung, um anderen gegenüber sicher, stark und unabhängig zu erscheinen. Oder vielleicht trauen wir uns nicht, unsere kindliche Lebensfreude, Neugier und Fantasie zu zeigen, um uns nicht in den Augen anderer lächerlich zu machen.

Bei diesem „Inneren Kind“ geht es aber nicht nur um unsere Vergangenheit, sondern vor allem um unsere unmittelbare Gegenwart, es geht um die Frage, wie wir mit unserer Lebensessenz, unserem innersten Wesen umgehen.[45]

Es gibt in unserer Seele etwas, das so frisch, so lebendig, so offen, so unschuldig und so sehr verletzlich ist, wie ein kleines Kind. Wenn wir ganz entspannt sind, wenn wir alle Ansprüche an uns fallen lassen, wenn wir uns „gehen“ lassen, wenn wir uns gestatten, ganz weich, ganz aufrichtig und ganz bei uns zu sein, dann spüren wir diese Seite in uns, dann haben wir den Eindruck, dass dies eigentlich unser wahres Wesen ist, dass alles andere nur Oberfläche, Angelerntes, Maske, Vorgetäuschtes ist. An der Oberfläche mag unsere Gestalt sich ändern, wir werden älter, sammeln Wissen und Erfahrungen, aber im Innersten sind und bleiben wir in diesem frischen, kindlichen Zustand.

Wenn Menschen Erfahrungen machen, bei denen sie den Eindruck haben, dass sie etwas ganz Wesentliches und Zentrales von sich erleben, dann finden sie häufig keinen treffenderen Vergleich, als zu sagen, dass sie sich jetzt wie ein Kind fühlen. Und sie meinen damit hauptsächlich eine große Offenheit und Sensibilität für das, was sie umgibt. Sie meinen damit einen Zustand, in dem sie glücklich sind, einfach da zu sein, mühelos, neugierig, lernfreudig, liebevoll.

Eine Frau von 47 Jahren wurde mit einem Traum beschenkt, der ihr nach dem Erwachen das starke Gefühl vermittelt, dass sie endlich etwas wiedergefunden hatte, was sie viele Jahre, ohne dass sie es recht bemerkt hatte, verloren und vermisst hatte: ihre kindliche Unbefangenheit, Neugier und Offenheit:

Ich bin auf einem orientalischen Markt oder Basar, unter freiem Himmel. Ein Junge wird von Männern hochgehalten und getragen. Er wirkt erst, als sei er etwa zwei bis drei Jahre alt, dann wie zehn, dann wieder zwei bis drei, das Alter wechselt ständig. Wir schauen uns an. Er lacht ein bezauberndes kindlich-unbefangenes, lebendiges Lachen. Sein Gesicht ist ganz rund, strahlend, sein Blick voller Freude. Ich habe den Eindruck von seinem Blick ins Herz getroffen zu sein, und es kommt eine ganz starke, warme, strahlende Freude in mir auf und ein ganz starkes Gefühl von Sehnsucht. Dann höre ich Stimmen, wie ein Chor: „Das ist Dein Kind.“ Ich sage voller Freude: „Das ist mein Kind.“ Wir lachen uns an, freuen uns, es winkt und lacht mir zu, während es weiter getragen wird und schließlich in einer Straße, die nach rechts oben verläuft, verschwindet.

Hermes-Mercurius

Eine weitere Symbolgestalt, die in mancherlei Hinsicht der des Kindes ähnelt und die verborgene Ganzheit unseres Wesen, den MYSTOS, treffend darstellt, darf hier nicht unerwähnt bleiben: Hermes-Mercurius.

Seine paradoxe Gestalt mit seinen seltsamen, widersprüchlichen Eigenschaften ist besser als alle anderen in der Lage, die Essenz, das Wesentliche und das Schöpferische, zugleich aber auch das Problematische und Dunkle des MYSTOS zu symbolisieren. Hermes-Mercurius vermag auch eine versöhnende Brücke zu bauen zwischen einer rational-konkreten und einer mystisch-symbolischen Einstellung, wobei er allerdings ein Höchstmaß an Toleranz, Offenheit und Bereitschaft, Sachverhalte auch ungeklärt zu lassen, von uns fordert.

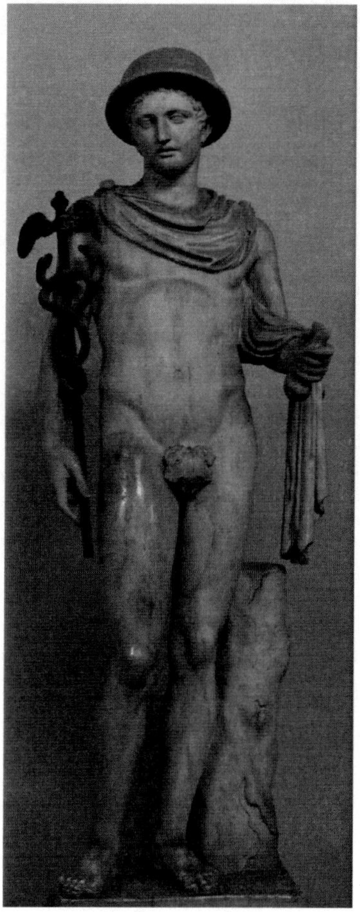

Abb. 32: *Hermes-Mercurius,* Museo Chiaramonti, Künstler unbekannt.

Hermes-Mercurius ist der Grenzenüberschreiter par excellence. In der griechischen Mythologie ist er als Götterbote unter verschiedenstem Auftrag ständig unterwegs. Er ist Mittler und Verbinder der verschiedenen äußeren und inneren Welten und bewegt sich zwischen Tag und Nacht, Götterwelt und Menschenwelt, Menschenwelt und Unterwelt und lässt überall seine Beziehungen spielen. Er ist der „Gott" der Medien, die in irgendeiner Weise Botschaften, Nachrichten, Informationen vermitteln und verbreiten.

Er gilt in der griechischen Mythologie auch als der Herr der Wege und Kreuzungen, als Gott der Menschen, die unterwegs sind aus welchen Gründen auch immer: Wanderer, Reisende, fahrendes Volk, Abenteurer, Kaufleute, Boten, Diener und Diplomaten, Agenten und Spione. Seine geflügelten Füße weisen auf seine Fähigkeit des Fliegens, der Schnelligkeit, der Ungreifbarkeit und des Transzendierens. Seine kommunikativen und vermittelnden Fähigkeiten ermöglichen es, scheinbar unversöhnliche Gegensätze miteinander zu verbinden.

Hermes ist als Diplomat und Vermittler auch ein Meister in der Kunst der Kommunikation und Manipulation. Durch seine Freundlichkeit und hohe Beredsamkeit, seine geistige Beweglichkeit und manuelle Geschicklichkeit, mit Hilfe von List, Verführung, Überredung und Täuschung bringt er die Menschen dazu zu glauben, was sie glauben sollen.

Somit ist er auch der Schutzpatron der Gaukler, Taschenspieler und Täuschungskünstler, der Diebe und Betrüger. Er deutet die Fakten so, wie er es braucht – Hermeneutik ist die Kunst der Deutung – und formuliert so, dass er nicht wirklich festzulegen ist und immer noch ein Hintertürchen offen hat, aus dem er dann flugs entweicht, wenn man glaubt, ihn dingfest gemacht zu haben.

Innerhalb einer engeren konventionellen Moral und Ethik mögen die geschilderten Eigenschaften des Hermes eher negativ und amoralisch erscheinen, aber auf dem Felde der psychologischen Arbeit sind sie unumgänglich notwendig, um die erstarrten Persönlichkeits- und Lebenssysteme lockern und auflösen zu können.

Hermes besitzt einen Zauberstab, den Caduceus (griech.: Kerykeion). Die beiden polar angeordneten Schlangen weisen auf seine heilende, wandelnde, integrative Kraft, die Polaritäten versöhnende Fähigkeit hin. Die Flügel symbolisieren, wie schon bei den Schuhen, leichte Beweglichkeit, Luftigkeit, Geistigkeit, Bewusstheit, einen freien Zustand über den Gegensätzen. Mit ihm, den man zusammengefasst als ein Symbol für die schöpferische, grenzenüberschreitende, gegensatzvereinigende „transzendente Funktion" der Seele auffassen kann, verzaubert Hermes uns, er inspiriert uns, verändert unser Bewusstsein, versetzt uns in Trance und schickt uns Fantasien, Träume und Visionen.

Die archetypische Symbolgestalt des Hermes-Mercurius repräsentiert die unserem rationalen Bewusstsein paradox und unverständlich erscheinenden Eigenschaften des schöpferischen Mysteriums und der Ganzheit und Einheit des Lebensprozesses. Diese Lebensganzheit ist ihrem Wesen nach vieldeutig und widersprüchlich, insofern sie unserem Bewusstsein unvereinbar erscheinende Gegensatzpaare in sich vereint, so z. B. Wahrheit und Täuschung, Weisheit und Dummheit, Freude und Leid, Heiliges und Profanes, Göttliches und Teuflisches usw.

Schattenaspekte des MYSTOS-Prinzips

Da das MYSTOS-Prinzip das Ganze des Seins, des Lebens und der Seele repräsentiert, sind seine Schattenseiten so umfassend wie das ganze Sein. MYSTOS ist so hell wie die höchste Erleuchtung und so dunkel wie die abscheulichste Perversion. Sein Schatten umfasst die Schattenaspekte aller anderen Faktoren, so dass wir diese hier nicht wiederholen wollen. Es gibt aber noch einige spezielle Aspekte, die in den vorangegangenen Kapiteln nicht erwähnt wurden und insbesondere mit dem Charakter des Paradoxen, Polaren und Ganzheitlichen zu tun haben. In der Gestalt des Hermes-Mercurius sind wir ihnen schon begegnet.

MYSTOS braucht seine Realisierung und Verankerung in den vier anderen Faktoren. Die höchsten Einsichten und die schöpferischsten Fantasien nützen letztlich wenig, wenn sie nicht verantwortlich im realen Leben (BIOS), in der verwirklichten Handlung (HEROS), im Verstehen (LOGOS) und in der Liebe (EROS) Ausdruck finden. Dementsprechend liegen die Problemseiten des MYSTOS vor allem im Fehlen dieser bindenden ehtischen Aspekte. MYSTOS kann dann leicht zu Größenfantasien, zu Täuschungen und Illusionen, Inflationen, Verwechslungen von symbolischer Wirklichkeit und äußerer Realität, zu einem Rückfall in abergläubisches und magisches Denken verführen.

Veränderte Bewusstseinszustände, seelische Grenzerfahrungen haben häufig einen stark faszinierenden und überzeugenden Charakter. Es fällt oft schwer, einen realistischen Abstand von solchen Erfahrungen zu gewinnen. Die „Überschwemmung" der Persönlichkeit durch unbewusste Inhalte kann zu einer Überbetonung der Fantasie und zu einer Dominanz magisch-mythischen Erlebens und Verhaltens führen. Zwischen Innen und Außen, Körperlichem und Psychischem, Ich und Du und besonders auch zwischen konkretem äußerem Objekt und innerer Erfahrung kann nicht mehr deutlich genug unterschieden werden. Es entwickeln sich magische und abergläubische Vorstellungen.

Im Extrem führt ein Rückfall in das prälogische Denken und Erleben zu psychotischen Verfolgungsängsten oder umgekehrt zu Allmachts- und Größenfantasien, in denen wir dann glauben, wir seien Gott oder das Universum persönlich – anstatt uns als einen Teil und als einen individuellen – und damit sehr beschränkten – Ausdruck desselben zu sehen. Wir glauben im Besitz der letzten Wahrheiten zu sein und fühlen uns berufen, als Propheten, Weisheitslehrer und Führer die Welt verändern zu wollen.

Archetypische Fantasien, ganz besonders Menschheits-Erlöser-Fantasien, haben zudem eine besonders starke suggestive Hoffnungs- und Überzeugungskraft. Ganze Menschenmassen und Völker können ihr epidemisch verfallen und sich für das auserwählte Volk halten. Die grauenhaften Wirkungen eines solchen Massenwahns konnten die Menschen zu allen Zeiten bis in die Gegenwart hinein erleben.

Das beste Gegenmittel gegen solche destruktiven Größenfantasien ist Selbsterkenntnis, Schattenintegration und Bescheidenheit, wie wir sie bei älteren, gereiften Menschen finden, beispielsweise bei C. G. Jung, wenn er in hohem Alter schreibt:

Je älter ich wurde, desto weniger verstand oder erkannte oder wusste ich mich. Ich bin über mich erstaunt, enttäuscht, erfreut. Ich bin betrübt, niedergeschlagen, enthusiastisch. Ich bin das alles auch und kann die Summe nicht ziehen. Ich bin außerstande, einen definitiven Wert oder Unwert festzustellen, ich habe kein Urteil über mich und mein Leben. In nichts bin ich ganz sicher. Ich habe keine definitive Überzeugung – eigentlich von nichts. Ich weiß nur, dass ich geboren wurde und existiere, und es ist mir, als ob ich getragen würde. Ich existiere auf der Grundlage von etwas, das ich nicht kenne.[46]

Oder auch bei Carl Rogers an folgender Stelle:

Es ist für mich einfacher geworden, mich als einen entschieden unvollkommenen Menschen zu akzeptieren, der keinesfalls zu jeder Zeit so handelt, wie ich handeln möchte.[47] Und an anderer Stelle:

Je mehr ich gegenüber den Realitäten in mir und im anderen offen bin, desto weniger verfalle ich dem Wunsch, herbeizustürzen und „die Dinge in Ordnung zu bringen". Während ich versuche, mir und den Erfahrungsvorgängen, die sich in mir ereignen, zuzuhören, und je mehr ich versuche, die gleiche zuhörende Einstellung auf einen anderen Menschen auszudehnen, desto mehr Respekt empfinde ich vor den komplexen Problemen des Lebens. So werde ich immer weniger dazu neigen, hinzuzueilen, um Dinge in Ordnung zu bringen, Ziele zu setzen, Menschen zu formen, sie in die Richtung zu manipulieren und zu schieben, in die ich sie haben möchte. Ich bin weit mehr damit zufrieden, einfach ich selbst zu sein und einen anderen sich selbst sein zu lassen […].[48]

Der MYSTOS-orientierte Persönlichkeits- und Lebensstil

MYSTOS-orientierte Menschen können – was ja auch bei allen anderen Faktoren gilt – auf den verschiedensten Bewusstseinsebenen und Reifungsstufen erscheinen: In ihrer undifferenzierten Form auf einem Bewusstseinsniveau, das noch kaum dem präpersonalen, magisch-mythischen Stadium entwachsen ist und in dem sich von daher noch alle möglichen Gegensätze der menschlichen Psyche in ständigem Streit, Konflikt und Wechsel befinden.

In ihrer differenziertesten Form als ein Bewusstsein, dass die Vielschichtigkeit und Paradoxität des Seins und des Selbst integriert hat. Gestaltungen für die differenzierte Form finden sich z. B. in den Beschreibungen des edlen Menschen bei Konfuzius oder Laotse, in den Geschichten des Zen, des Sufismus und des Chassidismus, auch in den Figuren des weisen Narren, etwa des türkischen Mulla Nasrudin.

Die großen Religionsstifter gehören zumindest zum Teil hierher, insofern sie ein menschheits- und weltumspannendes Bewusstsein in den Mittelpunkt ihrer Lehre stellten und nicht nur einen Aspekt des Lebens betonten. Im idealen Falle entspricht der mystos-orientierte Persönlichkeits- und Lebensstil dem des individuierten Menschen, dessen Merkmale im nachfolgenden Kapitel zusammengefasst werden sollen.

Bei den weniger differenzierte Formen ist zwar die schöpferische Fülle und Vielgestaltigkeit des MYSTOS vorhanden, aber es fehlt ein integrierender Kern, der der Fülle eine stabile Struktur, Form und Verantwortlichkeit gibt. Wir haben dann einen Menschen vor uns, der den Mythos des Narren, Trickters und Schelmen lebt, wie er in vielen Kulturen bekannt ist. Der Archetyp des Tricksters findet sich auch in den modernen Clowns-Gestalten des Zirkus (Hanswurst, Dummer August) und vielen Comic-Figuren. Auch der Affe ist dafür eine häufige Symbolgestalt. Frenzel charakterisiert die literarische Gattung des Schelmen folgendermaßen:

> *Der Schelm (mhd. Schelm = Aas, Henker, Abdecker, ehrloser Mensch) ist nach älterem Sprachgebrauch kein Verbrecher, aber auch kein ehrenwerter Mensch, er hält die Mitte zwischen Schalk und Schurke. Er will nicht das Böse, ist auch nicht hemmungslos bösen Instinkten hingegeben, er reagiert nur auf die Bosheit der Umwelt ebenso böse und hat nicht die ideale Vorstellung, sich moralisch intakt durchzubringen, sondern er will überleben und auch nicht schlecht überleben. Der Schelm ist durch Herkunft*

oder Schicksalsschläge unter die Armen und die den Unbilden schutzlos Ausgesetzten geraten, darum kann seine Gegenwehr nicht frontal sein, sondern muss die List zur Hilfe nehmen: er überlebt durch seine Schlauheit. Seine Stärke beruht auf der Kenntnis der menschlichen Schwächen, die er auch an den Etablierten und Hochgestellten, den Starken, Mächtigen und Wohlangesehenen erkennt, durch seine Schachzüge ausnutzt und zugleich entlarvt. Er tut das ohne Plan, nur von Fall zu Fall, von Not gedrungen und von Verlockung verführt. Der Schelm hat kein Lebensziel, er will nicht zu höherem Standard aufsteigen, er möchte nur auf bequeme, ehrgeizlose Weise das Leben genießen. Er hat auch kein Programm und will die Welt nicht verbessern. Seine Ziele liegen nah, er baut sein Leben nicht, sondern lässt sich treiben und fühlt sich da unbehaglich, wo es stetig und nach Ordnungen zugeht. Er bindet sich an keine Sache und kaum einen Menschen, er ist kein Abenteurer, aber sein Leben verläuft abenteuerlich […] [49]

Dadurch, dass es solchen Menschen nicht gelingt, den Übergang vom Kind und Jugendlichen zum verantwortungsbewussten Erwachsen-Sein zu schaffen und einigermaßen feste Ich-Bewusstseins-Grenzen aufzubauen, werden sie leicht von unbewussten Reaktionen beeinflusst. Dies mag sich einerseits in Fantasie- und Ideenreichtum, in Originalität und Kreativität, andererseits aber auch in vielfältigen psychischen und sozialen Störungen, Fehlverhaltensweisen und merkwürdigen Persönlichkeitszügen zeigen. Manchmal wirken diese Menschen wie lebende Personifikationen des Unbewussten schlechthin, so dass in ihrer Paradoxität und inneren Widersprüchlichkeit die linke Hand nicht weiß, was die rechte tut.

Das MYSTOS-Prinzip in Selbst-Erfahrung und Therapie

Das MYSTOS-Prinzip findet sich in allen Selbst-Erfahrungsformen und Therapieverfahren in denen das Grundbedürfnis nach dem Ganzheitlichen, Integrativen, dem Schöpferischen, dem Neuen, Faszinierenden, dem Wunderbaren, der ekstatischen Erfahrung, der Bewusstseinsveränderung, dem Transpersonalen, Religiösen und Spirituellen betont ist.

Im Zentrum steht dabei oft die Herstellung einer Beziehung zum Unbewussten, zur inneren Welt der Imagination und mystischen Schau, die Entwicklung von Kreativität, Fantasie, Intuition und Spontanität. Bevorzugte Methoden sind Traum-, Symbol- und Fantasiearbeit, das „Gespräch mit der Seele", künstlerische Gestaltungen, Körperübungen, Tanz, Meditation, Rituale, Exerzitien und die Arbeit mit veränderten Bewusstseinszuständen.

MYSTOS repräsentiert aber nicht nur die Ganzheit, sondern auch das schöpferische Wandlungsprinzip, den schöpferischen Impuls, den unberechenbaren spontanen Faktor X, der dann wirksam wird, wenn die Zeit dafür reif ist. Jede seelische Veränderung – sei es eine erhellende Einsicht, eine kreative Vision, die Öffnung einer neuen Gefühlsdimension, die Erinnerung eines Traumas oder der Impuls zu einer Verhaltensänderung – scheint angewiesen zu sein auf die „mercuriale" Fähigkeit der Seele, sich auf den dunklen Pfaden des Unbewussten zu bewegen und heimliche Verbindungen und Beziehungen zu knüpfen, die dann plötzlich und überraschend ins Bewusstsein treten. Insofern ist dieses Prinzip in praktisch allen Selbst-Erfahrungsmethoden und Therapierichtungen und in allen bisher beschriebenen archetypischen Faktoren in der einen oder anderen Form latent wirksam.

C. G. Jung ist ohne Zweifel einer der großen Pioniere sowohl der integrativen, als auch der kreativen und transpersonalen Ansätze in der Psychotherapie gewesen. Psychotherapie und Individuation standen für ihn in einem engen Zusammenhang. Er hat die neurotische Erkrankung u. a. auch als Signal zur Sinnfindung und Individuation aufgefasst. Da der Individuationsprozess ein individueller Ganzheitsprozess ist und die zunehmende bewusste Erfahrung des inneren Selbst, des MYSTOS, zum Ziel hat, kam C. G. Jung schon früh zur Auffassung, dass jeder Klient eine individuelle Therapie brauche.

Da jedes Individuum eine neue und einzigartige Kombination psychischer Elemente bildet, so muss die Erforschung der Wahrheit mit jedem Fall neu einsetzen, denn jeder „Fall“ ist individuell und nicht ableitbar aus irgendwelchen allgemeinen und vorausgesetzten Formeln.
Jedes Individuum ist ein neues Experiment des immer wechselnden Lebens und ein Versuch zu einer neuen Lösung und einer neuen Anpassung. Wir würden den Sinn einer individuellen Psyche verfehlen, wenn wir sie auf der Basis vorgefasster Meinungen deuteten, wie sehr wir auch dazu neigen mögen.[50]

Häufig geht man in Selbst-Erfahrungen und Therapien von einer idealen Abfolge der einzelnen Schritte aus: Auf der Basis einer tragfähigen, vertrauensvollen Beziehung (BIOS, EROS) nähert sich der Klient in einem teilweisen regressiven Prozess einem unbewussten Komplex, Konflikt, Defizit oder Potenzial an, erlebt und durchlebt diesen emotional, kann ihn dann benennen, einordnen und verstehen (LOGOS) und nach einer ausreichenden Zeit der Durcharbeitung wird er die Konsequenzen, die sich aus seiner neu gewonnenen Einsicht ergeben, in seinem Leben umsetzen (HEROS). Auf diese Weise werden verschiedene archetypische Aspekte durchlaufen. Dieses Modell erscheint evident und hilfreich.

Aber so plausibel und richtig ein solches Modell im einen Fall sein kann, kann es doch in einem anderen Fall an der psychischen Wirklichkeit und Notwendigkeit der Klienten vorbeigehen. So ist es durchaus denkbar, dass es für einige Klienten eine ganze zeitlang notwendig sein kann, konkrete Lebens- und Lernschritte zu vollziehen, ehe sie in Unbewusstes „regredieren“ können, oder bevor sie verstehen können, was unbewusst in ihnen vorgeht. Für andere Klienten hingegen ist es notwendig, dass sie für eine längere Zeit Verstehens-Zusammenhänge erarbeiten müssen, bevor sie sich in die Unmittelbarkeit der therapeutischen Beziehung oder des Lebens hineinwagen können usw. „Es gibt keine Theorie im weiten Felde der praktischen Psychologie, die nicht gegebenenfalls grundfalsch sein kann.“ (C. G. Jung)[51]

Das Wichtigste, was der Therapeut im Prozess der Selbst-Erfahrung tun kann, ist, dem Klienten Halt, Unterstützung, Ermutigung zu geben, sich selber offen, ehrlich und engagiert zu erkunden und ihm zu helfen, Vertrauen zu diesem schöpferischen Prozess zu gewinnen und ihm, so gut es möglich ist, nicht zu schaden.

Es geht weniger darum, eine Vielzahl von Techniken und Interventionsarten zu lernen und zum Einsatz zu bringen, sondern vielmehr darum, Offenheit und Flexibilität für die jeweils konstellierten psychischen Dimensionen zu entwickeln und sie nicht abzuwehren.

Es geht darum, die Komplexität der menschlichen Psyche anzuerkennen, sich der Notwendigkeit vielfältiger Erfahrungs- und Beziehungsdimensionen für die Reifung und Heilung des Menschen bewusst zu bleiben, sowohl die einzelnen biologischen, sozialen und psychischen, sich ergänzenden und komplementierenden Aspekte des menschlichen Organismus zu sehen, als auch auszuhalten, dass das Gesamtsystem MYSTOS immer größer und komplexer sein wird, als wir jemals erfassen können.

Die Schattenseiten der MYSTOS-orientierten Selbst-Erfahrung- und Therapieformen liegen nun gerade in deren Kreativät und Vielseitigkeit. Die Fülle der farbigen, einfallsreichen und spannenden Methoden könnte dazu verleiten, Therapie als ein unverbindliches Spiel aufzufassen. Gibt es irgendwo Schwierigkeiten und Widerstände, hat man schnell eine neue Methode, eine neue Idee bereit, die vielleicht weiterhelfen. Damit kann aber leicht einer anstehenden intensiven, ernstlichen und schmerzhaften Konfrontation mit sich selbst oder seinen Beziehungen ausgewichen werden. Es könnten auf diese Weise auch notwendige, geduldige Lernschritte großzügig und in künstlerischer Freiheit übersprungen werden.

Wenn durch solche Methoden lediglich ein brillantes, beeindruckendes Feuerwerk inszeniert wird, von dem schließlich nicht mehr bleibt, als eine schöne Erinnerung oder ein sich rasch verflüchtigender Rauch, wäre das weniger problematisch. Schwierig, ja gefährlich werden sie, wenn sie emotionale Ein- und Durchbrüche provozieren, die nicht genügend aufgearbeitet werden können, und die Klienten nach einer solchen Erfahrung mit sich und ihren Emotionen allein gelassen werden. Das Eintauchen in die Tiefenschichten des Unbewussten kann äußerst faszinierend, aufregend und erneuernd sein, aber auch gefährlich und labilisierend, wenn man nicht weiß, wie man solche Erfahrungen verstehen und integrieren kann.

Wenn Therapeuten dem grandiosen Schatten des MYSTOS verfallen, könnten sie glauben, sie seien alte Weise, Wunderheiler, Meister und Magier, sie hätten allheilende Wunderkräfte, eine alles durchschauende Intuition, mit der sie in weitaus kürzerer Zeit und viel effektiver als ihre Kollegen wunderbare Erfolge erzielen. Diesem Schatten kommt natürlich unsere Hoffnung, es gäbe die einfache wundersame Lösung für unsere Probleme sehr entgegen.

Abb. 34: Dante und Beatrice im Anblick der Himmelsrose und dem göttlichen Feuerhimmel und Urlicht. Illustration von Gustave Doré (1824-1827). Das „Ewigweibliche zieht uns hinan" könnte man dieses Motiv auch mit Goethe nennen, denn es ist Beatrice, die Dante in die höchsten Höhen des Erfahrbaren führt. Die Sehnsucht des männlichen Helden geht ja letztendlich auf die Vereinigung mit dem Weiblichen – und umgekehrt – und beide zusammen können sich der Ganzheit des Selbst nähern.

Quintessenz

- **Du bist ein Teil des Mysteriums!**

Du selbst bist das Mysterium und Wunder, das Du suchst. Aber gerade deshalb, weil Du es bereits schon immer und unvermeidbar bist, kannst Du es nicht unmittelbar spüren.

„Tat Tvam Asi" – „Das bist Du" – heißt es in der Vedanta-Philopsohie und meint u. a., dass das individuelle Selbst (Atman) ein Teil des Einen Großen Ganzen, der höchsten Realität (Brahman), ist. Die Einsicht, dass dies so ist, führe zu „Moksha" (Befreiung).

In Dir als einmaligem, individuellem, unteilbarem, ganzheitlichem Wesen offenbart sich das schöpferische Mysterium. Es gibt nichts Wichtigeres für Dich als dies zu erkennen und es Dir zunehmend bewusst zu machen, so dass es Du Deiner Lebensbasis wird. Wenn Du erkennst, was für ein Wunder Du bist und dass nur im persönlichen Bewusstsein des Menschen – also auch in Deinem – die ganze Existenz sich selber bewusst werden kann, dann weißt Du auch, was Dein Sinn und Deine Aufgabe in diesem Leben sind: Das Beste von Dir – Deinem Selbst – leidenschaftlich zu leben, so ganz wie möglich und zur Förderung der Evolution.

- **„Alles ist eins, eins ist alles": Auch der andere Mensch und andere Wesen und anderes Sein sind Teil des Mysteriums**

In Indien gibt es die schöne indische Grußgeste „Namaste" (Sanskrit: „Verehrung Dir"), bei der die beiden Hände mit den Fingern vor der Brust aneinandergelegt werden. Diese Geste drückt Ehrerbietung für das Göttliche in einem anderen Menschen wie auch in der eigenen Person aus. Der andere Mensch und das eigene Selbst sind eins in der Göttlichkeit. Mahatma Gandhi soll den Gruß so erklärt haben: „Ich ehre den Platz in Dir, in dem das gesamte Universum residiert. Ich ehre den Platz des Lichts, der Liebe, der Wahrheit, des Friedens und der Weisheit in Dir. Ich ehre den Platz in Dir, wo, wenn Du dort bist und auch ich dort bin, wir beide nur noch eins sind."

• Öffne Dich für das Mysterium!

Du kannst das Mysterium niemals richtig spüren, weil Du es selber bist. Aber Du kannst es ahnungsweise erfassen. Du kannst Dir eine traditionelle Methode suchen, die zu diesem Zweck entwickelt wurde, z. B. Meditation oder Kontemplation, Du kannst aber auch einen individuellen Zugang finden wie es im Grunde alle religiösen Führer getan haben.

Achte aber vor allem darauf, dass Dein Zugang Deinem Wesen, Deiner Lust, Freude und Leidenschaft entspricht. Die Umkreisung des Mysteriums ist keine langweilige, trockene Sache, zu der Du Dich zwingen musst. Das Mysterium ist die lebendige Essenz von Dir und ist nicht nur in der Stille, sondern beispielsweise im Tanz, im Gesang, in der Sexualität und der Ekstase oder auch im alltäglichen Tun zu erfahren. Lass Dir für alle Dinge Zeit. Öffne Dich ihnen ganz, gehe in ihnen auf. Erlebe sie vorbehaltlos.

• Vertraue Deinem Selbst!

Vertraue Dich den selbstregulierenden Tendenzen, der steuernden Weisheit Deines Organismus, Deines Selbst, des schöpferischen Mysteriums (oder welchen Namen Du dieser in Dir waltenden Intelligenz auch immer gibst) an.

Achte auf die Impulse, die spontan in Dir entstehen, wenn Du Dich achtsam, intensiv und ohne vorschnell zu bewerten auf eine Situation eingelassen hast. Welche intuitiven, instinktiven Reaktionen kommen aus Deinem „Herzen" oder Deinem „Bauch"? Was sagt Dir Deine Vernunft? Ist sie Ausdruck von Erfahrung, Wissen und Einsicht oder ist sie vor allem Ausdruck Deiner Angst vor dem Unbekannten und Neuen?

Vertraue darauf, dass alles, was für Dich wirklich wesentlich ist, auch von Deinem Selbst gefördert wird. Alles, was Du jetzt bist, erlebst und willst, ist ja schon immer Ausdruck und Wille Deines Selbst gewesen.

Bei aller oft hilfreichen Intuition und Spontantät bedenke aber auch: Ängste, Zweifel, kritische Gedanken, Mahnungen zur Vorsicht und moralische Bedenken sind oft auch Ausdruck des inneren Selbst. Für vieles im Leben hat das Selbst keine Fix- und Fertig-Antworten, sondern es braucht Geduld und Warten-Können, bis eine gute Antwort gefunden ist. Oft muss es auch durch Versuch und Irrtum lernen. Im Zweifel ist es besser, Entscheidungen zu überschlafen. Manchmal muss das Selbst auch tagelang, wochenlang oder jahrelang an einem inneren Projekt „arbeiten", bis eine stimmige Lösung aufscheint.

• Hier und Jetzt geschieht das Wunder des Lebens!

Das Wunder des Lebens und das Wunder des schöpferischen Mysteriums sind immer nur im gegenwärtigen Augenblick, am gegenwärtigen Ort und im gegenwärtigen Bewusstseinszustand erfahrbar. Dies hier ist es!

Das ist eine ganz einfache Einsicht und dennoch so schwer zu erfassen, weil unsere Psyche immer zwischen vergangenen Erfahrungen und zukünftigen Erwartungen pendelt, um sich gut in der Gegenwart orientieren zu können. Dieser ständige Abgleich des Gegenwärtigen mit dem Vergangenen und Zukünftigen ist sehr zweckmäßig und wohl kaum ohne tiefgreifenden Orientierungsverlust zu ändern, wie sich bei kranken Menschen zeigt, die sich nicht mehr erinnern können. Insofern ist die Vorstellungen einer bewusstseinsmäßigen dauernden Präsenz im „Hier und Jetzt" unrealistisch und wenig nützlich. Dennoch ist es wichtig, sich die oben genannte einfache Einsicht öfter bewusst zu machen, damit wir immer mehr auch das Wunder und die Fülle des Gegenwärtigen wahrnehmen können.

• Verbinde Dich mit Deinem Inneren Kind!

Stelle eine liebevolle Beziehung zu Deinem inneren Kind her. Indem Du Dir gestattest, Dein früheres Leid, Deine Trauer und Deinen Schmerz zu spüren, kannst Du auch Anschluss an alle jene Fähigkeiten finden, die Dir zu einem glücklichen Leben verhelfen können: Freude, Lust, Ekstase, Neugier, Experimentierlust, Abenteuerlust, Fantasie, Offenheit, Sinnlichkeit, Spontanität, Spiel, Unmittelbarkeit des Erlebens, Unschuld und vor allem Humor und Lachen.

• Entwickle Deinen Sinn für die mystische Seite des Lebens!

So intensiv das Mysterium sich auch in Deinem Leben offenbaren mag, so hat es doch immer noch eine verborgene Seite, die weit über das hinausgeht, was Du jemals erfassen kannst. Glaube niemals, alles erlebt zu haben und alles zu wissen. Bleibe bescheiden für das Geheimnis offen: „Alles Vergängliche ist nur ein Gleichnis." (Goethe, Faust).

Entwickele Deinen Sinn für das Symbolische, z. B. mit Hilfe Deiner Träume und Fantasien. Entdecke die überschäumende Kreativität, Vieldeutigkeit und Paradoxie des Lebens.

- **Vor allem: Sei dankbar und feiere das Wunder des Lebens!**

Staune darüber, dass Du da bist und dass die Welt da ist. Es hätte alles auch nicht da sein können. Wenn die Dinge nur ein klein wenig anders gelaufen wären, dann hätte sich die Erde nicht gebildet, dann wäre kein Leben auf ihr entstanden, dann wärst Du nicht vorhanden.

Das alles so ist, wie es ist, ist keine Selbstverständlichkeit, sondern eigentlich extrem unwahrscheinlich, ein außerordentliches Wunder, an dem Du für eine kurze Zeit teilnehmen kannst.

Unendlich viele Wesen haben keine Chance, ins Dasein zu treten oder haben ihr Dasein beendet. Jetzt bist Du an der Reihe. Mach was draus. Gib Dein Bestes und vor allem: Sei dankbar für dieses einzigartige Geschenk. Es ist das Beste, was Dir jemals passiert ist, und Du wirst niemals mehr etwas Besseres bekommen.

Feiere das Wunder des Lebens. Fördere es in seiner weiteren Evolution und Entwicklung so gut es Dir möglich ist und lass so viele Menschen wie möglich an Deiner Feier Anteil nehmen.

Das Selbst wohnt in allen Wesen;
die Wesen aber kennen es nicht;
alle Wesen sind sein Leib,
es lenkt alle Wesen von innen.

Es ist ungesehen, aber sehend;
ungehört, aber hörend;
ungedacht, aber „der Denker“.
Es ist ungekannt und dennoch der Kenner.

Es gibt keinen, der sieht außer ihm,
keinen der hört, außer ihm.
Es ist das Selbst, der innere Lenker,
der Eine Unsterbliche.

Aus den Upanishaden[52]

Anhang 1: Bios, Eros, Heros, Logos, Mystos am Beispiel von Mozarts Zauberflöte

Die Zauberflöte von W. A. Mozart (KV 620, Libretto Emanuel Schikaneder) ist eine der berühmtesten und weltweit am häufigsten inszenierten Opern. In beinahe mustergültiger Weise werden zeitlose, allgemeinmenschliche Themen in einem märchenhaften Mysterienspiel dargestellt, so dass alte und junge Menschen von ihr in gleicher Weise fasziniert sind.

In der Oper begegnen wir den universalen polaren Prinzipien, die wir in diesem Buch besprochen haben, dem BIOS (der „Großen Mutter"), dem LOGOS (dem „Großen Vater"), dem Heldenweg von Mann und Frau (HEROS), den Anima- und Animus-Projektionen, dem Kampf und der Liebe (EROS), dem Triebhaften und Schattenhaften, der Nachtmeerfahrt und dem Streben nach Erleuchtung, der Erfahrung des Absoluten (MYSTOS). Deshalb wollen wir an dieser Stelle dem Gang der Zauberflöte folgen und uns auf diese Weise die Prinzipien noch einmal vergegenwärtigen.

Der, welcher wandert diese
Straße voll Beschwerden ...

Einweihung ins Mysterium

Bekanntlich sind in die Oper hermetisch-freimaurerische Symbole und Ritualelemente eingeflossen, da Mozart wie Schikaneder der Wiener Freimaurerloge „Zur Wohltätigkeit" angehörten. In gewissem Sinne stellt die Oper eine wirkliche Einweihungszeremonie dar, ohne dass die Zuschauer und Zuhörer, denen die bildhafte und musikalische Symbolik nicht bewusst ist, es recht bemerken. Deshalb ist sogar kritisiert worden, in dieser Oper und in ihrer Musik seien wesentliche hermetische Geheimnisse „verraten" und „profaniert" worden. Dem wiederum ist entgegen gehalten worden, solche „Geheimnisse" ließen sich gar nicht verraten, da ihre „wahre" Bedeutung sich erst denen erschließe, denen die entsprechenden inneren Erfahrungen zuteil geworden seien.

Die Analytische Psychologie hat in mancherlei Hinsicht die alte hermetische, alchemistische, freimaurerisch-rosenkreuzerische Mysterien-Symbolik neu beschrieben, interpretiert und erweitert. Die Einweihungsaufgaben beziehen sich unter der Perspektive der Analytischen Psychologie auf die geduldige und engagierte Auseinandersetzung mit den vielschichtigen Dimensionen der Psyche, den bislang unbewusst gebliebenen Aspekten der Persönlichkeit (Bedürfnisse, Triebe, Emotionen, Potenziale, Komplexe, Persona, Schatten etc.), mit den gegengeschlechtlichen Anteilen (Anima, der weiblichen Seite des Mannes, Animus, der männlichen Seite der Frau) und der polar-komplex-paradoxen Ganzheit des Selbst, dem „mysterium coniunctionis". So lässt sich die Oper recht stimmig interpretieren als Bewusstwerdungsprozess des Menschen, seinen Individuationsweg, seine Auseinandersetzung mit den archetypischen Grundkräften und Polaritäten der Seele, wobei die Kunst und die Musik hierbei eine entscheidende Rolle spielen.[53]

Kurzgefasster Inhalt:

Tamino, der Prinz, und sein Schattenbruder, der lebensfrohe Vogelfänger und Naturbursche Papageno, erhalten von der Königin der Nacht den Auftrag, Pamina, ihre Tochter, aus der Macht des vermeintlich bösen Fürsten Sarastro zu befreien. Sie müssen sich dabei einer Einweihung in die Mysterien unterziehen.

Von der Königin der Nacht erhalten sie zwei magische Musikinstrumente, ein Glockenspiel und eben die Zauberflöte, die sie auf ihrem Weg unterstützen.

Begleitet werden sie auch von den drei Knaben, die in Krisensituationen erscheinen und ermutigen, den richtigen Weg zu gehen.

Als sie in den Weisheitstempel kommen, erfahren sie von Sarastro, dass er Pamina entführt habe, um sie vor der Königin der Nacht zu beschützen. Tamino und Pamina seien füreinander bestimmt. Sie müssten sich jedoch in die Mysterien von Isis und Osirits einweihen lassen und drei Prüfungen bestehen.

Tamino ist bereit und besteht die ersten Prüfungen, während Papageno eher an Wein, Weib und gutem Essen interessiert ist und auch keine Entbehrungen auf sich nehmen will, um Weisheit zu gewinnen.

Bei den letzten beiden Prüfungen durch Feuer und Wasser wird Tamino von Pamina geführt und mit Hilfe der Zauberflöte bestehen sie die Herausforderungen. Auch Papageno findet seine Papagena. Tamino und Pamina werden schließlich gemeinsam in den Kreis der Eingeweihten aufgenommen.

Die Zauberflöte und das MYSTOS-Prinzip

... durch dein Spielen selbst
wilde Tiere Freude fühlen.[54]

Die Flöte ist das zentrale Symbol der Oper. Sie ist eines der ältesten Musikinstrumente. Sie hat eine männlich-phallische Form und besitzt gleichzeitig auch einen („weiblichen") Innenraum, der es dem einfließenden Luftstrom ermöglicht, zu schwingen und Töne hervorzubringen. In einer entsprechenden Deutungslinie kann die Flöte und ihr oft klagender Ton zu einem Symbol der Sehnsucht nach der erotischen wie geistigen Vereinigung mit einem geliebten Menschen bis hin zur Vereinigung mit dem Höchsten und dem eigenen Selbst werden.

Diese Spannbreite der möglichen Bedeutungen wird auch nahe gelegt, wenn man an die archaische Panflöte einerseits und an die „göttliche" Orgel, die ja aus vielen Flöten besteht, andererseits denkt, von der Mozart meinte, sie sei die Königin aller Instrumente.

Die Zauberflöte ist zudem wie ein Zauberstab, der in Gefahren beschützen, Affekte und triebhafte Energien in Freude und Glück verwandeln kann.

Hiermit kannst du allmächtig handeln,
der Menschen Leidenschaft verwandeln.
Der Traurige wird freudig sein,
den Hagestolz nimmt Liebe ein.

singen die drei Damen und Tamino später:

Wie stark ist nicht dein Zauberton, weil,
holde Flöte, durch dein Spielen selbst wilde Tiere Freude fühlen.

Diese verwandelnde Kraft hat die Zauberflöte, weil sie Polaritäten in sich verbindet und in die Musik transformiert, in der sich alle Aspekte der menschlichen Natur ausdrücken können.

In der Zauberflöte klingen deutliche symbolische Bezüge zum Mythos des Orpheus an. Orpheus hatte von Apollon, dem Gott der Musik, eine Lyra – ein Saiteninstrument, das Hermes erfunden hatte – geschenkt bekommen. Mit seinem Gesang und seinem Spiel betörte er Götter, Menschen und sogar Tiere, Pflanzen und Steine. Wind und Sturm beruhigten sich, Bäume neigten sich ihm zu und wilde Tiere kamen friedlich herbei.

Vielfach künstlerisch gestaltet wurde sein Abstieg in die Unterwelt, wo es ihm gelang, den Gott Hades mit seiner zauberhaften Musik so günstig zu stimmen, dass er ihm erlaubte, seine verstorbene Geliebte Eurydike zurück ins Leben zu holen. Allerdings durfte er sich beim Aufstieg nicht nach ihr umschauen. Da er die Schritte der Eurydike nicht hörte, sah er sich dennoch um und Eurydike verschwand wieder in der Unterwelt.

Die Unterweltsreise der beiden Einzuweihenden in der Zauberflöte hat glücklicherweise ein besseres Ende. Ihnen gelingt die Rückkehr aus der Tiefe.

> *Die bändigende Kraft der Zauberflöte gegenüber allem naturhaften ist auf jeder Ebene ihrer Wirkung deutlich. Wie der Gesang des Orpheus ist sie das Symbol der Musik selber, welche das Widerstrebende und Wilde der Natur, der elementarischen ebenso wie der tierischen und menschlichen, zu höherer Einheit harmonisiert. Diese Kraft der Musik ist aber gleichzeitig eine des Gefühls und des Herzens, das, wie Tamino in seinem Anruf an die Götter ausgesprochen hatte, die Leidenschaften verwandelt.*[55]

Die „Königin der Nacht“ und das BIOS-Prinzip

> *O zittre nicht ...*

Der erste Teil der Zauberflöte steht ganz im Zeichen des BIOS-Prinzips: der Wald als Bereich des körpernahen Unbewussten, die Schlange als eine der Erde verbundene Lebensenergie, der naturhafte Vogelmensch Papageno, die verführerischen drei Damen, die den noch gar nicht heroischen Tamino vor der verfolgenden Schlange retten, die machtvolle Königin der Nacht, die erotische Faszination Taminos durch das Bildnis der Pamina, ja auch die Zauberflöte selbst wurde in der Nachgt aus den Wurzeln einer Eiche geschnitten. Ganz offensichtlich ist es die Energie der „Großen Mutter“ und der „Großen Göttin“, die die Ausgangsbasis bildet und unsere Helden auf die Große Suche schickt.

> *Die vom Weiblichen, von der Königin der Nacht, Geliebten,*
> *sind die Dichter und Sänger, die Musiker des Herzens,*

welche die Stummheit des weiblichen Dunkels nicht nur zum Licht
rationaler Erkenntnis und Erleuchtung heben,
sondern sie zu Klang und Ton kommen lassen.[56]

Im zweiten Teil der Oper offenbart die „Große Mutter" aber auch ihre dunklen furchtbaren und verschlingenden Seiten, sie wird zur „Todesmutter". Sie möchte zum einen gerne den „alles verzehrenden Sonnenkreis" besitzen, der von ihrem Mann, als er starb, an Sarastro weitergegeben wurde. Außerdem möchte sie ihre Tochter zurückgewinnen und sie dazu bewegen, zusammen mit Tamino in ihrem Reich zu leben.

Wehe dem aber, der es wagt, sich aus ihrem Einflussbereich und ihrem Bannkreis zu bewegen, sich von ihr zu lösen, selbstständig zu werden. Er wird von ihr auf ewig verflucht und mit Hass und Tod verfolgt. So warnt die Königin der Nacht später ihre Tochter, wenn sie nicht bereit ist, Sarastro zu töten und zu ihr zurückzukehren:

Der Hölle Rache kocht in meinem Herzen,
Tod und Verzweiflung flammet um mich her! ...
Verstoßen sei auf ewig, verlassen sei auf ewig,
zertrümmert sei'n auf ewig alle Bande der Natur,
wenn nicht durch dich Sarastro wird erblassen!
Hört, Rachegötter! Hört der Mutter Schwur!

Dass dies eine der bekanntesten Arien der ganzen Opernmusik überhaupt ist, liegt vermutlich nicht nur an der dramatischen Musik Mozarts, sondern auch an der Macht, die die reale wie archetypische Mutter im Leben vieler Menschen spielt.

Aufgrund der überaus engen frühkindlichen Beziehungssituation des Kindes mit der Mutter ist der (un-)heimliche Einfluss des Mütterlichen für viele Menschen kaum in ganzer Tiefe auszuloten und zu überwinden. Sich der Mutter als freier, eigenverantwortlicher Mensch gegenüber zu stellen, das eigene Leben zu leben, die Dankesschuld ihr gegenüber nicht zum Gefängnis werden zu lassen und gleichzeitig ein positives Bild vom Weiblichen in sich zu entwickeln, ist für viele Menschen eine fast unlösbare Individuationsaufgabe.

In der Zauberflöte gelingt dies zunächst nur durch ein aggressives Eingreifen des männlichen Prinzips, mit Hilfe der Liebe und der magischen Musikinstrumente.

Sarastro und das LOGOS-Prinzip

In diesen heil'gen Hallen...

Sarastro symbolisiert das Logos- und Geistprinzip. Er bemüht sich zusammen mit seinen Priestern in seinem mit Mauern befestigten Tempel nach hohen Tugenden und Idealen zu leben. Es geht ihm um Wahrhaftigkeit, Gerechtigkeit, Güte und weisheitsvolle Erkenntnis.

Die Oper zeigt aber, dass nicht nur die Königin der Nacht, sondern auch Sarastro seine deutlichen unbewussten Schattenseiten hat. Nicht nur, dass er, wie beiläufig zu erfahren ist, durchaus auch an Pamina interessiert ist, sondern er scheint in seinem Reich auch Sklaven zu halten und lässt deren Oberaufseher Monostatos ziemlich viel Freiraum. Das führt dazu, dass Monostatos sich an Pamina heranschleicht und sie zur Liebe zwingen will. Sarastro tritt dazwischen und singt: „In diesen heil'gen Hallen kennt man die Rache nicht."

Es scheint, als habe Sarastro seine dunkle, triebhafte und aggressive Seite abgespalten und dieser Schatten lebt nun in Gestalt von Monostatos alles aus, was er sich selbst nicht erlaubt.

Es gibt genügend Beispiele auch gerade aus religiösen Bereichen, in denen das zwanghafte Lebenmüssen nach unerreichbaren Vollkommenheitsidealen dazu führte, dass Sadismus, Hass und Mordlust unter der Maske der Nächstenliebe auftraten.

Auch die fürchterlichen und schmerzensreichen Kämpfe mit Teufeln und Dämonen, die peinigenden Versuchungen und Qualen von denen einige asketische Mystiker des Mittelalters berichten, sind ein beredtes Beispiel für die nicht vollzogene Annahme dieser Schattenseiten.

Oft wird auch die eigenen Minderwertigkeit und Schwäche inden Anderen hineingesehen, projiziert und dieser andere muss dann als Sündenbock für all das dienen, was uns selbst zukäme. So schreibt denn C. G. Jung:

> *Es gibt kein Leben ohne Schatten und keine seelische Ganzheit ohne Unvollkommenheit. Das Leben bedarf zu seiner Vollendung nicht der Vollkommenheit, sondern der Vollständigkeit. Dazu gehört der „Pfahl im Fleische", das Erleiden der Mangelhaftigkeit, ohne welche es kein Vorwärts- und kein Aufwärts gibt.*[57]

Die Bewusstwerdung und Auseinandersetzung mit dem Bösen, Minderwertigen und Schwachen in der eigenen Persönlichkeit ist eines der schwierigsten Probleme auf dem Wege der Selbst-Erfahrung, zumal in einer Gesellschaft, die auf Leistung und Wettbewerb angelegt ist, wo es immer nur darum geht, mehr zu scheinen , als man ist und wo jedes Zugestehen eigener Schwächen und Fehler eine Gefährdung von Beruf und Ansehen bedeuten. Das Annehmen des eigenen Schattens kann das Selbstgefühl der Persönlichkeit bis in seine tiefsten Fundamente hinein erschüttern. Vermöchten wir den Mut aufzubringen zu sagen, wie jener Richter, der zusah, wie ein Mörder zur Hinrichtung geführt wurde: „Seht, da gehe ich!" Wer von uns wagt es zu sagen: „Der Terrorist bin ich selber?"

Erst dann, wenn man das Dunkle seines eigenen Wesens erkennt, wenn man zutiefst sieht, dass man selbst es ist, der mitverantwortlich ist für jeden Krieg auf der Welt und für jedes Verbrechen, für jeden Terrorismus - denn man trägt jeden Tag mit dazu bei durch die Unbewusstheit, seine Verantwortungslosigkeit, durch Wettbewerbs-, Leistungs- und Rangdenken, durch Egoismus und Giert, erst wenn man das alles sieht, dann beginnt man zu handeln und vor allem erst einmal sich selbst zu wandeln.

Und erst dann kann auch eine gesunde und realistische Haltung dem anderen Menschen gegenüber angenommen werden. Denn erst wenn ich das Dunkle in mir erfahre, kann ich auch das dunkle ich des Mitmenschen annehmen und höre auf, ihn zum Sündenbock dessen zu machen, was in mir selber liegt.

Auch mit dem weiblichen Prinzip – der Königin der Nacht – steht Sarastro in ungeklärter Beziehung. Mit Frauen verbindet er Aberglaube, Täuschung, Lüge, Verwirrung und Verstrickung. Er ist überzeugt:

Ein Mann muss Eure Herzen leiten,
denn ohne ihn pflegt jedes Weib
aus seinem Wirkungskreis zu schreiten.

Die Königin der Nacht wie auch Sarastro halten ihre einseitige weibliche oder männliche Bewusstseinshaltung für absolut. Von daher kann es zu keiner Einigung zwischen beiden kommen.

Zwar deutet sich bereits in der Wahl des mittleren Tempeleingangs „Weisheit", zwischen Natur und Vernunft gelegen, an, dass der Einweihungsweg auf eine Integration und Synthese weiblicher und männlicher Werte, auf die Einheit von Körper und Geist, die Verbindung von Emotion und Vernunft, von unbewusst und bewusst, von „Herz" und „Kopf" hinausläuft, aber die konkrete Realisierung ist noch nicht wirklich gelungen. Die Mauern des Tempelbaus von Sarastro in ihrem Abwehrcharakter sind noch zu dick.

Das entspricht – siehe Neumann – einer Phase in der patriarchalen Bewusstseinsentwicklung, in der das Bewusstseinssystem des Einzelnen oder auch der Gesellschaft noch nicht so gefestigt und stabilisiert ist, dass es mit den Emotionen, Affekten, Trieben und den Energien des Unbewussten konstruktiv und kreativ umzugehen vermag, sondern diese abzuspalten versucht und auf Äußeres projiziert.

Die Überwindung dieser alten matriarchal-partriarchalen Strukturen und Bewusstseinshaltungen ist aber möglich – und das ist sicher eines der für unsere Zeit immer noch revolutionären Motive der Zauberflöte! Diese erfordert nicht nur die gegenseitige Anerkennung der weiblichen und männlichen Prinzipien, sondern deren schöpferisches Zusammenspiel im Geiste der Liebe und der Arbeit für die Entwicklung der Menschheit. Es macht eben das ganz Besondere und Zukunftsweisende der Oper aus, dass dieser Reifungsweg nicht nur von einer Person begangen wird, sondern von Mann und Frau, erst getrennt voneinander und schließlich gemeinsam. Die Beziehungsdimension spielt damit eine zentrale Rolle.

Die Heldenreise und das HEROS-Prinzip

Sei standhaft, duldsam und verschwiegen!

Das Geschehen der Oper stellt – wie fast alle großen Erzählungen – eine klassische Heldenreise mit den typischen Elementen, dem Auftrag, der Auseinandersetzung mit den Eltern, dem Abstieg in die Unterwelt, dem Drachenkampf und der Gewinnung der „schwer erreichbaren Kostbarkeit" dar, wie wir sie in diesem Buch ausführlicher beschrieben haben.

Tamino muss aber erst in seine Heldenrolle hineinwachsen. Den Kampf mit der Schlange, der bedrohlichen Dynamik der unbewussten Energien, wagt er anfangs noch nicht; er läuft vor der Schlange davon, wird ohnmächtig, und die drei Damen aus dem Reich der Großen Mutter müssen für ihn diese Aufgabe übernehmen.

Erst als Tamino das Bildnis der Pamina erblickt und sich sofort in sie verliebt (klassische Anima-Projektion!), erwacht sein heroisches Bewusstsein und er ist bereit, für ihre Befreiung zu kämpfen und alles zu riskieren:

Mich schreckt kein Tod, als Mann zu handeln,
den Weg der Tugend fortzuwandeln.
Schließt mir die Schreckenspforten auf,
ich wage froh den kühnen Lauf!

Die Heldenreise der Zauberflöte ist aber keine physische, sondern vor allem eine psychische und spirituelle. Unterstützung erhält Tamino durch die Zauberflöte und die drei Knaben (göttliche Kinder als Seelenbegleiter und innere Stimmen), die ihn ermutigen:

Zum Ziele führt dich diese Bahn,
doch musst du, Jüngling, männlich siegen.
Drum höre unsre Lehre an:
Sei standhaft, duldsam und verschwiegen!

Es geht um die Entwicklung der Persönlichkeit, von Tugend, Gerechtigkeit und Wahrhaftigkeit, um die Ablösung von den Eltern und deren Macht, um das Finden der eigenen Identität, des eigenen Lebensauftrages, es geht um die Fähigkeit, entschieden, geduldig und konsequent dem gesetzten Ziel zu folgen (Standhaftigkeit), Affekte, Emotionen und Ängste - vor der Macht des Weiblichen und Männlichen, den Hindernissen und Gefahren, den Dunkelseiten der Psyche - auszuhalten (Verschwiegenheit), sich von ihnen nicht beirren und ablenken zu lassen, und es geht um Mitgefühl und Güte (Duldsamkeit).

In den klassischen Einweihungsritualen muss der Initiant dann auch – nach einer längeren Vorbereitungsphase des Lernens, der Prüfung und „Reinigung" – einen symbolischen Tod sterben, um als „neuer" Mensch mit einer neuen Lebensorientierung wiedergeboren zu werden.

Der, welcher wandert diese Straße voll Beschwerden,
wird rein durch Feuer, Wasser, Luft und Erden;
wenn er des Todes Schrecken überwinden kann,
schwingt er sich aus der Erde himmelan. ...

Wo vorher vornehmlich ein Interesse an der Ausgestaltung des persönlichen Lebens gestanden hatte, soll sich nun ein Gefühl der Verantwortlichkeit und Verbindlichkeit für die Gemeinschaft, die Menschheit und dem ganzen Lebensprozess gegenüber entwickeln.

Pamina und das EROS-Prinzip

... Die Liebe leitet mich

Zwar gehörten zu den Idealen und Ritualen der Freimaurer immer schon auch „weibliche“ Werte wie Schönheit, Mitgefühl, Güte und Liebe unabdingbar dazu, gleichzeitig wurde über viele Jahrhunderte hinweg angezweifelt, ob Frauen für eine höhere Einweihung überhaupt geeignet seien.

Entgegen abwertender Äußerungen der Priester und des Sarastro geschieht in der Zauberflöte nun Außerordentliches:

... Froh Hand in Hand in Tempel gehn'.
Ein Weib, das Nacht und Tod nicht scheut,
ist würdig und wird eingeweiht.

Nicht nur Tamino, sondern auch Pamina geht einen Einweihungsweg, auch sie geht den Weg der Treue bis zur Todesbereitschaft, auch sie ist bereit, sich der entscheidenden Prüfung zu stellen und mehr noch: Während Tamino bei dieser Endprüfung die Flöte spielt, nimmt Pamina ihn bei der Hand und führt ihn an, was geradezu eine Umwertung der traditonellen Rollenzuschreibung darstellt.

Ich werde aller Orten an Deiner Seite sein.
Ich selbsten führe dich, die Liebe leitet mich!

Pamina lenkt Tamino nicht durch männliche Zielstrebigkeit, sondern durch die Liebe, und Tamino schreitet geradezu meditativ und achtsam voran. So könnte man in Überspitzung den Satz des Sarastro fast umdrehen und sagen: „Eine Frau muss eure Herzen leiten, denn ohne sie pflegt jeder Mann aus seinem Wirkungskreis zu schreiten!“ Wie sehr das männliche Prinzip aus seinem Wirkungskreis geschritten ist, zeigt unsere aktuelle krisenhafte Weltsituation.

Frau und Mann gehören wie Erde und Himmel, wie Nacht und Tag untrennbar zusammen. Papageno und Pamina singen:

Mann und Weib,
und Weib und Mann
reichen an die Gottheit an.

... in den Worten der Liebenden: „Wir wandeln durch der Töne Macht froh durch des Todes düstre Nacht", wird die Musik der Zauberflöte zur höchsten Offenbarung der Vereinigung des Männlichen mit dem Weiblichen im Zeichen einer Weisheit des Herzens, die das Mysterium von Isis und Osiris andeutet.[58]

Erleuchtung: das MYSTOS-Prinzip

Wenn er des Todes Schrecken überwinden kann,
schwingt er sich aus der Erde himmelan.
Erleuchtet wird er dann imstande sein,
sich den Mysterien der Isis ganz zu weih'n.

Das Ziel der „Zauberflöte" ist die Einweihung in die Tod- und Wiedergeburts-Mysterien von Isis und Osiris, die aber in der Oper inhaltlich nicht näher erklärt werden. In der ägyptischen Mythologie war Isis Schwester und Gemahlin des Osiris. Osiris wurde von seinem Bruder Seth getötet und zerstückelt. Isis sammelte die über das ganze Land verstreuten Stücke des Leichnams ein und fügte sie wieder zusammen. Osiris wurde für eine kurze Zeit wieder lebendig und zeugte mit Isis einen Sohn – Horus – um dann für immer in die Unterwelt hinabzusteigen. Der Isis-Osiris-Mythos ist also ein Liebes-, ein Tod- und Wiedergeburts-Mythos, in der die Göttin Isis ein entscheidende Rolle spielt.

In den Freimaurerritualen geht es ebenfalls um „Tod und Wiedergeburt": das Sterben des „alten Menschen" und die Geburt des „neuen Menschen." Der allmähliche Aufstieg auf die Pyramide und die fortwährende Arbeit am Stein symbolisieren die zunehmende Differenzierung, Bewusstheit und Reifung des Einzelnen zum Wohle der ganzen Menschheit.

Die Sonnensymbolik ist dabei das archetypische Vorbild des Einweihungsweges,

... in welcher der Held das zu erreichende Bewusstseinsprinzip vertritt, das sich im Kampf gegen die Dunkelmächte des Unbewussten zu bewähren hat. ... Der „Gewinn" der Einweihung, ihr Sinn und Ziel, liegt in der Erweiterung der Persönlichkeit, die als Erleuchtung immer auch die Erweiterung des Bewusstseins miteinschließt. Dabei ist das Symbol des erworbenen Schatzes ebenfalls stets im Sinne der Persönlichkeitswandlung zu verstehen ...[59]

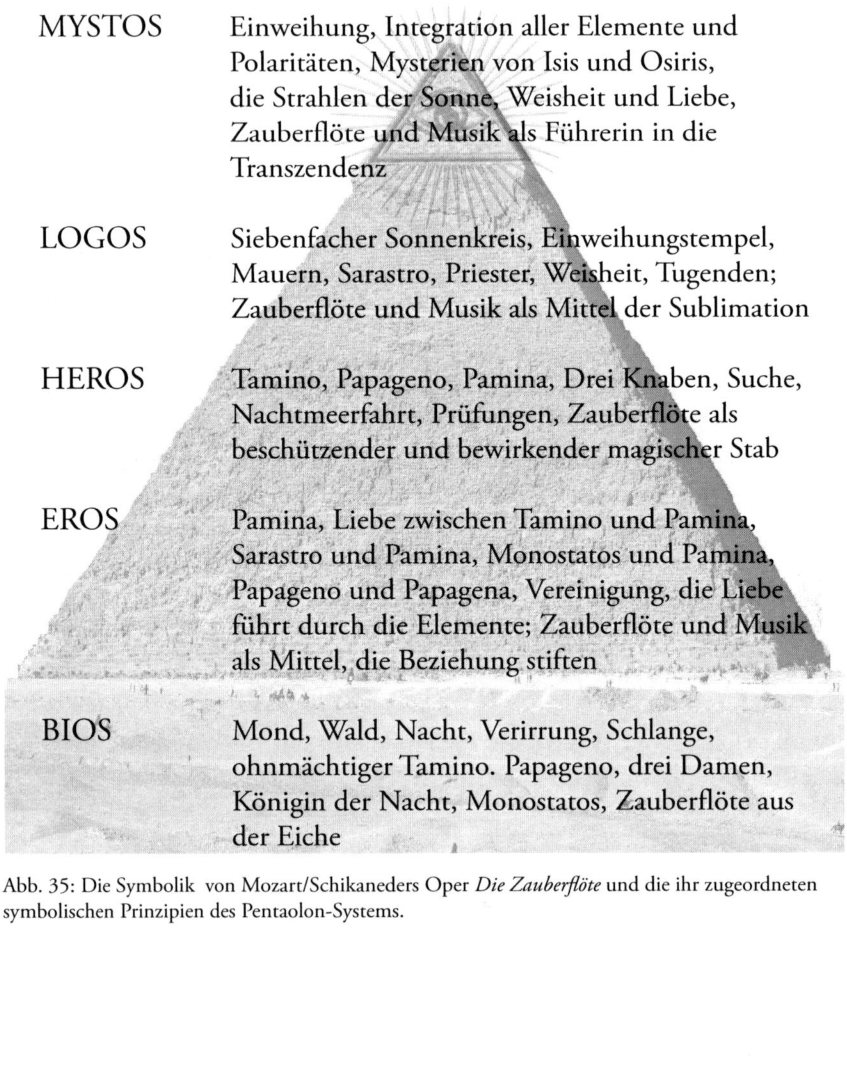

MYSTOS	Einweihung, Integration aller Elemente und Polaritäten, Mysterien von Isis und Osiris, die Strahlen der Sonne, Weisheit und Liebe, Zauberflöte und Musik als Führerin in die Transzendenz
LOGOS	Siebenfacher Sonnenkreis, Einweihungstempel, Mauern, Sarastro, Priester, Weisheit, Tugenden; Zauberflöte und Musik als Mittel der Sublimation
HEROS	Tamino, Papageno, Pamina, Drei Knaben, Suche, Nachtmeerfahrt, Prüfungen, Zauberflöte als beschützender und bewirkender magischer Stab
EROS	Pamina, Liebe zwischen Tamino und Pamina, Sarastro und Pamina, Monostatos und Pamina, Papageno und Papagena, Vereinigung, die Liebe führt durch die Elemente; Zauberflöte und Musik als Mittel, die Beziehung stiften
BIOS	Mond, Wald, Nacht, Verirrung, Schlange, ohnmächtiger Tamino. Papageno, drei Damen, Königin der Nacht, Monostatos, Zauberflöte aus der Eiche

Abb. 35: Die Symbolik von Mozart/Schikaneders Oper *Die Zauberflöte* und die ihr zugeordneten symbolischen Prinzipien des Pentaolon-Systems.

Anhang 2: Der selbstverwirklichte Mensch

An dieser Stelle wird der Versuch gemacht, zusammenfassend darzustellen, was dies alles, was bisher besprochen wurde, im Hinblick auf Selbst-Verwirklichung heißen könnte. Wie könnte ein Mensch sein, der die verschiedenen beschriebenen Faktoren des Lebens gut integriert hat, sich dabei aber seiner Schattenhaftigkeit, seiner Unvollkommenheit und Begrenztheit wohl bewusst ist? Die folgende – natürlich sehr idealisierte – Zusammenstellung ist die Essenz der Auffassungen verschiedener psychologischer Richtungen und Untersuchungen zu diesem Thema untergliedert mit Hilfe der beschriebenen Faktoren des Pentaolon-Systems.[60]

BIOS: Freude am Lebendigsein

Individuierte Menschen haben ein liebevolles Verhältnis zu ihrem Körper und können dessen Eigenart, sein Aussehen, seine Qualitäten und seine Schwächen akzeptieren. Sie achten gerne auf ihre Gesundheit und pflegen sich. Sie können gute und lustvolle „Tiere“, mit Sinnlichkeit, herzhaftem Appetit und Genuss, ohne Bedauern, Schamgefühle oder Entschuldigungen. Sie achten gut auf ihre körperlichen Impulsen.

Sie leben gerne, intensiv und leidenschaftlich. Sie genießen das Gefühl von Lebendigkeit, von Aktivität, Kraft, Spontanität, Enthusiasmus, Ekstase und drücken ihre Empfindungen und Gefühle gerne ganzheitlich aus, z. B. in Körpersprache, Sexualität, Bewegung, Singen und Tanzen.

Sie sind gerne in der Natur und bewegen sich gerne. Sie leben im Rhythmus ihrer inneren Uhr und können auch während des Tages immer wieder entspannen, ausruhen, nichts tun, schlafen, ohne ein schlechtes Gewissen dabei zu haben. Sie sehen Erholung und Entspannung als notwendig für ihre Gesundheit, ihre Lebenslust und Kreativität an.

Sie empfinden ihre Verbundenheit und Abhängigkeit vom Leben und von der Erde. Sie sind um das Wohlergehen ihrer Mit- und Umwelt sehr besorgt und fühlen sich gesellschaftlich wie global mitverantwortlich.

Sie bemühen sich durch ihr eigenes Leben die Umwelt so gering wie möglich zu belasten und unterstützen entsprechende Alternativen und Initiativen. Sie achten alle Lebewesen und sind gegen jede Form von deren Ausbeutung und Misshandlung. Sie fühlen sich eins mit dem Leben auf der Erde.

EROS: Liebevolles Verbundensein

Selbstverwirklichte Menschen lieben das Leben, die Menschen und die Welt und möchten gerne etwas dazu beitragen, dass sich das Bewusstsein für die Schönheit des Lebens und das Gefühl der liebevollen Verbundenheit mit der ganzen Existenz bei sich selbst und anderen Menschen verstärkt.

Sie sind überzeugt, dass sich Krieg, Gewalt, Hungersnöte, Umweltschäden und andere von Menschen verursachten Leiden verringern oder gar vermeiden ließen, wenn die Menschheit es wirklich wollte und sich mehr der Außerordentlichkeit ihrer Existenz auf dieser Erde bewusst würde.

Sie achten auf das Schöne, Gute, Wahre, Kraftvolle, Lebendige und Kreative und bestätigen es, wo es ihnen begenget. Sie feiern das Wunder des Lebens. Sie haben einen ausgeprägten Sinn für Humor, der nicht verletzend, sondern aufbauend und erleichternd ist. Sie können die Doppel- und Vieldeutigkeit von Situationen schnell erfassen, ihre Komik entdecken und auch herzhaft über sich selbst lachen.

Sie haben ihre Vorstellungen von sich selbst und denen anderer differenziert, so dass sie die eigenen Gefühle, Gedanken und Fantasien von denen anderer deutlich unterscheiden können. Sie können akzeptieren, dass andere Menschen anders sind, anders fühlen, in einer andere inneren Welt leben. Sie unterstützen deren Eigenart, Andersartigkeit und Freiheit gern. Sie genießen es, die Selbst-Verwirklichung von anderen Menschen und deren Glücklichsein zu beobachten und zu unterstützen. Sie können den Erfolg, das Wohlergehen, den Reichtum, die Zufriedenheit und Fülle anderer Menschen ertragen, ohne übermäßig neidisch oder eifersüchtig zu reagieren.

Sie sind zu tiefen und harmonischen zwischenmenschlichen Beziehungen imstande, gewöhnlich aber nur mit wenigen Menschen. Sie können ohne Angst vor Abhängigkeit stabile und dauerhafte Beziehungen zu intimen Liebespartnern haben. Sie sind von anderen Menschen wenig abhängig und fürchten sie nicht. Sie haben kein Bedürfnis, von jedem geliebt zu werden.

Sie sind für die Probleme ihrer Mitmenschen aufgeschlossen und nehmen sich Zeit dafür. Sie haben die Fähigkeit, sich in die innere Welt eines anderen Menschen hineinzuversetzen und mit ihm fühlen zu können (Empathie). Sie können sich dabei vorübergehend und teilweise mit ihm identifizieren, ohne aber mit dem anderen ganz zu verschmelzen.

Sie möchten in einer offenen, aufrichtigen Weise miteinander kommunizieren. Sie streben eine macht- und herrschaftsfreie Beziehungsform und ein grundsätzlich gleichwertiges Beziehungsverhältnis auch bei unterschiedlicher Rollenaufteilung an. Sie haben kein Interesse daran, andere Menschen in irgendeiner Weise herabzusetzen, als „reif" oder „unreif", „entwickelt" oder „unentwickelt" einzustufen.

Die Einschätzung und die Beziehung zur Herkunftsfamilie und Verwandtschaft ist realistisch, ausgewogen, wenig verurteilend, wenig idealisierend. Die Eltern sind keine machtvollen, entscheidenden Autoritätspersonen mehr in ihrem Leben. Sie beschäftigen sich nicht in unangemessener und dranghafter Weise mit ihnen. Sie können akzeptieren, dass sie als Kind von ihren Eltern vieles von dem nicht bekamen, dessen sie eigentlich bedurft hätten und erwarten nicht, dass die Eltern sich noch wesentlich verändern sollten.

Sie sind gerne mit Gleichaltrigen befreundet und genießen es, Freunde zu haben. Sie können Beziehungs- und Nähegrade gut unterscheiden und abstufen, z. B. zwischen Bekanntschaft und intimer Freundschaft. Sie können sich in Gruppen wohlfühlen und sich als Teil einer Gruppe erleben, ohne die Angst zu haben, ihre Individualität und Unabhängigkeit zu verlieren.

Sie haben das Bestreben, etwas für die nachkommende Generation zu hinterlassen in Form eigener Kinder oder produktiver Werke. Sie leiten jüngere Menschen gerne an und geben ihnen ihre Erfahrungen weiter.

HEROS: Tatkraft und Mut zur Autonomie

Selbstverwirklichte Menschen sehen vor allem sich selbst als Urheber ihrer eigenen Handlungen und fühlen sich nicht mehr unangemessen fremden Mächten (Schicksal, Umwelt, Eltern, negativen inneren Seiten und Komplexen) ausgeliefert. Ihre Fähigkeit, sich selbst auch als „Täter" und nicht überwiegend als „Opfer" sehen zu können, führt zu Einfühlung und Mitleid und dem Wunsch, verursachten Schaden wieder gut zu machen.

Sie wissen, was sie gerne tun und versuchen dies, so gut es geht, zu ihrem Lebensinhalt zu machen. Sie werden hauptsächlich aus ihren eigenen inneren Wünschen und Antrieben heraus motiviert und haben ein deutliches Ziel vor Augen.

Sie übernehmen Verantwortung für das eigene Leben, die eigenen Impulse, Affekte und Handlungen und manchmal auch für Teile des

Lebens anderer Menschen. Wenn sie wissen, was für sie das Richtige ist, tun sie es auch. Sie sind eher lösungs-zentriert als ego-zentriert, d. h. die Lösung einer Aufgabe steht im Mittelpunkt und nicht die Darstellung und Aufwertung ihrer eigenen Person. Sie finden es befriedigend in einer Welt zu leben, die sie selber maßgebend mitgestalten.

Sie kennen wenig Leistungsängste, lernen durch Versuch und Irrtum und sind bereit, zu ihren Fehlern zu stehen. Sie lehnen ein Denken in Kategorien von Erfolg und Misserfolg, von Sieg und Niederlage, von besser und schlechter sein ab. Sie freuen sich an der gelungenen Bewältigung einer Aufgabe.

Sie können sich von anderen Menschen unterscheiden, einen abweichenden Standpunkt vertreten, ohne die Angst davor zu haben, nicht mehr geliebt, verlassen oder bestraft zu werden.

Sie können „Nein!“ sagen ohne Angst und Schuldgefühle. Dies können sie insbesondere auch bei nahe stehenden Personen wie Eltern, Partner, Kinder, Freunde und gegenüber Autoritätspersonen. Alte Familientraditionen und Muster, zugeschriebene Rollen und Aufgaben können aufgegeben werden, wenn sie unstimmig für sie gewordene sind.

Zeitweilig haben sie ein starkes Bedürfnis nach Privatsphäre und Zurückgezogenheit.

Sie sind relativ frei von äußerer Bestätigung, Spiegelung und Akzeptanz, von dem Bedürfnis, anderen gefallen zu wollen, vom Erfüllen traditionell erwarteter gesellschaftlicher Vorstellungen, relativ frei von „eigentlich sollte/müsste ich“.

Sie besitzen kein hartes, strenges Über-Ich, das durch irrationale Pflichtgefühle und moralischen Perfektionismus gekennzeichnet ist und das sie mit Autoaggressionen, Schuld-, Scham- und Angstgefühlen bestraft, wenn sie sich nicht gesellschaftskonform verhalten.

Gleichzeitig haben sie ein deutliches und realitätsgerechtes Gewissen und Verantwortungsbewusstsein, das mit angemessenen Schuld-, Scham- und Angstgefühlen reagiert, wenn sie sich falsch verhalten. Insgesamt ist ihr Über-Ich tolerant, gütig und verständnisvoll und organisch in die Ganzheit der Persönlichkeit integriert.

Sie sind relativ frei davon, andere Menschen zu idealisieren und an ihrem Glanz teilhaben zu wollen. Sie wollen kein anderer Mensch sein als der, der sie sind. Sie können sich selbst relativieren und benötigen keine übertriebenen, grandiosen Vorstellungen über sich und ihre Bedeutung im Gesamtgeschehen der menschlichen Existenz, um sich mit sich selbst gut zu fühlen. Gleichzeitig können sie in ihren Größenfantasien, Wünschen und Sehnsüchten auch wichtige Motivatoren für anzustrebende Aufgaben ansehen.

Sie verfügen über konstruktive Aggressivität, die sich insbesondere als Mut, Initiative, Einsatzbereitschaft, Beharrlichkeit, Durchsetzungs- und Selbstbehauptungsfähigkeit wie auch Wehrhaftigkeit zeigt.

Sie haben keine Schwierigkeiten damit, ehrgeizig zu sein, zu rivalisieren und Macht zu haben. Sie erlauben sich, besser zu sein als andere und sie dürfen auch innerhalb des eigenen Familiensystems besser und erfolgreicher sein als andere Familienmitglieder (Vater, Mutter, Geschwister, Vorfahren).

Sie sind ehrlich, offen und können sich sehr direkt ausdrücken, wenn es erforderlich ist. Auch im aggressiven Ausdruck sind sie direkt, aber nicht verletzend oder demütigend.

Sie lieben es, effektiv zu sein, ganz in ihrem Tun aufzugehen, Erfolg zu haben, andere Menschen anzuleiten und ihnen Vorbild zu sein.

Sie besitzen die Fähigkeit, Bedürfnisse aufschieben und an die Gegebenheiten anpassen zu können. Sie können gegenüber eigenen Versuchungen und den Verlockungen anderer Widerstand leisten und die Frustration unerfüllter Wünsche und Bedürfnisse aushalten.

Sie haben keine Freude daran, anderen Menschen und Lebewesen zu schaden.

LOGOS: Liebe zu Wahrheit und Weisheit

Selbstverwirklichte Menschen haben ein hohes Interesse daran, sich selbst, andere Menschen und überhaupt die ganze Realität so gut und adäquat wie möglich wahrzunehmen und zu verstehen. Sie lernen gerne und selbstmotiviert. Dabei empfinden sie selten Versagensangst. Insbesondere gegenüber ihrem eigenen Inneren, den eigenen geheimen Impulsen, Emotionen und Gedanken sind sie furchtlos. Sie gehen davon aus, dass auch bei anderen Menschen ähnliche Fantasien, Gefühle und Gedanken ablaufen wie bei ihnen selbst.

Sie besitzen die Fähigkeit zu einem guten rationalen, logischen Denken. Wünsche und Affekte stören den Denkablauf nicht, sie können hintergründig lebendig bleiben, brauchen nicht verdrängt zu werden und verleihen so dem Ausdruck Anschaulichkeit und Lebendigkeit statt Abstraktheit und trockener Unanschaulichkeit. Sie lieben es auch, symbolisch zu denken, mit ihrer Intuition zu arbeiten, zu spekulieren, zu fantasieren und zu träumen.

Sie haben eine gute intellektuelle und emotionale Konflikttoleranz. Polaritäten und die daraus resultierenden Spannungen, Zweifel, Unsicherheiten bei sich und anderen können wahrgenommen, akzeptiert und ausgehalten werden.

Sie bemühen sich um ein integrales Denken und versuchen Dinge unter den verschiedensten Aspekten und Perspektiven zu sehen.

Sie vermeiden Schwarz-Weiß- oder Entweder-Oder-Denken. Sie verstehen die Polaritäten des Lebens als sich ergänzende und miteinander verbundene Aspekte der Ganzheit und können damit auch das Absurde, Paradoxe, Geheimnisvolle, Rätselhafte, Unerklärliche wertschätzen und genießen.

Sie sind sich der Relativität der Wahrnehmung von sich selbst und der Welt bewusst. Sie wissen, dass sie immer nur einen kleinen Ausschnitt dessen erleben und wissen können, was sich erleben und wissen lässt. Sie wissen, dass sie nichts wirklich wissen können und alles letztlich ein großes Mysterium ist und bleibt.

Sie sind bereit, ihre eigenen Wahrnehmungen und Schlussfolgerungen immer wieder in Frage zu stellen.

Sie versuchen ihre leitenden Werte auf der Basis ihrer eigenen Erfahrungen zu entwickeln. Ihre Werte sind eher Werte des Seins und des Wachstums als Werte des Habens und Besitzens.

Das Streben nach Erkenntnis, Wahrheit, Freiheit, Liebe, Schönheit, Gerechtigkeit und Frieden bedeutet ihnen sehr viel. Sie sind weniger an nationalen als an globalen Werten interessiert und sie orientieren sich an dem, was der Menschheit und der Evolution insgesamt dient.

Sie genießen die Entfaltung ihres Bewusstseins und bemühen sich um eine kontinuierliche Erweiterung und Befreiung ihres Geistes.

MYSTOS: Ganzheitliche Identität

Individuierte Menschen haben ein stimmiges, realistisches Selbstbild (stimmige und vollständige Vorstellungen von sich selbst, ihren Eigenschaften, Fähigkeiten und Schattenseiten).

Sie haben eine gut entwickelte Fähigkeit zur Selbstbeobachtung, Introspektionsfähigkeit, Achtsamkeit und Bewusstheit in Bezug auf sich selbst und ihre körperlichen und seelischen Vorgänge.

Ihr Erleben ist vorwiegend integrativ-ganzheitlich. Sie bemühen sich, nicht nur isolierte Tatsachen wahrzunehmen, sondern auch den emotionalen, symbolischen Hintergrund und Zusammenhang, in dem sie auftauchen. Sie bemühen sich um eine ausgeglichene Verwendung ihrer Orientierungsfunktionen Denken, Fühlen, Empfinden und Intuieren.

Den Kern ihrer Persönlichkeit empfinden sie als etwas Positives. Sie besitzen ein gutes Maß an Selbstachtung, Selbstliebe und Selbstschätzung und können gut für sich sorgen, sich und anderen Menschen verzeihen. Sie sind mit sich, ihren Defiziten, Traumata und ihren Schattenseiten versöhnt. Sie erleben sich als relativ konstant, kohärent und emotional stabil. Sie empfinden die verschiedenen polaren Aspekte ihrer Person und ihres Organismus als zusammengehörige Einheit.

Sie bemühen sich um Integrität, Authentizität, Echtheit, Aufrichtigkeit, Natürlichkeit und Toleranz. An Verstellungen, Verschleierungen, Masken und Unehrlichkeit haben sie wenig Interesse. Sie wissen aber, dass es für viele Menschen in verschiedenen Situationen wichtig ist, ein förmliches Verhalten oder gesellschaftlich erwartetes Erscheinungsbild zu zeigen (Persona) und können unterscheiden, wann Takt, Diplomatie, Etikette und wann Aufrichtigkeit notwendig sind.

Sie verwenden wenig Zeit und Energie, um sich gegen sich selbst zu schützen. Sie sind überzeugt, dass ihr innerster Wesenskern gut ist und dass ihre Schattenseiten besonders dann destruktiv werden, wenn sie verdrängt und nicht anerkannt werden. So sind sie bereit, ihre Schattenseiten, ihre eigenen Defizite, Konflikte, ihre typische Persönlichkeitsstruktur und ihre typischen Abwehrmechanismen zu sehen, anzunehmen und mit ihnen verantwortlich umzugehen.

Sie sind fähig, auch Zustände der Abhängigkeit, Schwäche, Hilflosigkeit, Ohnmacht, Überforderung, Erschöpfung usw. zugeben zu können.

Erkrankungen und seelische Störung haben sie akzeptiert, sie gehören in ihr Leben und brauchen nicht besonders verborgen oder verdrängt zu werden. Sie haben Verständnis für die Art ihrer Schwierigkeiten und für deren Gewordensein entwickelt und sehen sie als Teil des eigenen Selbst und der eigenen Lebensgeschichte. Sie erwarten nicht mehr, dass ihr Leben sie für vergangenes Leid entschädigt.

Sie akzeptieren ihre Beschränktheit und ihre Endlichkeit und sind in der Lage, Trennungs- und Trauerprozesse zu durchleiden, ohne den Schmerz zu verleugnen. Sie sehen ihr Leben als „abschiedlich“ und bemühen sich von daher, es so bewusst und so gut wie möglich zu leben. Sie verleugnen weder ihr Alter noch die damit verbundenen Einschränkungen. Individuierte Menschen sind gerade vor dem Hinblick der Endlichkeit des individuellen Seins und der Unendlichkeit des Universums offen für die Vielfalt und Ganzheit des Lebens.

Sie möchten so viel wie möglich über sich, ihre Mitmenschen und das Leben erfahren. Sie sind bereit, ihre kognitiven und emotionalen Erfahrungsdimensionen fotwährend zu erweitern. Sie leben bevorzugt in der Gegenwart, sie akzeptieren ihre Vergangenheit, binden sich aber nicht an sie und freuen sich auf die Zukunft und die Projekte, die sie noch realisieren können.

Sie haben die Fähigkeit, die fundamentalen Dinge des Lebens mit Ehrfurcht, Freude und gar Ekstase immer wieder frisch und naiv zu genießen. Sie können staunen. Sie suchen das Unbekannte und lieben das Geheimnisvolle.

Sie haben einen guten Zugang zum Intuitiven, Symbolischen, Religiösen und Transpersonalen wie zur Kunst. Sie erleben das Leben als sinnvoll, auch wenn die Frage nach dem letzten Sinn von allem offen bleiben muss. Sie möchten ihren persönlichen, wenn auch nur kleinen Beitrag zur Evolution des Universums leisten.

Sie haben keine Angst vor partieller Regression und partiellem Kontrollverlust, wie sie im Spiel, im Umgang mit Imagination und Fantasie und veränderten Bewusstseinszuständen (z. B. Meditation und Trance) und in der Kreatitivät auftreten.

Sie können sich entspannen und dem Fluss der Einfälle, Fantasien, Gefühle, Körperempfindungen folgen, ohne zu bewerten und zu beurteilen („freie Assoziation", „Achtsamkeit"). Sie genießen es, ganz in eine Tätigkeit einzutauchen und sich selbst dabei zu vergessen („Flow").

Sie lieben es, kreativ sein zu können und neue Möglichkeiten auszuprobieren und zwar sowohl im Bereich alltäglicher Handlungen (Kindererziehen, Kochen, Ordnung schaffen, Feste feiern) als auch im Bereich ihrer besonderen Talente und der Selbstverwirklichung.

Gleichzeitig empfinden sie sich als in einem Prozess kontinuierlicher Veränderungen befindlich. Sie vertrauen den selbststeuernden Prozessen des eigenen Organismus wie auch denen anderer Menschen. Sie hören auf ihre „innere Stimme", auf ihr Gefühl, ihre Intuition, ihre körperlichen Reaktionen. Sie gehen davon aus, dass das, was gerade ist, für sie selbst wie auch für andere Menschen der bestmögliche Zustand ist, auch wenn bessere Zustände denkbar wären.

Anhang 3: Tabellen der fünf Grundprinzipien

Das BIOS-Prinzip

Symbole

Erde, Umfassendes, Enthaltendes, Universum, Uroborus, Mond, Meer, Nacht, das Untere, das Gefäß, Tor, Unterwelt; das Organische, das Körperliche, Brust, Bauch, Vagina, Uterus, auch jede Raum- und Hohlform wie z. B. das Tal, das Loch, die Höhle, das Nest, das Haus, die Kirche, die Stadt, das Schiff, die Kirche, der Brunnen, das Taufbecken, das Gefäß, der Kelch, das Zimmer; Orte der Regeneration, Entspannung, insbes. das Schlafzimmer, das Bett, das Bad; die Küche, der Backofen; Natur-, Pflanzen- und Tiersymbole, z. B. der Acker, der Garten, die Wiese, der Bach, der Wald, der Fels, die Höhle, der Baum, die Quelle, die Blume und Blüte (Rose und Lotus), Nahrungsmittel, insbes. Wasser, Brot, Milch, Honig, verschiedenste Tiere, insbesondere Säugetiere, z. B. die Kuh, die Katze, die Bärin, aber auch Schlange, Drache

Aspekte

Das Umfassende, Enthaltende, Ursprung, Evolution, Erde, Heimat, Materielle Basis unserer Existenz, Matrix; Leben, Körper, Vitalität, Instinkt, Triebe, Emotionen, Selbstregulation; Fruchtbarkeit, Fortpflanzung, Schwangerschaft, Wachstum, Reifung, Sterben; Nahrung, Stabilität, Sicherheit, Verwurzelung, Schutz, Wärme, Geborgenheit, Pflege, Fürsorge; Regression, das Unbewusste; Gründlichkeit, Stetigkeit, Wirklichkeitssinn, Konservatismus, Tradititionsbewusstsein, Treue, Pflichtgefühl, Ordnung, Sparsamkeit

Schattenseiten

Materielle Bindungen und Abhängigkeiten, Trägheit, Schwere, Desinteresse, Depressivität, Zwanghaftigkeit, Einengung, Gewohnheit, alltägliche Routine, Gefangensetzung, Unbewusstheit, Massenbewegung, Kollektivierung, Depressivität, Krankheit, Kastration, Zerstörung, Tod

Transpersonale Aspekte

Intensive Lebendigkeit, Tanz, Trance, Ekstase, Rausch der Sinne, Rückkehr zum Ursprung, im Einklang mit der Natur und ihren Rhythmen leben, der Körper als Tempel des Göttlichen, das Wunder von Schwangerschaft und Geburt, globales, ökologisches Bewusstein, Tao, Kundalini, Hexenkult

Literarische Gestaltungen

Z. B. Göttin, Große Mutter, die Königin, Ischtar, Gaja, Demeter, Hera, Hekate, Pan; Frau Holle, die drei Federn, Hänsel und Gretel

Beziehungsformen

Mutter-Kind/Tochter/Sohn-Beziehungsverhältnis; Schwangerschafts- und Geburtsbegleitung; Kranken- und Pflegedienst; Familie und Gruppe, Therapeut-Klient

Berufsfelder

Mutter, Vater, Bauer, Gärtner, Bäcker, Koch, Handwerk, Lebensmittelhandel, Hotelgewerbe; Geburtshelferin, Amme, soziale, pädagogische, pflegerische und therapeutische Berufe

Konflikte

- Materie – Energie
- Körper – Geist
- Stabilität – Flexibilität
- Trieb – Kontrolle
- Realismus – Idealismus

Verhaltensweisen, Lernziele und Methoden

- Heilenden Raum ermöglichen, Zeit lassen
- Wertschätzung, Akzeptanz, Bestätigung, Spiegelung, Einfühlung
- Wärme, Schutz, Entspannung, Regressionsförderung
- „Holding", „containing", annehmen, bewahren, tragen, hegen, pflegen, nähren, trösten, schützen, warten, verwandeln, zurückgeben
- Sich-infizieren-lassen, mitleiden und gemeinsam ausheilen
- Das Innere Kind ansprechen
- Bezogenheit zum Unbewussten und zur unbewussten Selbstregulation entwickeln

- Der inneren Natur, den Zyklen und Rhythmen der Natur und des Lebens folgen
- Guten, lustvollen Umgang mit dem Körper, den körperlichen Grundbedürfnissen, Trieben und Instinkten entwickeln
- Achtsamkeit auf körperliche Empfindungen und Wahrnehmungen; Körperarbeit, Körperbewegung, Tanz, Spiel, Gestalten
- Achtsamkeit auf Natur und Umwelt; Umweltbewusstsein entwickeln

Therapieformen

Tiefenpsychologische Richtungen; Gesprächspsychotherapie; Methoden, die mit starken Regressionen verbunden sind; Psychosomatik; körperorientierte Verfahren; pädagogische, soziale Heil- und Pflegedienste; therapeutische Arbeit mit Hilfe von Tieren

Das EROS-Prinzip

Symbole

Herz, Blut; das Runde, Weiche, Geschwungene, Fließende; Symbole der Liebesbeziehung, der Sexualität, Umarmung; der nackte Körper, erogene Zonen und Körperteile, z. B. Haut, Haare, Augen, Lippen, Hals, Brust, Arme und Hände, Haut, Gesäß, Geschlechtsorgane, Beine; die Liebesbeziehung, Vereinigungssymbole; Kunstwerke, Symbole des Schönen, des Harmonischen, Symmetrischen; erotische Kleidung, Farben, Musik, Blumen, Blüten (Rose, Lilie), süße Früchte (Apfel, Erdbeere, Kirsche, Pflaume); Blut, Feuer (Leidenschaft); Wasser (Erfrischung); Duft (Parfüm); Strahlendes, Glänzendes, Glitzerndes, Funkelndes, Fließendes; Symbole der Fülle, des Reichtums und des Luxus, Schmuck, Geld, Kleidung, schöner Besitz

Aspekte

Eros, Liebe, Güte, Mitgefühl; Anziehung, Sympathie, Verbindung; Beziehung und Bezogenheit zu Mensch, Natur, Leben; Kommunikation, Kommunion; Streben nach Harmonie, Ausgleich, Homöostase, Gerechtigkeit; Sehnsucht nach Einheit; Verlangen, Begehren, Streben; Sinnlichkeit, Sexualität, Vereinigung, Verschmelzung; Offenheit, Hingabe; das Positive, das Gute, Schöne und Wahre; Ästhetik, Glanz, Kunst, Humor; Charme, Eleganz, Luxus; Gefühle, Freude, Lust, Leidenschaft, Ekstase, Fülle, Reichtum; Liebenswürdigkeit, Freundlichkeit, Anpassungsfähigkeit; Geselligkeit, Vergnügung, Spiel

Schattenseiten

Beziehungssucht, Abhängigkeit, Hörigkeit, Unterwerfung, Masochismus, Ich- und Autonomie-Schwäche; Eitelkeit, Launenhaftigkeit, Empfindlichkeit, Kränkbarkeit, Somatisierung, Verführbarkeit, Bequemlichkeit, Zügellosigkeit, Verschwendung, Schwärmerei, Emotionalisierung, Dramatisierung, Eifersucht, Klatsch, Intrigen; Promiskuität, Sexualisierung, Nymphomanie, Hysterie, Flüchtigkeit, Oberflächlichkeit, Geschmacklosigkeit, Unechtheit, Schein, Schauspielerei, Leichtsinn, mangelnde Zentrierung, Sucht, Pornografie, Chaos

Transpersonale Aspekte

Universale Liebe, Unio Mystica, Mystische Hochzeit, All-Verbundenheit, Einheitserfahrung, Barmherzigkeit, Glücks- und Ekstaseerfahrung, Tantra, das Kunstwerk

Literarische Gestaltungen

Z. B. Shiva und Shakti; Eva und Adam, das Hohelied, Samson und Delilah; Eros/Amor, Aphrodite/Venus, Adonis, Dionysos, Medea und Jason, Orpheus und Eurydike, Philemon und Baucis, Amor und Psyche, Leila und Madschnun, Romeo und Julia, Daphnis und Chloe, Tristan und Isolde, Don Juan, Don Giovanni, Casanova, Tannhäuser, Carmen, Jorinde und Joringel

Beziehungsformen

Liebesbeziehung, Partnerschaft, Sexualität und Leidenschaft; der Geliebte, die Geliebte; die offene, partnerschaftliche dialogische Beziehung; die gegenseitige inspirative Förderung; die heilende Liebesbegegnung; Dreiecksbeziehungen, Eifersuchtsdrama, Liebestod, Liebesopfer

Berufsfelder

Berufe, die in Verbindung mit Kunst, Ästhetik, Unterhaltung und Vergnügung stehen, Künstler, Schauspieler, Tänzer, Musiker, Maler; Kosmetik und Wellness, Animation, Mode, Schmuck, Dekoration und Design; Diplomaten, Vermittler, Richter und Rechtsanwälte, Berater, Psychotherapeuten

Konflikte

- Beziehung – Autonomie
- Gemeinschaft – Individuum
- Lust – Kontrolle
- Diplomatie – Wahrhaftigkeit
- Harmonie – Konflik
- Emotionalität – Sachlichkeit
- Idealismus – Realismus
- Polygamie – Monogamie

Verhaltensweisen, Lernziele und Methoden

- Herstellung einer vertrauensvollen, konstruktiven Beziehung
- Begegnung mit „Herz“: Echtheit, Authentizität, Wärme; Einfühlung, Empathie, Mitgefühl; Wertschätzung, Akzeptanz, Bestätigung, Liebe
- Auf die Sprache des Herzens achten lernen: für körperliche Reaktionen und Empfindungen, Gefühle, Fantasien sensibel werden und sie zum Ausdruck bringen
- Fähigkeit zu guter, offener und direkter Kommunikation
- Thematisierung der menschlichen Beziehungsaspekte und -probleme (Thematisierung des „zentralen Beziehungskonflikts“, von Übertragungs- /Gegenübertragungsfantasien, aber auch den Aspekten der realen Beziehung)
- Hinarbeiten auf Selbstliebe und positive Einstellungen, auf Selbstakzeptanz, Liebe, Freude und Ekstase
- Förderung von Entspannung, Vertrauen und Hingabe
- Hinarbeiten auf die Fähigkeit, den Eros, die Schönheit, die Fülle, den Glanz des Lebens wahrzunehmen und in Freude und Lust zum Ausdruck zu bringen
- Entwicklung von Achtsamkeit und Dankbarkeit
- Körperbewusstsein, Atem, Tanz, Musik, kreative Gestaltungsübungen

Selbst-Erfahrungs- und Therapieformen

Tiefenpsychologische Richtungen, Gruppentherapien, humanistische Verfahren, Gesprächspsychotherapie, Encounter, Kunst- und Gestaltungstherapien, Partnerschafts- und Kommunikationstrainings

Das HEROS-Prinzip

Symbole

Pfeil nach rechts oben, Phallus; das aufstrahlende Licht, die aufsteigende Sonne; Feuer, Explosion, (Atom-)Bombe; Werkzeuge, Waffen (insbesondere Messer, Schwert, Pfeil und Bogen, Pistole und Gewehr), Maschinen; Sich-Aufrichtendes, Eindringendes, Vorantreibendes, Ausdehnendes; Adler, Löwe, Raubtiere; Suche, Weg, Wanderung, Reise; Fahrzeuge (insbesondere Auto), Flugzeuge, Raketen; Hindernis, Widersacher, Kampf (Drachenkampf), Schlacht; Sieg, Hebung des Schatzes, Befreiung der Gefangenen

Aspekte

Tatkraft, zielgerichtete, zukunftsorientierte Aktion, Aktivität, Handlung; Impuls, Energie, Kraft, Stärke, Leidenschaft; Eroberung, Macht, Dominanz; Individualität, Autonomie, Freiheit, Selbstverantwortung; Initiative, Leistung, Erfolg, Wille, Zielorientiertheit, Disziplin, Konzentration, Beharrlichkeit; Lernen, Übung, Training; Neugier, Angstüberwindung, Mut; Trennung, Unterscheidung, Auseinandersetzung; Wettkampf, Rivalität, Angriff, Aggression, Kampf, Siegeswillen, die große Suche, das große Abenteuer; Eingriff, Operation

Schattenseiten

Egozentrismus, Machtmissbrauch, Zwang, Gewalttätigkeit, blinder Aktionismus, Zerstörungslust, Vergewaltigung, Missbrauch des Körpers, Zwang zur „Dauerpotenz", Willens-, Arbeits,- Leistungs- und Erfolgssucht, Größenwahn, Panzerung, Abwehr von Regression und Unbewusstem, von „weichen" Gefühlen und Beziehungsaspekten, Dickköpfigkeit, Herrschsucht, Rechthaberei, Rachsucht, Streitsucht, Alkoholismus, zwanghafte, schizoide und paranoide Elemente, Soziopathie

Transpersonale Aspekte

Schöpferische Tat; der Kampf für das Wahre, Gute und Schöne, die Freiheit, Gerechtigkeit, Menschlichkeit; Flow – Im Tun aufgehen und sich selbst vergessen; den Tod wagen und neu geboren werden

Literarische Gestaltungen

Z. B. Ares/Mars, Athene, Artemis/Diana, Amazone, Herakles, Odysseus, König Arthur und die Ritter der Tafelrunde, Siegfried, Jeanne D'Arc, Parzifal, Tarzan, Superman, James Bond

Beziehungsformen

Führer-Geführte, Freund/Gegner, Begleiter, Beschützer, Trainer

Berufsfelder

Trainer, Coach, Manager, Sportler, Mechaniker, Techniker, Ingenieure, Handwerker, Militär, Polizei, Jäger, Abenteurer, Entdecker, Pioniere, Weltenbummler

Konflikte

- Individualität – Natur, Gesellschaft, Normen, anderen Menschen
- Autonomie – Beziehung
- Kontrolle – Hingabe
- Distanz – Nähe
- Freiheit – Bindung
- Differenzierung, Abgrenzung – Vereinigung, Integration

Verhaltensweisen, Lernziele und Methoden

- Aufrichten, Vordringen, Eindringen
- Kooperation auf ein gemeinsames Ziel hin
- Ich-stützend, progressiv, aktivierend, motivierend, ermutigend, herausfordernd, realitätsbezogen
- Anerkennung, Bestätigung, Verstärkung
- Kontrolle, Korrektur, Konfrontation, Bestrafung
- Konfrontation mit problematischen Einstellungen und Verhaltensweisen
- Lernen, experimentieren, probieren, trainieren, handeln in Fantasie und Realität
- Informationen und Erklärungen von Zusammenhängen vermitteln, Rat geben
- Ermutigung zur Neugier, Experimentierlust, Risikobereitschaft, Angstüberwindung
- Aufbau konstruktiver Bewältigungsmechanismen
- Einüben von Autonomie, Selbstsicherheit, Selbstvertrauen, Selbstverantwortung, konstruktiver Aggression

- Lernen, Konflikte, Rivalität, Aggression und Feindseligkeit auszuhalten
- Einüben des Willens, von konstruktiver Disziplin, Selbstkontrolle, Selbstmanagement

Selbst-Erfahrungs- und Therapieformen

Verhaltens-, lern- und übungsorientierte Verfahren, aber auch bestimmte Formen analytischer Therapie, in denen eine Ich-Stützung und Verbesserung der Realitätsfunktion des Klienten angestrebt werden; pädagogische Methoden, Trainings, Coaching, Motivationstrainings, NLP

Das LOGOS-Prinzip

Symbole

Sonne, Himmel, Licht, Kopf, Auge; Luft, Atem, Hauch, das Oben, der Tag, Flügel, Fliegendes, Vögel; Berg, Turm, Wolkenkratzer; Schwert, Zepter; klare Strukturen, Sprache, Zahlen, Zeichen, Formeln, Worte, Schemata, Buch; Messgeräte, Uhr, Erkenntnis-Instrumente, wie z. B. Brille, Lupe, Fernglas, Mikroskop, Radar; Fotoapparat, Kamera, „intelligente" technische Geräte wie Rechenmaschinen und Computer

Aspekte

Logos, Geist, Bewusstsein, Sinn, Intelligenz, Vernunft, Erkenntnis, Objektivität, Wahrheit, Denken, Systematik; Wort, Zahl, Sprache; Experimentieren, Beobachten, Messen, Berechnen, Klären, Analysieren, Unterscheiden, Reduzieren; Distanz, Struktur, Ordnung, Gesetz; Übersicht, Überpersönliches, Über-Ich, Ethik, Moral, Strenge; die Stimme des Gewissens;

Schattenseiten

Kälte, unpersönliche Distanz, Lebensferne, Lebensfeindlichkeit, autoritäre Persönlichkeit, Strenge, Prinzipienreiterei, Formalismus, Wahrheitsfanatismus, geistige Gefangenschaft in Theorien, Normen und Idealvorstellungen, Bewusstseinskrampf, Bitterkeit, Verachtung, Einsamkeit, Nekrophilie, Selbstentfremdung, schizoide und zwanghafte Aspekte

Transpersonale Aspekte

Befreiung durch Einsicht, Erleuchtung, Wahrheit, Weisheit, Meditation, Kontemplation, philosophische Betrachtung, der „Innere Zeuge"

Literarische Gestaltungen

Die geistigen Gestalten aus Mythen, Märchen, Erzählungen, Dramen, Filmen, z. B. Gott, Großer Vater, König, die/der „Alte Weise", Sophia, Zeus, Helios, Apollon, Magier und Wissenschaftler, z. B. Faust

Beziehungsformen

Wissender-Unwissender; Vater – Sohn/Tochter/Kind; Meister/Guru/Lehrer – Schüler; Beratender-Ratsuchender, Priester-Glaubender

Berufsfelder

Weise und Wissende, Forscher, Wissenschaftler, Gelehrte, Mathematiker, Philosophen, Theologen, Lehrer, Richter, Kritiker, Buchhalter, Archivare, Detektive

Konflikte

- Oben – Unten
- Himmel – Erde
- Geist – Körper
- Subjekt – Objekt
- Begriff – Symbol
- Quantität – Qualität
- Theorie – Praxis
- Über-Ich – Es
- Moral – Trieb
- Eindeutigkeit – Komplexität
- Linearität – Zirkularität

Verhaltensweisen, Lernziele und Methoden

- Bemühen um Objektivität, Klarheit, Wahrheit
- Distanz, Abstinenz, Neutralität, Denk- und Vernunftsorientierung
- Setzen klarer, eindeutiger Strukturen
- Vermittlung von Einsicht, Erkenntnis, Verständnis, Orientierung, Sinn; Belehrung
- Analysieren: Klären und Verstehen von bisher unbekannten, unbewussten Zusammenhängen, Konflikten; Zerlegung in Teilkomponenten; Interpretation, Deutung, Rekonstruktion der aktuellen Situation vor dem Hintergrund kausaler, biografischer Zusammenhänge
- Vermittlung von Einsichten zu überpersönlichen, kollektiven Vorgängen und Gesetzmäßigkeiten, Amplifikation
- Vermittlung von Moral und Ethik, von Glaubenssätzen
- Beichte, Sühne und Vergebung
- Opfer, Askese, Exerzitien

- Aufforderungen und Übungen zum Selbstverzicht und zur Egoüberwindung
- Kontemplation und Meditation

Therapieformen

Tiefenpsychologische, psychoanalytische Verfahren; kognitive Therapieformen; Beratung; Seelsorge

Das MYSTOS-Prinzip

Symbole

Mandala, Zentrum und Umfang, Schloss, Park/Garten, göttliche Gestalten, Daimones, Gott-Teufel, der Anthropos, die innere Stimme, Stein der Weisen, Gold, Diamant, Gral, Ring, Edelstein, Perle, Blüte, schwer erreichbare Kostbarkeit; Wasser des Lebens, Unsterblichkeitskraut; gegensatzvereinigende Symbole, mystische Hochzeit; Magisches, Zauberhaftes, Sich-Verwandelndes

Aspekte

Mysterium, Wunder, Zentrum, Einheit, Ganzheit; das Eine, das Allumfassende, der Kosmos, das Universum, Mikro-Makro-Kosmos, Schöpfung, Energie, höchste Intelligenz, Ursprung und Ziel; das Schöpferische, Grenzen überschreiten, Vermittlung, Vereinigung von Gegensätzen, transzendente Funktion; Fülle, Vielfältigkeit, Chaos; Ambivalenz, Paradoxität; Spontanität, Offenheit; parapsychologische Phänomene, Synchronizität

Schattenseiten

Unverbindlichkeit, Unzuverlässigkeit, Widersprüchlichkeit, vieldeutige Begrifflichkeit, Oberflächlichkeit, Täuschung, Realitätsverlust, Verwechslung von Innen und Außen, von Symbolischem und Konkretem, Aberglauben, Wundergläubigkeit, magisches Denken, Dissoziation, Borderline, Größenwahn, Manie, Psychose; Dogmatismus, Radikalität, Totalitarismus, Absolutismus

Transpersonale Aspekte

Erleben von Ganzheit, Einheit, Inspiration, Kreativität, Synchronizität, Befreiung, Freiheit, Frieden, Ekstase, Erleuchtung, kosmisches Bewusstsein

Literarische Gestaltungen

Gott-Göttin, Engel und Boten der Transzendenz, religiöse Führer, der „Alte Weise“, die „Alte Weise“; Hermes-Mercurius; das Göttliche Kind, die Hexe, der Magier

Beziehungsformen

Lehrer, Weiser, Meister, Guru – Jünger, Schüler, Gläubiger; Magier und Zauberschüler; magische Behandlung und magische Heilung, z. B. Schamanismus

Berufsfelder

Religiöse Führer, Weisheitslehrer, Mystiker, Priester, spirituelle Medien, Sensitive, Heiler, Künstler, Zauberkünstler; Nachrichten- und Informationsvermittler, Werbefachleute, Lehrer, Psychologen, Psychotherapeuten; Grenzgänger, Hochstapler, Betrüger

Konflikte

- Paradoxität – Eindeutigkeit
- Fülle – Ordnung
- Ganzheit – Einseitigkeit
- Innere Realität – äußere Realität
- Transzendenz – Alltag
- Größenfantasie – Minderwertigkeit
- Symbolisches Denken – rationales Denken

Verhaltensweisen, Lernziele und Methoden

- Offenheit, Spontanität
- Interventionen, die auf das Selbst und eine Beziehungsherstellung zwischen dem Ich-Bewusstsein und dem Unbewussten abzielen
- Anregung zu freier Assoziation, Fantasie, Intuition, Kreativität, Spiel
- Traum- und Symbolarbeit, Imagination
- Spirituelle Übungen und Exerzitien; Meditation, Kontemplation
- Atemtechniken
- Körpertechniken
- Paradoxe Interventionen, Überraschungen, Verhaltensverschreibungen
- Humor, Witz, Ironie, Umdeutungen, List
- Magische, schamanistische Praktiken

Therapieformen

Integrative Therapie, Analytische Psychologie, Humanistische und Transpersonale Therapieformen, Kreative und imaginative Verfahren, religiöse Exerzitien, Ritualarbeit, Achtsamkeitstherapie, Meditation, Yoga, Tantra

Anmerkungen

1. Das Pentaolon-System hat sich im Laufe der letzten vierzig Jahre aus meinem Bestreben heraus entwickelt, die Essentials der modernen Psychologie, der Tiefenpsychologie, der humanistischen, transpersonalen und integrativen Psychologie in Seminaren und Vorträgen kompakt und übersichtlich zu vermitteln. Grundlegend dabei waren die Erkenntnisse, die insbesondere C. G. Jung, die Tiefenpsycholigie, die Humanistische Psychologie und die Transpersonale Psychologie über den universalen Selbstverwirklichungsprozess (Individuation) und die sich daraus ergebende Kunst, das Leben ganzheitlich und sinnerfüllt zu führen, gewonnen haben. Um sich in der Fülle und Vielschichtigkeit der universalen Motive, Gestalten und deren Beziehung zueinander zu orientieren, hat C. G. Jung gerne eine Vierer-Systematik, ein Quaternitätsmodell mit einem fünften Punkt als Mittelpunkt oder als umfassende Ganzheit verstanden, verwendet. Der Name „Pentaolon" ist zusammengezogen aus der griechischen Vorsilbe „pent" für die Zahl Fünf und dem griechischen „holon", welches gelegentlich als Wort für Ganzheit verwendet wird. Die grafische Anordnung der Prinzipien im Kreis soll ein Mandala symbolisieren. Die Bezeichnung „Pentaolon" soll also darauf hinweisen, dass es ein ganzheitliches Modell ist, das auf der Vierer- und der Fünfzahl (4+1) in der Gestalt eines Mandalas beruht. Weitere Einzelheiten zum Modell, insbesondere auch seine Beziehung zu anderen aktuellen Modellen, wie z. B. dem von Ken Wilber, dem es in vielerlei Hinsicht sehr nahe steht, finden sich auf der laufend aktualisierten website: www.pentaolon.de, auf der sich auch die Übersichten als PDF-download finden. Es gibt eine Vielzahl von Modellen und Typologien, die auf einem solchen Vierer-Fünfer-Schema beruhen. Einen guten Überblick geben Antons-Volmerg, Klaus: Von der Vier zur Fünf. Abendländische Persönlichkeitstypologien und das buddhistische Mandala, 1995 und Banzhaf, Hajo: Der Mensch in seinen Elementen, 1994, aber auch C. G. Jung in seinem Klassiker „Psychologische Typen".
2. Zit. nach: Wehr, Gerhard: Novalis. Schaffhausen: Novalis 1976, S. 137
3. Vgl. dazu: Jung, C. G.: Die psychologischen Aspekte des Mutterarchetypus. GW 9/1 Olten: Walter 1976, §156
4. Zit. nach Edinger, Edward F.: Der Weg der Seele, 1990, S. 165
5. Zit. nach Neumann, Erich: Die Bedeutung des Erdarchetyps für die Neuzeit. In: Die Psyche als Ort der Gestaltung. 1992, S. 18; download bei www.opus-magnum.de

6. Watts, Alan: Die Illusion des Ich. Westliche Wissenschaft und Zivilisation in der Krise. 1980, S. 139
7. Jung, C.G.: Seele und Erde. GW 10, §195
8. Jung, C. G.: Die Dynamik des Unbewussten. GW 8, § 673
9. Vgl. Neumann, Erich: Der Mond und das matriarchale Bewusstsein, 1950, download bei www.opus-magnum.de
10. Vgl. dazu insbesondere auch Müller, Lutz: Magie. Tiefenpsychologischer Zugang zu den Geheimwissenschaften. 1989 / 2015. Durch bestimmte meditative Übungen konzentriert sich der Übende, von unten nach oben vorgehend, auf die einzelnen Chakren und vergegenwärtigt sie sich körperlich. Dadurch werde die „Schlangenkraft" geweckt und aktiviert. Ihre feurige Energie steige auf. Sie belebe die Chakren und die damit verbundenen Persönlichkeitsbereiche und Komplexfelder und „brenne" in ihnen alle „Schlacken" und „Unreinheiten" weg, die einem vollständigen Funktionieren und einer völligen „Entfaltung" der „Blüten" der Chakren oder dem „Rotieren der Energieräder" der Chakren im Wege stünden. Die aufsteigende Schlangenenergie vereinige sich schließlich mit dem spirituellen Bewusstsein im obersten Chakra, wodurch es zur Erleuchtungserfahrung komme. Tiefenpsychologisch gesehen handelt es sich bei der Aktivierung der Kundalini-Schlange um die Aktivierung tiefster Schichten des Unbewussten und um die Auseinandersetzung mit zentralen archetypischen Komplex- und Konfliktfeldern.
11. Muladhara, das unterste Chakra, repräsentiert die Erde und Materie, den BIOS. Hier liegt die Urenergie, die Lebenskraft, die Libido, hier sind die Grundbedürfnisse des Lebens und Überlebens angesiedelt (Selbsterhaltung, Sicherheit, Nahrung, Schlaf, Bewegung, Vitalität, Energie etc.); es ist das Bewusstseinsniveau des unreflektierten, automatischen, animalischen alltäglichen Lebens. Aus diesem Zustand gilt es nun, die Kundalini-Energieschlange zu wecken und zu höherer Bewusstheit aufzusteigen.
12. Das zweite Chakra, Svadhisthana, befindet sich auf der Höhe der Genitalien und wird deshalb hauptsächlich mit der Sexualität und entsprechenden Triebregungen und Fantasien verbunden. Insofern im sexuellen Trieb auch tiefe Sehnsüchte nach Vereinigung mit dem Gegengeschlechtlichen und dem Transpersonalen enthalten sind, beginnen sich hier schon spätere Aspekte der Individuation anzudeuten, wenn auch noch auf einer ganz elementaren und triebhaften Ebene (BIOS, EROS).
13. Im dritten Chakra, Manipura, das der Bauchregion und dem Sonnengeflecht zugeordnet ist, sind elementare Selbsterhaltungsbedürfnisse und Affekte lokalisiert (Haben, Besitzen, Macht, Agression, vgl. BIOS, HEROS).

14. Das vierte (Herz-)Chakra, Anahata, nimmt eine Mittelstellung zwischen oben und unten ein. Es steht für Liebe, Einfühlung, Mitgefühl und Zuneigung (vgl. EROS).
15. Das fünfte (Kehlkopf-)Chakra, Visuddha, repräsentiert die Welt der Sprache, der Kommunikation und der Gedanken (und das sechste, Ajna, höhere psychische Fähigkeiten, Intuition und veränderte, geistige Bewusstseinszustände (Stirn, zwischen den Augenbrauen, das „dritte Auge", vgl. LOGOS, MYSTOS).
16. Sahasrara, das siebte Chakra schließlich, das im Gehirn oder auf dem Scheitel angesiedelt wird, soll mit höchsten Erleuchtungszuständen und transzendenten Erfahrungen verbunden sein (vgl. MYSTOS).
17. Im Aufsteigen verbinde die Kundalini-Schlange das Unterste mit dem Obersten und lasse die körperlich-geistige Ganzheit und Einheit des Menschen offenbar werden.
18. Schiller, Friedrich: An die Freude. SW Bd. 1, 1823, S. 133
19. Vgl. dazu auch Morris, Desmond: Die nackte Eva, 2004
20. Hohelied Salomonis, zit. nach: Hamp, Vinzenz u. a.: Die ganze heilige Schrift des Alten und Neuen Testamentes, 1979
21. Schiller, Friedrich: Das Höchste. Sämtliche Werke, Bd. 1, S. 243
22. Eine zusammenfassende Deutung der typischen Aspekte des Heldenweges habe ich in dem Buch „Der Held" 1987 / 2013 gegeben. Der Ethnologe Leo Frobenius hat bereits 1904 die verschiedenen Motive der Heldenmythen unter der Bezeichnung „Nachtmeerfahrt" und „Walfischdrachenmythen" zusammengefasst, der Psychotherapeut Otto Rank 1909 eine „Durchschnittssage" von der Geburt und Kindheit des Helden konstruiert, der Mythologe Joseph Campbell 1978 (erschienen erstmals 1949), die typischen Stadien der Heldenfahrt in einem Kreisdiagramm schematisch angeordnet und der Tiefenpsychologe Erich Neumann 1949 hat den Heldenweg in Beziehung zur allgemeinen Bewusstseinsentwicklung des Menschen gesetzt. Auf Neumann bezieht sich auch Ken Wilber 1984. Da die Heldenreise in vielerlei Hinsicht dem Aufbau des klassischen Dramas entspricht und für sehr viele literarische Stoffe grundlegend ist, konzipierte Vogler 1997 auf dem Motiv der Heldenreise auch eine Anleitung zum Drehbuchschreiben.
23. Ich übernehme in der Beschreibung des Heldenweges weitgehend den Ausführungen in: Müller, Lutz: Der Held - Jeder ist dazu geboren: Die universale Heldenreise als Prozess der Selbst-Erfahrung, 2013
24. Vgl. Aspekte zur Gestalt des Hermes-Mercurius in: Müller, Lutz: Magie. Tiefenpsychologischer Zugang zu den Geheimwissenschaften. 1989 / 2015

25. Csikszentmihalyi, Mihaly: Flow. 1992, S. 64
26. Hamlet I,3 Zit. nach Eckart Hans, Grunow, Alfred: Führende Worte Bd. 2. 1963, S. 52
27. Goethe, Johann Wolfgang von: Zahme Xenien III, Gedichte, Stuttgart: Cotta 1827, Bd. 1, S. 667
28. Swimme, Brian: Das Universum ist ein grüner Drache, S. 26 f.
29. Gebser, Jean: Ursprung und Gegenwart, 1949
30. Neumann, Erich: Ursprungsgeschichte des Bewusstseins, 1949
31. Z. B. Obrist, Willy: Die Mutation des europäischen Bewusstseins: Von der mythischen zur heutigen Weltsicht und Spiritualität. Eine Kurzfassung des Gesamtwerks, 2006; Tiefenpsychologie und Theologie: Aufbruch in ein integrales Bewusstsein, das Wissenschaft und Glaube miteinander verbindet, 2009
32. Insbesondere: Wilber, Ken: Halbzeit der Evolution, 1984; Das Spektrum des Bewusstseins, 1987; Eros, Kosmos, Logos, 1995; Eine kurze Geschichte des Kosmos, 1997
33. Goethe, Johann Wolfgang von: Epirrhema, Gedichte, Stuttgart: Cotta 1827, Bd. 1, S. 545
34. Jung, C. G.: Erinnerungen, Träume, Gedanken von C. G. Jung, 1984, S. 358
35. Jung, C. G.: Zur gegenwärtigen Lage der Psychotherapie, in: GW 10, S. 193
36. Feuerbach, Ludwig: Das Wesen des Christentums. SW 7, 1849, S. 51
37. Jung, C. G.: Erinnerungen, Träume, Gedanken von C. G. Jung, 1984, S. 199f
38. Silesius, Angelus (1674): Der cherubinische Wandersmann. Buch 1, Vers 5. Nach der Ausgabe 1829, Sulzbach: Seidelsche Buchhandlung.
39. Laotse: Tao Te King, 1972, Abschnitt 1
40. Laotse: Tao Te King, 1957, S. 41
41. Schiller, Friedrich: Punschlied. Sämtliche Werke Bd. 1, S. 421
42. Jung, C. G., GW 9/2, S. 257. In seinem Aufsatz: „Die Struktur und Dynamik des Selbst“ stellt Jung zudem verschiedene Aspekte des Selbst in der Struktur der Quaternio und der Doppelpyramide dar und setzt sie mit der alchemistischen Lehre von den vier Elementen und dem Stein der Weisen in Beziehung.
43. Jung, C. G., GW 11, S. 182
44. Jung, C. G., Zur Psychologie des Kindarchetyps, in GW 9/l, § 289
45. Zum Inneren Kind siehe auch: Müller, Trotzdem ist die Welt ein Rosengarten, 2013
46. Jung, C. G.: Erinnerungen, Träume, Gedanken von C. G. Jung, 1984, S. 359
47. Rogers, Carl R.: Entwicklung der Persönlichkeit, 1989, S. 33
48. Rogers, Carl R.: Entwicklung der Persönlichkeit, 1989, S. 37

49. Frenzel, Elisabeth: Motive der Weltliteratur, 1980, S. 608
50. Jung, C. G.: Analytische Psychologie und Erziehung, 1946. S. 54
51. Jung Grundfragen der Psychotherapie, 1971, S. 123
52. Zimmer, Heinrich: Philosophie und Religion Indiens. Frankfurt: Suhrkamp 1973, S. 328 f.
53. Wir folgen hierbei insbesondere der Interpretation von Erich Neumann (Zu Mozarts Zauberflöte, 1953). Weitere Literatur: Assmann, Jan, Die Zauberflöte, 2010; Frietsch, Wolfram, Die Traumfahrt der Zauberflöte, 2010
54. Diese und folgende Textpassagen entstammen dem originalen Operntext.
55. Neumann, Erich: Zu Mozarts Zauberflöte, www.opus-magnum.de, 2005. S. 2
56. Neumann, Erich: Zu Mozarts Zauberflöte. www.opus-magnum.de, 2005. S. 31
57. Jung, C. G.: GW 12, S. 189
58. Neumann, Erich: Zu Mozarts Zauberflöte. www.opus-magnum.de, 2005. S. 31
59. Neumann, Erich: Zu Mozarts Zauberflöte. www.opus-magnum.de, 2005. S. 5/6
60. Hierbei stütze ich mich insbesondere auf die Werke von C. G. Jung, Erich Fromm, Abraham Maslow, Carl Rogers sowie auf verschiedene Autoren der Psychoanalyse, der Humanistischen und der Transpersonalen Psychologie
61. Jung, Carl Gustav.: Die Struktur und Dynamik des Selbst, 1976

Literatur

Abrams, Jeremiah (Hrsg.): Die Befreiung des Inneren Kindes. Die Wiederentdeckung unserer ursprünglichen kreativen Persönlichkeit und ihre zentrale Bedeutung für unser Erwachsenenleben. Bern: Scherz, 1993

Adam, Klaus-Uwe: Therapeutisches Arbeiten mit Träumen. Theorie und Praxis der Traumarbeit. Berlin: Springer, 2000

Antons-Volmerg, Klaus: Von der Vier zur Fünf. Abendländische Persönlichkeitstypologien und das buddhistische Mandala. Ulm: Fabri, 1995

Argüelles, Miriam & José: Das große Mandala-Buch. Mandala in Aktion. Freiburg: Aurum, 1978

Argüelles, Miriam & José: Weiblich weit wie der Himmel. Haldenwang: Irisiana, 1979

Assmann, Jan: Die Zauberflöte. München: Hanser, 2005

Banzhaf, Hajo: Der Mensch in seinen Elementen. Feuer, Wasser, Luft und Erde. Eine ganzheitliche Charakterkunde. München: Goldmann, 1994

Bemmann, Hans, Pinkerneil, Dietrich: Das große Hausbuch deutscher Dichtung. Königstein Ts.: Athenäum, 1982

Betz, Otto: Das Geheimnis der Zahlen. Stuttgart: Kreuz, 1989

Betz, Otto: Der Leib als sichtbare Seele. Stuttgart: Kreuz, 1991

Bolen, Jean Shinoda: Göttinnen in jeder Frau. Psychologie einer neuen Weiblichkeit. Basel: Sphinx, 1986

Bolen, Jean Shinoda: Götter in jedem Mann. Besser verstehen, wie Männer leben und lieben. Basel: Sphinx, 1991

Bradshaw, John: Das Kind in uns. Wie finde ich zu mir selbst. München: Droemer Knaur, 1992

Brooks, Charles: Erleben durch die Sinne. Sensory Awareness. München: Deutscher Taschenbuch Verlag, 1991

Bütler, Rene: Die Mystik der Welt. Quellen und Zeugnisse aus vier Jahrtausenden. München: Scherz 1992

Campbell, Joseph: Der Heros in tausend Gestalten. Frankfurt: Suhrkamp, 1978

Campbell, Joseph: Die Mitte ist überall. Die Sprache von Mythose, Religion und Kunst. München: Kösel, 1992

Campbell, Joseph: Mythen der Menschheit. München: Kösel, 1993

Campbell, Joseph: Die Kraft der Mythen. Bilder der Seele im Leben des Menschen. Düsseldorf: Artemins, 1994

Camphausen, Rufus: Yoni. Die Vulva. Weibliche Sinnlichkeit, Kraft der Schöpfung. München: Diederichs, 1992

Clarus, Ingeborg: Odysseus und Oidipus. Wege und Umwege der Seele. Fellbach Bonz, 1986

Colegrave, Sukie: Yin und Yang. Die Kräfte des Weiblichen und des Männlichen. Bern: Barth 1982

Cooper, J.C.: Illustriertes Lexikon der traditionellen Symbole. Wiesbaden: Drei Lilien, 1986

Csikszentmihalyi, Mihaly: Flow. Das Geheimnis des Glücks. Stuttgart: Stuttgart: Klett-Costa, 1992

Daniélou, Alain: Der Phallus. Metapher des Lebens, Quelle des Glücks – Symbole und Riten in Geschichte und Kunst. München: Diederichs 1998

Dieckmann, Hans: Komplexe. Berlin: Springer, 1991, download bei www.opus-magnum.de

Dorst, Brigitte: Lebenskrisen: Die Seele stärken durch Bilder, Geschichten und Symbole. Düsseldorf: Walter 2010

Eckart Hans, Grunow, Alfred: Führende Worte Bd. 1.-3 1963 Berlin: Haude und Spenersche Verlagsbuchhandlung 1963, S. 103

Edinger, Edward F.: Der Weg der Seele. Der psychotherapeutische Prozess im Spiegel der Alchemie. München: Kösel, 1990

Ehmer, Manfred Kurt: Göttin Erde. Kult und Mythos der Mutter Erde. Ein Beitrag zur Ökosophie der Zukunft. Berlin: Clemens Zerling, 1994

Eliade, Mircea: Die Religionen und das Heilige. Elemente der Religionsgeschichte. Frankfurt: Insel, 1994

Endres, Franz; Schimmel, Annemarie: Das Mysterium der Zahl. Zahlensymbolik im Kulturvergleich. Köln: Diederich, 1984

Feuerbach, Ludwig: Das Wesen des Christentums. Sämtliche Werke 7, Leipzig: Wigand 1849

Fox, Matthew: Der große Segen. Umarmt von der Schöpfung. München: Claudius 1991

Franz, Marie-Louise v.; Hillmann, James: Zur Typologie C. G. Jungs. Die inferiore und die Fühlfunktion. Fellbach: Bonz 1980

Franz, Marie-Louise von: Wissen aus der Tiefe. Über Orakel und Synchronizität. München: Kösel, 1987

Franz, Marie-Louise V.: Spiegelungen der Seele. Projektion und innere Sammlung. Stuttgart: Kreuz, 1978

Franz, v., Marie-Louise: C. G. Jung. Sein Mythos in unserer Zeit. Düsseldorf: Walter 1996

Franz, Marie-Louise: Die Graalslegende (Gralslegende) in psychologischer Sicht. Olten: Walter 1980

Frenzel, Elisabeth: Motive der Weltliteratur. Stuttgart: Kröner, 1980
Fried, Erich: Es ist was es ist. Liebesgedichte, Angstgedichte, Zorngedichte. Berlin: Wagenbach 1996
Frietsch, Wolfram: Die Traumfahrt der Zauberflöte. Stuttgart: opus magnum, 2010
Frobenius, Leo: Das Zeitalter des Sonnengottes. Berlin: Reimer 1904
Fromm, Erich: Die Kunst des Liebens. Berlin: Ullstein, 1967
Fromm, Erich: Haben oder Sein. München: dtv, 1979
Fromm, Erich: Vom Haben zum Sein. Wege und Irrwege der Selbst-Erfahrung. Weinheim: Beltz, 1990
Gebser, Jean: Ursprung und Gegenwart. Band I und II. Stuttgart: DVA, 1949
Giebel, Marion: Das Geheimnis der Mysterien. Antike Kulte in Griechenland, Rom und Ägypten. Düsseldorf:Artemis & Winkler, 2000
Gleiser, Marcela: Das tanzende Universum. Schöpfungsmythen und Urknall. Wien, München: Franz Deuticke, 1998
Goethe, Johann Wolfgang von: Sämtliche Werke. Stuttgart: Cotta 1827
Grigson, Geoffrey: Aphrodite. Göttin der Liebe. Bergisch Gladbach: Gustav Lübbe 1978
Grof, Stanislav: Kosmos und Psyche. An den Grenzen menschlichen Bewußtseins. Frankfurt a. M.: Krüger, 1997
Hammer, Felix: Antike Lebensregeln – neu bedacht. Zürich: Edition Interfrom; Osnabrück: Fromm 1998
Hamp, Vinzenz u. a.: Die ganze heilige Schrift des Alten und Neuen Testamentes. Das Buch der Bücher. Gütersloh: Prisma 1979
Harding, Esther: Frauen-Mysterien. Einst und Jetzt. Zürich: Rascher 1949
Heisterkamp, Günter: Heilsame Berührungen. Praxis leibfundierter analytischer Psychotherapie. München: Pfeiffer, 1993
Highwater, Jamake: Sexualität und Mythos. Olten: Walter 1992
Höhler, Gertrud, Koch, Michael: Der veruntreute Sündenfall. EntZweiung oder neues Bündnis. Stuttgart: DVA 1998
Holitzka, Klaus, Niemuth, Jochen: Das Mandala als Grundstruktur des Universums. Seon: Falk-Verlag 1994
Höller, Jürgen: Sprenge Deine Grenzen. Mit Motivationstraining zum Erfolg. München: Econ 1998
I Ging. Das Buch der Wandlungen. Aus dem Chinesischen übertragen und erläutert von Richard Wilhelm. Düsseldorf: Eugen Diederichs, 1972
Jaffé, Aniela: C. G. Jung. Bild und Wort. Eine Biographie. Olten und Freiburg im Breisgau: Walter 1983

Jepsen, Maria (Hg): Wen meine Seele liebt. Das Hohelied Salomos neu gelesen. Stuttgart: Radius, 1995

Johnson, Robert A.: Traumvorstellung Liebe. Der Irrtum des Abendlandes. München: Knaur, 1983

Jung, Carl Gustav: Gesammelte Werke, (zit. GW) 20 Bände, herausgegeben von Lilly Jung-Merker, Elisabeth Rüf und Leonie Zander. Olten: Walter 1971 ff.

Jung, Carl Gustav: Mensch und Seele. Aus dem Gesamtwerk, 1905 – 1961 ausgewählt und herausgegeben von Jolande Jacobi. Olten: Walter, 1971

Jung, Carl Gustav: Erinnerungen,Träume, Gedanken von C. G. Jung. Aufgezeichnet und herausgegeben von Aniela Jaffe. Olten: Walter, 1984

Jung, Emma, Franz, v., Marie-Louise: Die Graalslegende in psychologischer Sicht. Olten: Walter 1980

Jung, Carl Gustav.: Traumanalyse. Nach Aufzeichnungen der Seminare, 1928-1930. Hrsg. William McGuire. Olten: Walter, 1991

Jung, Emma: Animus und Anima. Fellbach: Bonz, 1983

Jung, Carl Gustav (Hrsg.): Der Mensch und seine Symbole. Olten: Walter, 1968

Kast, Verena: Vater-Töchter Mutter-Söhne. Wege zur eigenen Identität aus Vater- und Mutterkomplexen. Stuttgart: Kreuz 1994

Kast, Verena: Freude, Inspiration, Hoffnung. Olten: Walter, 1991

Kent Rush, Anne: Mond. Mond. München: Verlag Frauenoffensive 1978

Kirchhoff, Jochen: Was die Erde will. Lassan: Drachen, 2009

Kollbrunner, Jürg: Das Buch der Humanistischen Psychologie. Eschborn: Fachbuchhandlung für Psychologie, 1987

Kutter, Peter: Leidenschaften. Eine Psychoanalyse der Gefühle. Reinbek: Rowohlt, 1989

Lao Tse: Tao Te King. Bearbeitung: Richard Wilhelm. Düsseldorf: Diederichs, 1957

Lao Tse: Tao Te King. Bearbeitung: Gia-F Feng und Jane English. Haldenwang: Irisiana, 1972

Louden, Jennifer. Tu Dir gut! Das Wohlfühlbuch für Frauen. Freiburg i. Breisgau: Bauer, 1995

Lurker, Manfred: Die Botschaft der Symbole. In Mythen, Kulturen und Religionen. München: Kösel, 1990

Lurker, Manfred: Wörterbuch der Symbolik. Stuttgart: Kröner, 1983

Maguire, Anne: Die dunklen Begleiter der Seele. Die sieben Todsünden psychologisch betrachtet. Zürich und Düsseldorf: Walter, 1996

Mann, David: Psychotherapie: Eine erotische Beziehung. Stuttgart: Klett-Cotta, 1999

Maslow, Abraham: Motivation und Persönlichkeit. Olten: Walter, 1977

Maslow, Abraham: Psychologie des Seins. München: Kindler, 1973

Meier, C. A.: Antike Inkkubation und moderne Psychotherapie. Zürich: Rascher, 1949

Meier, Gert: Die Wirklichkeit des Mythos. Bern: Haupt, 1990

Metzinger, Thomas: Der Ego-Tunnel. Eine neue Philosophie des Selbst: Von der Hirnforschung zur Bewusstseinsethik. Berlin: Berlin 2009

Metzner, Ralph: Hineingehen. Wegmarken zur Transformation. Freiburg: Bauer, 1987

Mindell, Arnold: Der Leib und die Träume. Prozeßorientierte Psychologie in der Praxis. Paderborn: Junfermann, 1988

Monick, Eugene: Die Wurzeln der Männlichkeit. Der Phallus in Psychologie und Mythologie. München: Kösel 1990

Moore, Robert; Gillette, Douglas: Der Magier im Mann. Wege zum inneren Schamanen. Solothurn, Düsseldorf: Walter 1995

Moore, Robert; Gillette, Douglas: König, Krieger, Magier, Liebhaber. Die Stärken des Mannes. München: Kösel 1992

Morris, Desmond: Die nackte Eva. Der weibliche Körper im Wandel der Kulturen. München: Heyne 2004

Morris, Desmond: Mars und Venus. München: Heyne 1997

Müller, Lutz: Suche nach dem Zauberwort. Identität und schöpferisches Leben. Dargestellt am Beispiel der „unendlichen Geschichte“ von M. Ende. Stuttgart: Kreuz, 1986, überarbeitete Neuauflage: Stuttgart: opus magnum 2013

Müller, Lutz: Das tapfere Schneiderlein. List als Lebenskunst. Stuttgart: Kreuz, 1985, überarbeitete Neuauflage: Stuttgart: opus magnum 2011

Müller, Lutz: Der Held. Jeder ist dazu geboren. Stuttgart: Kreuz, 1987, überarbeitete Neuauflage: Stuttgart: opus magnum 2013

Müller, Lutz: Manns-Bilder: Zur Psychologie des heroischen Bewusstseins. In: Pflüger, Peter Michael: Der Mann in Umbruch. Olten: Walter, 1989

Müller, Lutz: Magie. Tiefenpsychologischer Zugang zu den Geheimwissenschaften. Stuttgart: Kreuz, 1989; überarbeitete Neuauflage: Stuttgart: opus magnum 2015

Müller, Lutz: Macht und Ohnmacht des Helfers. Die Wirksamkeit des Schattens in den helfenden Berufen. Kind und Umwelt. Beiträge zur analytischen Kinder und Jugendlichen-Psychotherapie. Fellbach: Bonz 1991, Heft 72

Müller, Lutz: Überlegungen zu einer analytisch-integrativen Psychotherapie. In: Analytische Kinder- und Jugendlichen-Psychotherapie, Brandes&Apsel Verlag, Frankfurt 1995, Heft 88

Müller, Lutz: Trotzdem ist die Welt ein Rosengarten. Stuttgart: Kreuz, 1996, überarbeitete Neuauflage: Stuttgart: opus magnum 2012

Müller, Lutz, Knoll, Dieter: Ins Innere der Dinge schauen. Die schöpferische Kraft der Symbole. Düsseldorf, Zürich: Walter, 1998, überarbeitete Neuauflage: Stuttgart: opus magnum 2013

Müller, Lutz, Müller, Anette (Hrsg.): Wörterbuch der Analytischen Psychologie. Düsseldorf: Patmos 2003/ 2007

Müller, Lutz, Müller, Anette (Hrsg.): Ein Stern kommt auf die Erde: Die spirituelle Symbolik von Weihnachten. Stuttgart: opus magnum 2009

Mynarek, Hubertus: Mystik und Vernunft. Olten: Walter, 1991

Mynarek, Hubertus: Die Kunst zu sein. Philosophie, Ethik und Ästhetik sinnerfüllten Lebens. Essen: Die blaue Eule, 1998

Neumann, Erich: Ursprungsgeschichte des Bewußtseins. Zürich: Rascher, 1949

Neumann, Erich: Amor und Psyche. Eine tiefenpsychologische Deutung. Olten: Walter, 1971

Neumann, Erich: Die große Mutter. Eine Phänomenologie der weiblichen Gestaltungen des Unbewußten. Olten: Walter, 1974

Neumann, Erich: Zur Psychologie des Weiblichen. München: Kindler, 1975; download bei www.opus-magnum.de

Neumann, Erich: Die Psyche als Ort der Gestaltung. Frankfurt: Fischer 1992, download bei www.opus-magnum.de

Neumann, Erich: Der schöpferische Mensch. Frankfurt: Fischer 1995, download bei www.opus-magnum.de

Neumann, Erich: Zu Mozarts Zauberflöte. 1953 / 2005, download bei www.opus-magnum.de

Obleser, Horst: Parzival auf der Suche nach dem Gral. Tiefenpsychologische Aspekte der Gralslegende. Leinfelden-Echterdingen: Bonz, 1997

Paris, Ginette: Aphrodites Wiedergeburt. Plädoyer für eine lustvolle Spiritualität. Zürich: Schweizer Spiegel, 1990

Pedersen, Loren E.: Das Weibliche im Mann. Eine Psychologie des Mannes. Bern: Scherz, 1992

Perera, Sylvia Brinton: Der Weg zur Göttin der Tiefe. Die Erlösung der dunklen Schwester: eine Initiation für Frauen. Interlaken: Ansata, 1985

Petzold, Hilarion (Hrsg.): Wege zum Menschen. Methoden und Persönlichkeiten moderner Psychotherapie. Ein Handbuch. Band 2. Paderborn: Junfermann, 1984

Petzold, Hilarion (Hrsg.): Psychotherapie und Körperdynamik. Verfahren psychophysischer Bewegungs- und Körpertherapie. Paderborn: Junfermann, 1981

Petzold, Hilarion (Hrsg.): Methodenintegration in der Psychotherapie. Paderborn: Junfermann, 1982

Petzold, Hilarion; Orth, Ilse (Hrsg.): Die neuen Kreativitätstherapien. Handbuch der Kunsttherapie. 2 Bände. Paderborn: Junfermann, 1990

Pflüger, Peter Michael: Wendepunkte Erde Frau Gott. Am Anfang eines neuen Zeitalters. Olten: Walter, 1987

Puntsch, Eberhard: Zitatenhandbuch CDROM, München: mvg 1995

Rank, 0tto: Der Mythos von der Geburt des Helden. Reprint der Ausgabe Wien: Deutike 1909. Wien : Turia und Kant, 2000

Ribi, Alfred: Was tun mit unseren Komplexen? Über die Dämonen des modernen Menschen. München: Kösel, 1989

Riedel, Ingrid: Träume. Wegweiser in neue Lebensphasen. Stuttgart: Kreuz, 1997

Riedel, Ingrid: Die weise Frau in uralt-neuen Erfahrungen. Olten: Walter, 1990

Riedel, Ingrid: Formen. Kreis, Kreuz, Dreieck, Quadrat, Spirale. Stuttgart: Kreuz, 1985

Riemann, Fritz: Grundformen der Angst. Eine tiefenpsychologische Studie. München: Reinhardt, 1975

Rogers, Carl R.: Der neue Mensch. Stuttgart: Klett-Cotta, 1980

Rogers, Carl R.: Entwicklung der Persönlichkeit. Psychotherapie aus der Sicht eines Therapeuten. Stuttgart: Klett-Cotta, 1989

Roob, Alexander: Das Hermetische Museum. Alchemie und Mystik. Köln: Taschen, 1996

Roth, Gerhard: Das Gehirn und seine Wirklichkeit. Frankfurt: Suhrkamp, 1994

Ruthe, Reinhold: Typen und Temperamente. Die vier Persönlichkeitsstrukturen. Moers: Brendow, 1998

Schiller, Friedrich: Sämtliche Werke. Stuttgart: Cotta 1823

Schmid, Georg: Die Mystik der Welt. Eine Einführung. Stuttgart: Kreuz 1990

Schmid, Wilhelm: Philosophie der Lebenskunst. Frankfurt a. M.: Suhrkamp, 1998

Schulz von Thun, Friedemann: Miteinander reden. Hamburg: Rowohlt, 1989

Seifert, Theodor: Lebensperspektiven der Psychologie. Wege, Schnittpunkte, Gegensätze. Olten: Walter, 1981

Silesius, Angelus (1674): Der cherubinische Wandersmann. Nach der Ausgabe 1829, Sulzbach: Seidelsche Buchhandlung

Ströter-Bender, Jutta: Liebesgöttinnen. Köln: Dumont, 1994

Swimme, Brian: Das Universum ist ein grüner Drache: Ein Dialog über die Schöpfungsgeschichte oder von der mystischen Liebe zum Kosmos. München: Claudius, 1991

Tracy, Brian: Thinking Big. Von der Vision zum Erfolg. Offenbach: Gabal, 1998

Vogler, Christopher: Die Odyssee des Drehbuchschreibers. Frankfurt a. M.: Zweitausendeins, 1997

Walker, Barbara, G.: Die geheimen Symbole der Frauen. Lexikon der weiblichen Spiritualität. München: Heyne, 2000

Walker, Barbara, G.: Das geheime Wissen der Frauen. München: DTV, 1996

Watts, Alan: Die Illusion des Ich. Westliche Wissenschaft und Zivilisation in der Krise. München: Kösel, 1980

Wehr, Gerhard: Heilige Hochzeit. Symbol und Erfahrung menschlicher Reifung. München: Kösel, 1986

Whitmont, Edward C.: Die Rückkehr der Göttin. Von der Kraft des Weiblichen in Individuum und Gesellschaft. München: Kösel, 1982

Wilber, Ken: Halbzeit der Evolution. Scherz, 1984

Wilber, Ken: Eros, Kosmos, Logos. Eine Vision an der Schwelle zum nächsten Jahrtausend. Frankfurt: Krüger, 1995

Wilber, Ken: Das Spektrum des Bewusstseins. München: Scherz, 1997

Wilber, Ken: Eine kurze Geschichte des Kosmos. Frankfurt: Fischer, 1997

Wilber, Ken: Integrale Psychologe. Freiburg: Arbor, 2002

Wilber, Ken: Integrale Spiritualität. München: Kösel 2007

Wolff, Tony: Studien zu C. G. Jungs Psychologie. Zürich: Rhein, 1959

Yalom, Irvin D.: Existentielle Psychotherapie. Köln: Edition Humanistische Psychologie im Internationalen Institut zur Förderung der Humanistischen Psychologie, 1989

Zacharias, Gerhard P.: Psyche und Mysterium. Die Bedeutung der Psychologie C. G. Jungs für die christliche Theologie und Liturgie. Zürich: Rascher, 1954

Zimmer, Heinrich: Indische Mythen und Symbole. Düsseldorf: Diederichs, 1981

Zundel, Edith u. Loomans, Pieter (Hg): Im Energiekreis des Lebendigen. Körperarbeit und spirituelle Erfahrung. Freiburg: Herder, 1995

Wenn Ihnen dieses Buch Freude gemacht hat, werden Ihnen sicher auch die folgenden Werke aus unserem Verlag (www.opus-magnum.de) gefallen:

Lutz Müller: **Trotzdem ist die Welt ein Rosengarten – Zum Glück des Seins erwachen und das Wunder des Lebens feiern.** 244 S., € 16,90,
ISBN 78-3939322535

Wir selber sind das Wunder, das wir immer gesucht haben! Die Einsicht, dass wir bereits hier, in diesem Augenblick, so wie wir gerade sind, unmittelbar Anteil haben an einem der unfassbarsten Ereignisse, das sich denken lässt, vermag dem Leben Glanz, ungeahnte Fülle und tiefen Sinn zu vermitteln.

Lutz Müller: **Suche nach dem Zauberwort. Selbst-Verwirklichung und schöpferisches Leben.** Dargestellt an Michael Endes *Die unendliche Geschichte*". 288 S., € 19,90; ISBN 78-3939322887

Lutz Müller und Anette Müller (Hrsg.) **Ein Stern kommt auf die Erde: Die spirituelle Symbolik von Weihnachten.** 204 S., € 19,90; ISBN 78-3939322078

Renommierte Psychotherapeuten umkreisen in diesem Buch vom christlichen wie vom symbolischen Standpunkt aus das Mysterium der Menschwerdung des Göttlichen und geben dem Weihnachtsfest eine zeitgemäße Deutung. Es geht ihnen dabei vor allem um die Bewusstwerdung und Feier des inneren Selbst und des Göttlichen Kindes in jedem Menschen.

Sabine Grumann: **Öffne dem Wunder Dein Ohr: Mit Musik und Tanz dem Fluss des Lebens folgen.** Sabine Grumann. 264 S., 16,90 €,
ISBN: 978-3-939322-49-8

„Es ist nicht nur das Wunder der Musik, sondern auch das Wunder des Lebens, das Sabine Grumann dem Leser eröffnet. Eine wunderbare Hilfe, das eigene Lied im Leben zu entdecken." (Klaus Aichele)

Sabine Hertweck: **Das Momo-Prinzip. „Geh doch zu Momo!" oder: Aufbruch in eine neue Welt.** 84 S., € 9,90, ISBN: 978-3939322849

Das Momo-Prinzip ist eine Sammlung von zehn einfachen Weisheiten aus Michael Endes Märchenroman *Momo*, die als Wegbegleiter zur Meditation und Selbsterfahrung dienen können. Sie alle weisen uns darauf hin, wie einzigartig und kostbar das Leben jedes einzelnen Menschen ist.